요즘 교사를 위한
AI 수업 활용 가이드

요즘 교사를 위한 AI 수업 활용 가이드

챗GPT부터 캔바, 구글 스프레드시트, API 연동까지, 교육 현장에 바로 쓸 수 있는 AI 활용 방법

초판 1쇄 발행 2025년 5월 5일
초판 5쇄 발행 2025년 12월 5일

지은이 박진환, 공지훈, 서원진 / **펴낸이** 임백준
펴낸곳 한빛미디어(주) / **주소** 서울시 서대문구 연희로2길 62 한빛미디어(주) IT출판1부
전화 02-325-5544 / **팩스** 02-336-7124
등록 1999년 6월 24일 제25100-2017-000058호
ISBN 979-11-6921-361-5 93000

총괄 배윤미 / **책임편집** 박민아 / **기획 · 편집** 권소정
디자인 표지 박정화 내지 박정우 / **전산편집** 한지혜
영업 마케팅 송경석, 김형진, 장경환, 조유미, 한종진, 이행은, 김선아, 고광일, 성화정, 김한솔 / **제작** 박성우, 김정우

이 책에 대한 의견이나 오탈자 및 잘못된 내용은 출판사 홈페이지나 아래 이메일로 알려주십시오.
파본은 구매처에서 교환하실 수 있습니다. 책값은 뒤표지에 표시되어 있습니다.
한빛미디어 홈페이지 www.hanbit.co.kr / **이메일** ask@hanbit.co.kr

Published by HANBIT Media, Inc. Printed in Korea
Copyright © 2025 박진환, 공지훈, 서원진 & HANBIT Media, Inc.
이 책의 저작권은 박진환, 공지훈, 서원진과 한빛미디어(주)에 있습니다.
저작권법에 의해 보호를 받는 저작물이므로 무단 복제 및 무단 전재를 금합니다.

지금 하지 않으면 할 수 없는 일이 있습니다.
책으로 펴내고 싶은 아이디어나 원고를 메일(writer@hanbit.co.kr)로 보내주세요.
한빛미디어(주)는 여러분의 소중한 경험과 지식을 기다리고 있습니다.

에듀테크 선생님이 알려 주는 AI 도구 100% 활용 꿀팁

요즘 교사를 위한
AI 수업 활용 가이드

with | 2022 개정 교육과정

박진환, 공지훈, 서원진 지음

한빛미디어
Hanbit Media, Inc.

저자의 말

안녕하세요. 『요즘 교사를 위한 AI 수업 활용 가이드』의 저자 박진환입니다.

저는 올해로 교직 17년 차가 되었고, 지금도 학교에서 아이들과 함께 생활하고 있습니다. 교사로 지내며 늘 '어떻게 하면 더 좋은 수업을 만들 수 있을까?'를 고민해 왔고, 그 고민은 자연스럽게 대학원 진학으로 이어졌습니다. 그 과정에서 우연히 인공지능을 접하게 되었고, 이에 대한 호기심은 제 삶을 크게 변화시켰습니다.

인공지능을 공부하면서 파이썬이라는 프로그래밍 언어를 알게 되었고, 서툴지만 코드를 직접 입력하며 인공지능 모델을 만들고, 내가 원하는 프로그램을 설계해 보기도 했습니다. 그렇게 작은 성공을 하나둘씩 쌓으며 무엇이든 해볼 수 있을 것 같은 기대와 자신감을 얻었습니다. 그 과정에서 선생님들에게 도움이 될 수 있는 도구를 만들고 싶다는 바람이 생겼고, 그렇게 'Foreducator'라는 웹사이트를 만들게 되었습니다.

그러던 중 챗GPT를 만나게 됩니다. 저는 그날을 지금도 잊지 못합니다. 이전까지 봐왔던 챗봇과는 전혀 다른, 놀라운 대화 능력을 보여주었기 때문입니다. 특히 웹 개발처럼 어렵게 느껴졌던 영역조차 챗GPT와의 몇 마디 대화로 쉽게 해결되는 경험은 정말 충격이었습니다. 최근에는 AI가 프로젝트 전체를 처음부터 끝까지 도와줄 정도로 발전하면서, 웹 개발이라는 제 취미가 훨씬 편하고 재미있어졌습니다.

이 경험을 통해 중요한 사실 하나를 깨달았습니다. 더 이상 에듀테크가 컴퓨터를 잘 다루는 일부 선생님에게만 도움을 주는 도구가 아니란 사실을요. AI의 발달로 최신 도구들은 누구나 쉽게 사용할 수 있게 되었습니다. 기술적 장벽이 낮아졌고, 사람처럼 자연스럽게 대화하고 도와주기 때문에 편안하게 접근할 수 있습니다.

이 책은 교사의 일상을 크게 '수업', '업무', '학급 운영'이라는 세 가지 영역으로 나누어 구성했습니다. 교사라면 누구나 공감할 수 있는 실제 사례로 시작하여, AI 도구를 어떻게 적용할 수 있는지를 단계별로 안내했습니다. 처음부터 순서대로 읽지 않으셔도 괜찮습니다. 필요하다고 생각되는 부분부터 펼쳐서 하나씩 따라해 보세요. 사례를 읽고 따라하는 사이

어느새 AI가 선생님의 든든한 동료가 되어 있을 것입니다.

AI와 교육의 만남은 이제 시작에 불과합니다. 앞으로의 교실은 지금보다 훨씬 더 생동감 있고, 매력적인 공간이 될 것입니다. 이 책을 통해 여러분이 그 변화의 중심에서 새로운 교실을 먼저 경험하실 수 있기를 바랍니다.

변화의 첫걸음은 관심에서 시작된다고 믿습니다. 지금 이 책을 손에 들고 계신 여러분은 이미 변화의 중심에 서 계신 분들입니다. 저는 교직 동료로서, 조금 앞서 걸으며 함께 고민하고 실천한 경험을 나누고자 합니다. 이 책이 여러분의 하루하루를 더 효율적이고, 더 행복하게 만드는 데 도움이 되기를 진심으로 바랍니다.

오늘도 학생들을 위해 애쓰고 계신 모든 선생님들게 깊은 존경과 감사의 마음을 전합니다. 감사합니다.

광양골약중학교 교사 **박진환**

저자의 말

교육 현장에서 점점 더 심화되는 디지털 기반 수업 격차를 목격하고 있습니다. 옆자리 선생님은 AI를 활용해 업무도, 아이들과의 활동도 척척 해내는데, 저는 시간이 부족하고 어떻게 시작해야 할지 몰라 고민이 깊어집니다. 새로운 기술을 활용하고 싶은 마음은 굴뚝같지만, 바쁜 일상 속에서 시도조차 하기 어려운 상황입니다. 그 사이 정보 격차는 점점 벌어지고, 저만 뒤처지는 느낌이 듭니다.

최근 AI를 활용해 다양한 학교 일에 도움을 받으면서 한 가지 확실한 사실을 깨달았습니다. 바로 선생님들이 현재 정공법으로 해내고 계신 많은 업무들이 자동화가 가능하다는 점입니다. 수업 준비, 학급 관리, 학부모 소통, 행정 업무까지... AI가 이런 업무의 부담을 덜어준다면, 우리에게 남는 것은 무엇일까요?

그것은 바로 아이들과 함께할 수 있는 소중한 시간입니다. 아이들의 반짝이는 눈을 바라보며 여유를 갖고 대화하고, 수업의 질을 높이기 위한 고민을 할 시간이 생깁니다. 또한, 교사로서 자신의 웰빙을 챙길 기회도 마련될 것입니다.

이 책은 그런 마음에서 출발했습니다. 수업, 학급 운영, 행정 업무에서 유용한 꿀팁을 모아 교육의 본질에 더 가까이 다가가고자 했습니다. 단순히 업무 효율성을 높이는 기술적 안내서가 아니라, 교사로서 스스로를 돌아보고 학생들에게 더 나은 교육 경험을 제공할 수 있도록 동료 교사로서 진심 어린 응원을 전하고 싶었습니다.

새로운 기술이 두렵거나 익숙하지 않아 망설이는 선생님들께 이 책이 작은 변화의 바람을 일으키길 기원합니다. 감사합니다.

완도고등학교 교사 공지훈

저는 올해로 교직 7년 차가 되었습니다. 길지 않은 시간이지만 그 동안 교사의 역할이 얼마나 폭넓고 꼼꼼함을 요구하는지 몸소 느꼈습니다. 수업 아이디어를 떠올리는 것뿐만 아니라, 생활 지도, 학부모와의 소통, 다양한 행정 업무까지 매일같이 해야 할 일이 많았습니다.

그 와중에 저는 스스로를 '조금은 덜 섬세한 사람'이라고 여기며, 부족한 부분을 어떻게 채울 수 있을지 고민하곤 했습니다. 그러던 중 인공지능 기술을 접하게 되었고, 처음에는 호기심으로 AI를 사용해 보기 시작했습니다. 수업에 필요한 이미지를 만들어 보고, 다듬지 못한 문장을 보완하는 등의 활동을 해보면서 뜻밖의 변화를 경험했습니다. 결과물의 질은 높아졌는데 오히려 시간이 덜 들기 시작했습니다.

AI의 효용을 직접 경험하면서, 자연스럽게 학생들과 동료 교사들에게도 이를 알리고 싶다는 마음이 생겼습니다. 수업에 AI를 접목하고, 반복되는 업무를 경량화하는 방법을 나누면서 제 수업과 업무 방식도 점차 변화했습니다. 이 책은 그 경험을 더 많은 선생님들과 나누고자 하는 마음에서 시작되었습니다.

이 책이 선생님들의 일상에 작은 변화의 파장을 일으켜주기를 바랍니다. 감사합니다.

부산초등학교 교사 **서원진**

현직 교사들의 추천사와 도서 활용 연수 후기

요즘 교사에게 꼭 필요한 AI 활용의 모든 것을 안내하는 최고의 교육 지침서입니다. 교실 현장의 한계를 뛰어넘어, 진정한 교육의 본질에 다가갈 힘을 선사할 것으로 기대합니다.

광주교육대학교 교수 **박선주**

이 책을 통해 인공지능을 활용하여 어떻게 교수·학습 방법을 극대화하고, 학생들의 디지털 리터러시 역량을 높이며, 새로운 교실의 교수·학습 문화를 만들어갈 수 있을지 깊이 있는 경험을 할 수 있습니다. 변화하는 미래 교육 시대에 발맞춰 더 스마트하게 학급을 운영하고자 하는 모든 선생님께 이 책을 강력히 추천합니다.

네이버 웨일팀 리더 **안경진**

복잡하고 다양한 AI 도구들이 쏟아지는 요즘, 교사라면 반드시 알아야 할 AI의 종류와 기능, 그리고 실제 활용법을 담은 책입니다. 교육 현장에서 AI를 어떻게 적용할 수 있을지 친절하게 안내되어 있어 쉽게 따라할 수 있고, 선생님들의 업무 자동화를 위한 기본기까지 갖출 수 있습니다. 교사만을 위한 AI 활용법이 궁금하시다면, 이 책으로 시작해 보시길 강력히 추천합니다.

부산 광무여자중학교 교사 **강동원(쌤공 운영자)**

이 책은 교사의 손끝에서 작지만 강력한 혁신을 만들어 냅니다. 수업, 업무, 학급 운영에서 AI를 자연스럽게 활용해 효율성을 높이고, 교사가 창의적이고 행복한 교실을 만들 수 있도록 돕습니다. 이 책을 읽는 동안 교사의 일상이 더욱 가벼워지고, 교육의 본질적인 즐거움을 다시 찾게 될 것입니다. 모든 교사에게 강력히 추천하는 책입니다.

오늘과내일의학교 회장 **정동완**

이 책의 예제와 함께 하는 연수를 통해 교사로서 한층 더 성장할 수 있었습니다. 에듀테크의 기술적인 이해는 물론, 이를 교실에서 어떻게 활용할지에 대한 교사로서의 마음가짐을 배울 수 있었던 의미 있는 시간이었습니다. 에듀테크를 통해 학생 한 명 한 명의 이야기에 귀 기울이는 방법을 배우며, 교사의 진심 어린 관심이 더해질 때 교육적 효과가 극대화된다는 것을 깨달았습니다.

친절하고 구체적인 설명 덕분에 구글 폼, 스프레드시트, GPT를 연동하여 학생들의 생각을 세밀하게 살피고 학습 성취도를 점검할 수 있었습니다. 이를 바탕으로 1:1 맞춤 피드백을 제공하면서 학생들을 더 깊이 이해하게 되었습니다. 이번 연수를 통해 학생들과 깊이 있는 관계를 맺을 수 있었습니다. 진심으로 감사드립니다.

인공지능 기반 교수평가 일체화 연수, 나주금천중학교 교사 신세령

AI 활용의 중요성을 깨닫게 된 매우 유익한 시간이었습니다. 특히, "AI를 초등 교육에서 어떻게 활용할 수 있는지에 대한 실질적인 예시"가 인상 깊었습니다. 이를 통해 수업에 활용할 수 있는 구체적인 아이디어를 얻었고, 역량을 강화하는 데 큰 도움이 되었습니다.

앞으로 AI 기술을 적극 활용하여 학생들의 학습 효과를 극대화할 수 있을 것이라 생각합니다.

초등교원의 AI기반 교수학습 역량강화 연수, 계산초등학교 교감 조기석

교사의 업무 부담을 줄이고, 학생들과 창의적으로 소통할 수 있는 다양한 사례가 인상 깊었습니다. 코딩의 'ㅋ'도 모르던 제가 수학 시간에 쓸 주사위 굴리는 프로그램을 만들 수 있게 되었습니다. 덕분에 수업이 다채로워지고, 상상하고 실현하는 역량이 커졌습니다.

인공지능을 활용한 교실 혁신 연수, 광양골약중학교 교사 조유정

이 책의 구성

Preview
파트별로 다루는 내용을 전반적으로 살펴봅니다.

AI 활용 도구
각 장에서 사용하는 AI 도구와 난이도를 보여줍니다.

note
본문 내용과 관련해서 필요한 정보나 주의해야 할 사항들에 대해 간략히 설명합니다.

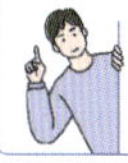

STEP BY STEP
직접 따라 해볼 수 있도록 단계별로 실습 과정을 설명합니다.

여기서도 할 수 있어요!
본문에서 소개한 AI 도구 외에 실습을 따라할 수 있는 다양한 방법을 소개합니다.

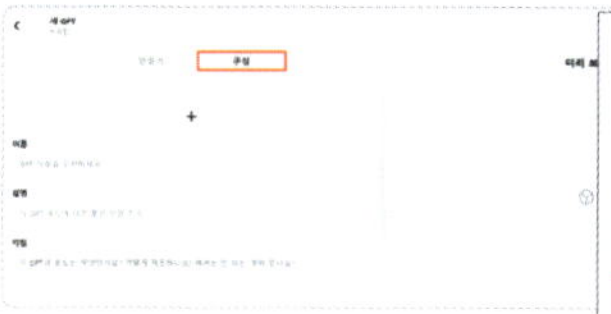

이렇게도 활용할 수 있어요!
본문의 예시에서 더 나아간 활용 방법을 소개합니다.

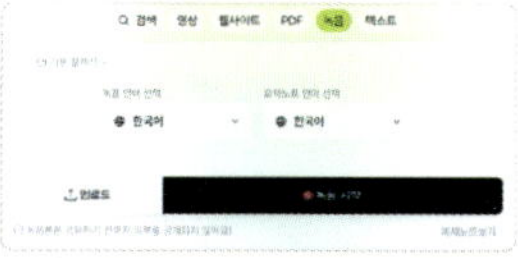

이 책의 구성　011

이 책의 활용 방법

- **FOREDUCATOR – 교사를 위한 웹사이트**
  https://foreducator.com/

저자가 직접 운영하는 FOREDUCATOR는 교사들을 위한 다양한 서비스를 제공합니다.

- **워크메이트:** AI 기술을 활용하여 생기부 작성, 가정통신문 작성, 평가 계획 작성 등 여러 교육 활동을 효율적으로 수행할 수 있도록 지원
- **클래스메이트:** 학급 관리, 출석 관리 등 교사들이 학급과 학생을 효과적으로 관리할 수 있는 도구들을 제공

새로운 기능이 추가될 때마다 메일로 알람을 받아볼 수 있으니, 가입 후 다양하게 활용해보세요!

• 교사를 위한 수업 활용 [부록]

수업 설계와 학급 운영, 업무 활용을 위한 다양한 부록을 제공합니다.

- 챗GPT 회원 가입과 플랜 별 기능 차이
- Claude API key 발급 방법
- 웨일 스페이스 활용을 위한 기반 구축 방법
- 이미지 제작을 위한 프롬프트 표

목차

저자의 말 　　　　　　　　　　　　　　　　　　　　　　　004
현직 교사들의 추천사와 도서 활용 연수 후기 　　　　　　　008
이 책의 구성 　　　　　　　　　　　　　　　　　　　　　　010
이 책의 활용 방법 　　　　　　　　　　　　　　　　　　　　012

Part 01 — 수업 활용 가이드

Preview _ 교사와 인공지능, 2022 개정 교육과정에서 만나요.

01 _ 챗GPT 시작하기 　　　　　　　　　　　　　　　024
급변하는 수업 트렌드, 이제 인공지능으로 대비해요.

02 _ 챗GPT 음성 기능 활용하기 　　　　　　　　　028
언제 어디서나 수업에 대해 이야기 나눠봐요.

03 _ 챗GPT 비전으로 탐구하기 　　　　　　　　　031
관찰·탐구 수업, 이제 두렵지 않아요.

04 _ 챗GPT 맞춤 설정하기 　　　　　　　　　　　036
성취기준만 입력하면 새로운 평가 계획이 나와요.

05 _ '학부모 상담 도우미' 챗봇 만들기 　　　　　043
학부모와 대화, 이제 어렵지 않아요.

06 _ '자동 채점'하는 챗봇 만들기 　　　　　　　048
논술형 채점, 사진 한 장으로 해결해요.

07 _ '수행평가 평가 기준 설정 도우미' 챗봇 만들기 　054
수행평가 채점 기준표도 순식간에 만들어요.

08 — **퍼플렉시티로 깊이 있는 학습하기** 058
질문과 답변으로 사고력을 확장해요.

09 — **구글 스프레드시트로 개별 피드백 자동화하기** 064
전교생에게 개별적인 피드백이 가능해요.

10 — **수업 아이디어 바로 실현하기** 070
수업에 필요한 도구, 직접 만들어 사용하세요.

11 — **AI로 다양한 수업 자료 만들기** 076
AI로 수업 자료를 똑똑하게 활용해요.

12 — **파워포인트로 자막 생성하기** 081
모두를 위한 수업을 만들어요.

13 — **캔바로 소통하는 수업** 085
캔바로 학생들과 소통하며 수업해요.

14 — **캔바 '앱' 활용하기** 092
캔바의 다양한 앱을 이용해 더 멋진 자료를 만들어요.

15 — **수업에 사용할 이미지 생성하기** 098
수업에 필요한 미디어 자료, 이제 직접 만들어요.

16 — **영상 생성 AI 알아보기** 103
생성형 AI의 영상 기술, 어디까지 발전했나요?

17 — **개념 기반 탐구학습 이해하기** 107
개념 기반 탐구학습에 대한 이해, AI와 함께 시작해요.

18 — **평가 도구 제작하기** 113
평가 도구, AI와 함께 만들면 어렵지 않아요.

목차

Part 02 | 업무 활용 가이드

Preview _ 교사의 시간을 되찾아 줄 AI 활용법을 알려드려요.

01 _ 챗GPT로 가정통신문 작성하기 · · · 122
가정통신문 작성, 새로 생긴 학교 행사! 이제 어렵지 않아요.

02 _ 간편하게 품의서 작성하기 · · · 129
복사·붙여넣기로 바로 품의를 올릴 수 있어요.

03 _ 간단하게 영수증 정리하기 · · · 135
영수증 처리, 자동화로 편하게 관리해요.

04 _ 자동으로 생활기록부 작성하기 · · · 139
생활기록부 작성, 이제 어렵지 않아요.

05 _ 자동으로 교육 활동 메시지 작성하기 · · · 145
매일 아침 교육 활동 메시지, 자동으로 만들어봐요.

06 _ 엑셀과 구글 스프레드시트 활용하기 · · · 150
엑셀에 날개를 달아주세요.

07 _ 회의록 작성, 간편하게 해결하기 · · · 159
회의만 하세요. 회의록은 저절로 생겨요.

08 _ NotebookLM으로 교육 문서 쉽게 정리하기 · · · 163
업무를 도와주는 나만의 챗봇을 만들어봐요.

09 _ Napkin AI로 원하는 도식 자료 만들기 · · · 168
문서에 딱 맞는 도식 자료, 간단하게 만들어봐요.

Part 03 학급 운영 가이드

Preview _ AI로 효율적이고 세련되게 학급을 운영해요.

01 _ 캔바로 대량 제작하기 178
학생 개인별 자료로 감동을 선물하세요.

02 _ 캔바로 동영상 제작하기 185
학교 행사 영상, 손쉽게 만들어봐요.

03 _ 손쉽게 이미지 편집하기 190
이미지 합성과 편집, 더 이상 어렵지 않아요.

04 _ 네이버웍스 사용하기 196
디지털 학급 관리, 한 곳으로 모아보세요.

05 _ 1분 만에 웹사이트 안내문 만들기 206
웹사이트 사용법, AI로 쉽고 빠르게 만들어봐요.

06 _ 자동으로 안내자료 PPT 만들기 211
안내자료, PPT로 자동으로 만들어봐요.

07 _ 코칭형 교육을 위한 챗봇 만들기 215
코칭 챗봇으로 학생 내면의 힘을 키워주세요.

08 _ API를 활용한 챗봇 만들기 221
학생들의 반복되는 질문에 답하는 챗봇을 만들어봐요.

09 _ [학급 활동] 나만의 노래 만들기 229

목차

10 _ [학급 활동] 표정 인식 모델 만들기   235

11 _ [학급 활동] 이미지 AI와 놀아요!   241

12 _ [학급 활동] AI 활용 수업 제시   244

Appendix : 교사를 위한 생성형 AI 기본 가이드

A _ 챗GPT 회원 가입과 플랜 별 기능 차이   250

B _ Claude API key 발급 방법   255

C _ 웨일 스페이스 활용을 위한 기반 구축 방법   259

D _ 이미지 제작을 위한 프롬프트 표   268

찾아보기   272

Part 01
수업 활용 가이드

Preview 교사와 인공지능, 2022 개정 교육과정에서 만나요.

01 | 챗GPT 시작하기
02 | 챗GPT 음성 기능 활용하기
03 | 챗GPT 비전으로 탐구하기
04 | 챗GPT 맞춤 설정하기
05 | '학부모 상담 도우미' 챗봇 만들기
06 | '자동 채점'하는 챗봇 만들기
07 | '수행평가 평가 기준 설정 도우미' 챗봇 만들기
08 | 퍼플렉시티로 깊이 있는 학습하기
09 | 구글 스프레드시트로 개별 피드백 자동화하기
10 | 수업 아이디어 바로 실현하기
11 | AI로 다양한 수업 자료 만들기
12 | 파워포인트로 자막 생성하기
13 | 캔바로 소통하는 수업
14 | 캔바 '앱' 활용하기
15 | 수업에 사용할 이미지 생성하기
16 | 영상 생성 AI 알아보기
17 | 개념 기반 탐구학습 이해하기
18 | 평가 도구 제작하기

교사와 인공지능, 2022 개정 교육과정에서 만나요.

놀라운 인공지능의 발전 속도

2022년 11월 30일, 챗GPT가 등장했습니다. 마치 사람과 대화하는 것 같았던 인공지능(AI) 챗봇 중 하나인 챗GPT는 단숨에 사람들의 마음을 사로잡았습니다. 지금까지 만났던 챗봇과는 차원이 달랐습니다. 이는 2018년 즈음 등장한 거대 언어 모델(LLM)의 발달 덕분입니다. 챗GPT의 제작사인 'OpenAI'는 2018년 언어에 특화된 AI인 GPT-1을 출시한 지 4년 여 만에 상용화된 GPT-3.5 버전 챗GPT를 공개하며 화제의 중심에 섰습니다.

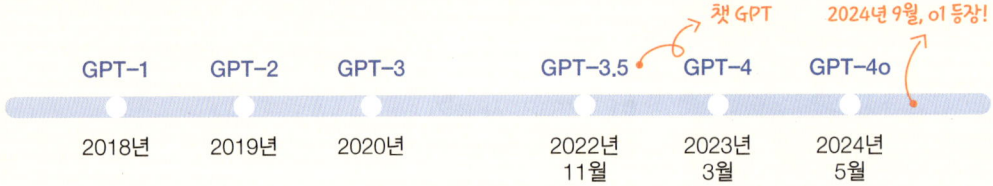

물론 약점도 있었습니다. 챗GPT는 대량의 언어를 학습하고 확률적으로 높은 적합도의 답변을 출력하는 과정에서 잘못되거나 오해의 소지가 있는 결과가 포함될 가능성(할루시네이션)을 줄여야 했습니다. OpenAI는 GPT의 성능을 높이는 파라미터 100조 개를 활용한 GPT-4를 4개월만인 2023년 3월 발표하며 이를 개선했습니다. 그해 11월에는 DALLE-3라는 이미지 생성 인공지능과 결합하여 이미지 생성 및 해석까지 가능해졌고, 2024년 5월 발표된 GPT-4o에서는 실제로 사람과 대화하는 것과 같은 음성 대화 기능을 제공합니다. 그리고 9월 선보인 o1-preview는 사람처럼 추론하는 능력까지 탑재했습니다. o1의 지능은 이미 사람의 평균 IQ(100)를 훌쩍 뛰어넘는 수준(120)이라고 합니다. 챗GPT가 세상에 등장한 지 2년도 채 되지 않았는데 말이죠.

2022 개정 교육과정 도입

AI의 급속한 발달은 우리 사회의 여러 측면을 변화시키고 있습니다. 이러한 사회적 변화는 곧 교육의 변화로 이어집니다. 사회에서 필요한 인재의 모습이 달라지기 때문입니다. 교육부는 지난

2021년 이러한 사회적 요청에 따라 2022 개정 교육과정을 고시하고, 2024학년도 초등학교 1~2학년군을 시작으로 단계적 적용에 나섰습니다.

적용 시기	초등학교	중학교	고등학교
2024년	1, 2학년군		
2025년	3, 4학년군	1학년	1학년
2026년	5, 6학년군	2학년	2학년
2027년		3학년	3학년
2028년	전면 시행		

2022 개정 교육과정 총론에서 설명하는 교육과정 개정의 주요 배경으로 '인공지능 기술 발전에 따른 디지털 전환'을 첫 번째로 꼽습니다. 이는 단순히 AI의 발전에 적응하자는 의미가 아니라, 불확실성에 능동적으로 대응할 수 있는 역량과 스스로 학습하고 삶을 주도하는 능력을 함양하는 데 그 목적이 있습니다.

	포용성과 창의성을 갖춘 주도적인 사람			
비전 개정 중점	미래 사회가 요구하는 역량 함양이 가능한 교육과정	학습자의 삶과 성장을 지원하는 교육과정	지역·학교 교육과정 자율성 확대 및 책임 교육 구현	디지털·AI 교육 환경에 맞는 교수·학습 및 평가체제 구축
추진 과제	미래 대응을 위한 교육과정	학습자 맞춤형 교육 강화	학교 현장의 자율적인 혁신 지원	교육 환경 변화 대응 지원
추진 체계	국민과 함께하는 교육과정 개정			

교수·학습

그렇다면 학생들은 무엇을 배워야 할까요? 이미 이전 교육과정부터 단편적 지식의 암기를 지양하라고 말하고 있습니다. AI가 대중화된 지금 더욱 더 단편적 지식의 암기는 무의미해졌습니다. 2022 개정 교육과정에서는 교과목별 핵심 아이디어를 제시하며, 핵심 아이디어를 중심으로 일반화된 지식의 심층적 이해에 중점을 두어야 한다고 말합니다. 이는 단순히 지식을 습득하는 것이 아닌 교과별 고유한 탐구 방법을 익히고 결과적으로 스스로 탐구하고, 문제를 해결할 수 있는 능력을 길러야 가능한 일입니다. 학생들이 살아갈 미래 사회는 더욱 더 지식이 세분화되고 깊어집니다. 모든 지식을 아는 것은 불가능해진 시대에 학생들에게 필요한 것은 배움의 즐거움을 경험하며 끊임없이 배울 수 있는 태도를 심어주는 것입니다. 이러한 학습을 '깊이 있는 학습'이라고 표현하고, 이는 통합적 사고 과정에서 촉진될 수 있습니다. 교과 연계 또는 여러 주제를 통합하여 수업할 수 있고, 학생의 삶과 연계하여 수업을 구성할 수도 있습니다. 또한 메타인지를 자극하며 수업을 성찰하는 과정에서 깊이 있는 학습이 진행될 수 있습니다. 하지만 수업의 변화만으로는 깊이 있는 학습을 담보할 수 없습니다. 깊이 있는 학습은 학생들에게 기본적인 역량을 요구합니다. 2022 개정 교육과정에서는 언어·수리·디지털 기초 역량이 깊이 있는 학습의 기반이라고 말합니다. 그리고 이러한 역량을 국어, 수학, 정보 등의 과목뿐만 아니라 모든 교과를 통해 함양할 수 있는 수업을 설계하고 운영하여 학생들의 깊이 있는 학습을 도와야 한다고 말하고 있습니다.

평가

평가라 하면 학생들의 교육 목표 도달도를 측정하는 행위로 결과에만 초점이 있는 것으로 치부되는 경향이 있습니다. 하지만 2022 개정 교육과정에서 평가는 3가지 측면에 주안점을 두고 있습니다. 첫째, '학생 개개인의 교육 목표 도달 정도 확인, 둘째, 학습의 부족한 부분을 보충, 셋째, 교수·학습의 질 개선'입니다. 이를 위해 결과만이 아닌 결과에 이르기까지의 학습 과정을 확인하고 환류해야 합니다. 과정에 대한 평가와 이를 통한 학생들의 성공 경험, 그리고 이러한 과정을 학생들이 스스로 성찰할 수 있는 기회를 제공하여, 단순히 평가가 성적을 산출하는 것이 아닌 학생의 성장과 사고 능력 함양을 위한 과정이 되어야 합니다.

인공지능에 관심을 가져야 할 때

인공지능은 교사의 편의성을 높이는 것을 넘어 교육의 접근 방식과 학생의 학습 경험을 근본적으로 바꿀 수 있는 잠재력을 지니고 있습니다. 교사에게 꾸준히 요구되었던 학습자 맞춤형 교육과정이나 과정 중심 평가 등에 대해 교사들이 그 취지나 방향성을 부정해서 현장에서 변화가 나타나지 않은 게 아닙니다. 물리적으로 불가능한 교육 방법을 교사들에게 요구하고 있었기 때문입니다. 한 명의 교사가 수십 명 많게는 백명이 훌쩍 넘는 학생을 교육하면서 학생들에게 맞춤형 교육을 하는 것은 불가능한 도전이었습니다. 교육과정-수업-평가-기록을 일체화하며 과정 중심의 교육과정으로 전환하기 위해 학생들의 학습 과정을 모두 기록하고 평가하고 환류하는 것은 상상도 할 수 없는 일이었습니다. 이처럼 물리적으로 불가능했던 일들이 어쩌면 인공지능의 힘을 빌려 현실에서 가능해질 수도 있습니다.

AI에 관심을 가지는 것은 단순히 교육 현장의 변화를 위해서만은 아닙니다. 교사 스스로가 미래의 교육 패러다임을 이해하고 변화의 흐름을 주도하기 위해 필수적인 자세입니다. AI에 대한 관심은 곧 아이들이 살아갈 미래에 대한 관심이 될 것이며, 교육의 방향성을 바르게 잡는 일입니다.

01 챗GPT 시작하기
급변하는 수업 트렌드, 이제 인공지능으로 대비해요.

AI 활용 도구 챗GPT　　**난이도** ★

우리의 일상은 빠르게 변화하고 있습니다. 바빠진 마음만큼, 뭐든 하지 않으면 뒤처진다는 생각에 조급해집니다. 교육 현장에서는 이 시대적 흐름에 어떻게 대비해야 할까요?

인공지능(AI)은 우리 교실에 인공지능을 어떻게 도입해야 할지, 어떤 AI 도구를 활용할 수 있을지 미처 다 고민하기도 전에 성큼 다가왔습니다. 아이들은 벌써 정교한 인공지능을 활용하여 수업 과제와 수행평가를 해내고 있고, 선생님들도 교실에서 우리가 해야 할 일들의 많은 부분을 디지털로 전환하기 위해 고심하고 있습니다.

챗GPT와 같은 챗봇은 질문과 요청에 응답하는 AI 기술입니다. 최첨단의 하드웨어와 방대한 데이터베이스를 장착한 OpenAI의 챗GPT는 질문에 대한 답변을 길면 1분, 혹은 즉각적으로 내놓습니다. 최근에는 답변에 대한 신뢰성 문제 또한 상당 부분 개선한 챗GPT는 검색보다 질문이 편한 시대를 만들었습니다. 우리도 이제 질문해야 합니다. 그럼 간단한 질문부터 시작해 보겠습니다.

기본 대화 시작하기

01 챗GPT 홈페이지(chatgpt.com)에 접속합니다. 회원 가입을 하지 않아도 챗GPT를 사용할 수 있지만 로그인하면 일정 용량까지 질문한 내용을 저장할 수 있고, 유료 버전을 구입해 파일 업로드, 이미지 분석 등의 다양한 기능을 이용할 수도 있습니다. 회원 가입과 유료, 무료 플랜에 대해서는 '부록 A'에서 확인하세요.

02 챗GPT에게 지난 연수에서 들었던 생소한 단어 'GRASPS'가 무엇인지 한번 질문해 보겠습니다.

 GRASPS가 뭐야? 자세하게 예를 들어서 설명해 줘

 GRASPS는 'Understanding by Design(UbD)'이라는 교육과정 설계 프레임워크에서 활용되는 과제 설계 도구로, 학습자들이 수행해야 할 과제나 프로젝트를 체계적으로 구성하기 위해 사용됩니다. GRASPS는 다음과 같은 요소들의 머리글자를 조합한 약어입니다.

- **Goal(목표):** 학습자가 해당 과제를 통해 무엇을 얻고, 무엇을 성취해야 하는지 명확히 설정합니다. 즉, 학습의 '궁극적 목적'을 정하는 단계입니다.

- **Role(역할):** 학습자가 어떤 관점이나 직무, 혹은 특정한 인물의 입장에서 과제를 수행하게 되는지를 결정합니다. 이를 통해 학습자는 단순한 정보 습득자가 아닌, 특정한 역할을 맡아 문제를 해결하는 경험을 하게 됩니다.

- **Audience(청중):** 과제 결과물을 접하게 되는 대상 또는 집단을 설정합니다. 청중의 설정을 명확하게 할수록 학습자는 산출물을 제작할 때 해당 청중에게 설득력 있고 의미 있는 형식으로 표현하게 됩니다.

- **Situation(상황):** 과제가 주어지는 상황이나 맥락을 설정합니다. 실제 생활과 유사한 상황을 제시하면 학습자들은 '현실적 문제 해결'의 중요성을 느끼고 더 몰입하게 됩니다.

- **Product(산출물)**: 학습자가 최종적으로 만들어내거나 행동으로 보여줄 결과물을 지정합니다. 이것은 에세이, 보고서, 프레젠테이션, 영상, 혹은 실제 활동 등이 될 수 있습니다.

… (생략) …

> **note** 챗GPT는 같은 질문을 하더라도 다르게 답변할 수 있습니다. 질문하는 사람의 학습 수준이나 배경, 구체적인 답변 방법 등을 어떻게 설정하는지에 따라 답변의 내용이 크게 달라질 수 있다는 점을 참고하세요!

챗GPT의 답변을 토대로 'GRASPS'가 과제 설계 도구의 약자라는 것과 이 도구를 활용하면 학생들이 과제 수행의 의미를 이해하고 어떤 역할을 담당하게 되는지에 대한 정보를 줄 수 있다는 것을 알게 되었습니다. 이제 적절한 사례를 통해 'GRASPS'의 개념을 적용해 볼 수 있는 과제도 설계할 수 있습니다.

03 이번에는 책을 읽고 깨달은 점을 영상으로 표현하는 과제를 위한 GRASPS를 정리해 보겠습니다. 다음과 같이 질문하면 충분합니다.

 GRASPS 틀에 따라 "책을 읽고 얻은 깨달음을 영상으로 표현하기"에 대한 과제를 설계해 줘

 "책을 읽고 얻은 깨달음을 영상으로 표현하기"라는 과제를 GRASPS 틀에 따라 설계하면, 학생들이 책을 읽고 자신이 얻은 교훈이나 깨달음을 창의적이고 효과적인 방식으로 표현할 수 있도록 도울 수 있습니다. 이 과제는 비판적 사고, 창의성, 의사소통 능력 등을 키울 수 있는 기회를 제공합니다.

1. Goal(목표)

학생들은 책을 읽고 그 내용을 깊이 이해한 후, 책에서 얻은 깨달음이나 핵심 주제를 영상 매체를 활용하여 창의적이면서도 명확하게 전달할 수 있어야 합니다. 이를 통해 학생들은 독해력, 비판적 사고력, 표현력, 미디어 활용 능력을 종합적으로 기를 수 있습니다.

… (생략) …

챗GPT는 이렇게 새로운 개념을 배우거나 그 개념을 바탕으로 수업을 설계하는 구체적인 방법, 아이디어를 얻을 수 있는 도구가 될 수 있습니다.

 **여기서도 할 수 있어요!**

챗GPT에는 GPTs라는 기능이 있습니다. 이 기능에 대해서는 이후에 자세히 배우게 되겠지만, 미리 경험해보고 싶다면 아래 링크를 활용해 보세요. 링크에 접속 후 단원명이나 성취기준을 입력하면 GRASPS 설계에 따른 수업 아이디어를 손쉽게 얻을 수 있습니다.

`URL` GRASPS Lesson planner: https://url.kr/2pq63e

02 챗GPT 음성 기능 활용하기
언제 어디서나 수업에 대해 이야기 나눠봐요.

AI 활용 도구 챗GPT 음성 기능　**난이도** ★

본인의 생각이나 고민을 나누고 싶을 때, 마땅한 대화 상대가 없어서 망설였던 적이 있으신가요? 또는 갑자기 떠오른 아이디어를 기록하거나 구체화하고 싶은데, 어떻게 해야 할지 몰라 고민했던 적은 없으셨나요? 이제 그런 걱정은 하지 않으셔도 됩니다.

GPT-4o는 AI 기술 중 가장 범용성이 높은 모델입니다. 특히 사람의 말을 이해하고 자연스럽게 응답하는 능력이 탁월합니다. 집에서 사용하는 AI 스피커나 스마트폰의 음성 비서(아이폰의 시리, 또는 갤럭시의 빅스비)처럼 단순히 정보를 제공하는 것을 넘어, 역사적 사건이나 시사 문제에 대한 토론이나 인생 상담과 같은 깊이 있는 대화도 나눌 수 있습니다.

다만 이 기능은 Plus 플랜(유료 버전) 사용자에게만 제공되므로 필요한 기능이라고 생각된다면 유료 버전 사용을 고려해보는 것도 좋습니다.

챗GPT 음성 기능 사용하기

챗GPT의 음성 기능은 음성 인식과 음성 출력으로, 앱(iOS, Android, 데스크톱용 프로그램)에서 주로 사용됩니다. 웹 버전에서도 음성 입력 기능을 제공하고 있으나 음성 출력 기능은 일부 실험적으로 제공하고 있습니다. 이 기능을 사용해 보기 위해 앱을 설치해 보겠습니다.

01 휴대폰 앱스토어에서 'ChatGPT'를 검색 후 설치를 진행합니다. 유사 앱이 많기 때문에 OpenAI에서 만든 앱을 찾으셔야 합니다.

02 로그인 후 우측 하단의 버튼을 누르면 고급 음성 모드를 사용할 수 있습니다. 이 모드는 챗GPT와 음성으로 대화할 수 있는 기능으로, 실제 사람과 대화하는 것처럼 챗GPT가 말을 하고 있는 도중에 사용자가 말을 하면 챗GPT가 말을 중단하고 사용자의 말을 듣는 기능이 실현됩니다. 이 기능으로 우리는 대화 중 원하는 답을 얻지 못하면 다시 말을 걸어 새로운 답변을 얻을 수 있어 더 효과적이고 효율적인 대화가 가능합니다.

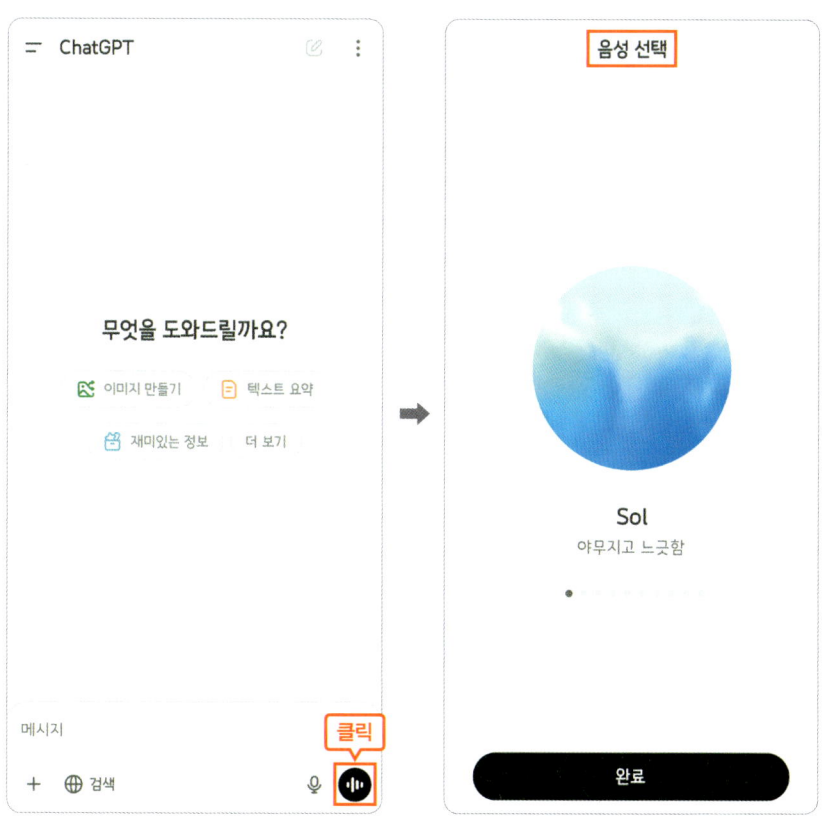

> **note** 현재 OpenAI에서는 Sol, Juniper, Spruce, Arbor, Breeze, Cove, Maple, Vale, Ember의 9가지 음성 모델을 제공하고 있습니다. 각 모델은 서로 다른 음색과 톤을 가지고 있으며, 사용자는 선호에 따라 선택할 수 있습니다.

음성 기능의 가장 큰 장점은 챗GPT와의 대화 내용이 자동으로 저장된다는 점입니다. 예를 들어, 산책 중 갑자기 떠오른 아이디어를 챗GPT와 대화하며 발전시키다 보면, 그 과정이 자동으로 기록됩니다. 이렇게 기록된 대화를 바탕으로 나중에 차분하게 아이디어를 정리할 수 있죠.

수업에 대한 아이디어가 떠오르는데 적을 것은 없고, 그냥 녹음하려니 나중에 다시 처음부터 듣고 정리하는 게 번거로울 때, 챗GPT와 대화하며 아이디어를 구체화하고, 기록도 함께 남겨보세요. 이렇게 하면 귀찮은 작업 없이도 효율적으로 아이디어를 정리할 수 있습니다.

여기서도 할 수 있어요!

휴대폰 앱을 통한 예시를 제시했지만, 앞서 말했듯 데스크톱이나 노트북에서도 이 기능을 활용할 수 있습니다. 여유롭게 차를 마시며 아이디어에 대해 대화하거나, 내가 작성할 내용을 대신 작성하도록 부탁할 수도 있습니다. 재미있는 이야기를 시킬 수도 있죠.

최근에는 Gemini와 Siri도 이러한 음성 기능을 제공하고 있지만, 이 책을 쓰는 시점에서 두 서비스 모두 한국어를 지원하지 않습니다. Gemini는 영어로 질문해야만 응답을 받을 수 있습니다. 한국어로 답변을 요청하면 한국어를 사용할 수 있긴 하지만, 아직 한국에 정식으로 출시되지 않았습니다. 시리의 경우에는 애플 인텔리전스를 설치해야 이런 기능을 활용할 수 있는데, 애플 인텔리전스는 한국어로 구동되는 맥이나 OS 환경에서는 아직 설치할 수 없습니다.

이렇게도 활용할 수 있어요!

활용 아이디어는 여러분의 상상력에 달려있습니다. 수업 아이디어를 도출하고 기록하는 일뿐만 아니라, 저녁 메뉴를 고민하거나, 다이어트에 대한 고민을 털어놓고 조언을 구하는 것도 가능합니다. 연극의 역할을 정할 때 미운 사람 역할을 시켜서 시원하게 혼내 주는 방법도 있죠. 또, 특정 상황을 설정하고 외국어 회화를 연습하는 데에도 유용하게 활용할 수 있습니다.

03 챗GPT 비전으로 탐구하기

관찰·탐구 수업, 이제 두렵지 않아요.

AI 활용 도구 챗GPT 음성 기능(Vision) **난이도** ★★

구글 렌즈나 네이버 스마트 렌즈를 활용해 스마트폰 화면이나 실생활에서 궁금했던 것들을 찾아본 경험이 있을 것입니다. 챗GPT는 이런 시각적 요소를 넘어 음성으로 실시간 소통할 수 있는 기능까지 제공하여, 학생들의 호기심을 자극하고 탐구 능력을 키울 수 있습니다.

2014년 개봉한 영화 'Her'는 인공지능과 사람의 사랑을 다룬 독특한 이야기로, 기술과 인간의 관계에 대한 철학적 질문을 던졌습니다. 영화 속 주인공은 자신의 필요와 감정에 완벽히 응답하는 인공지능과 깊은 유대감을 형성해 가죠. 당시에는 상상 속의 이야기처럼 느껴졌지만, 오늘날 우리는 그 이야기가 점차 현실로 다가오는 모습을 보고 있습니다.

비전 기능 사용하기

이전 장에서 챗GPT 음성 기능을 사용했습니다. 챗GPT 앱을 열고 음성 기능을 활성화한 후, 카메라 아이콘을 선택하면 Vision 기능을 사용할 수 있습니다.

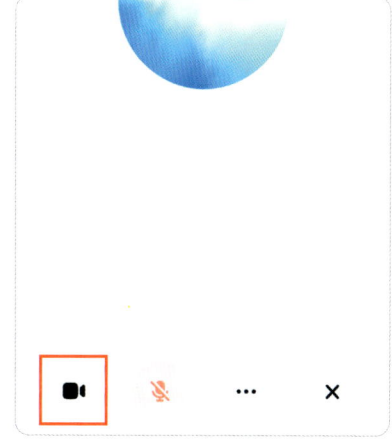

> **note** 카메라 아이콘을 누른 후 'ChatGPT에서 사진을 촬영하고 동영상을 녹화하도록 허용하시겠습니까?'라는 안내 문구가 나타나면 '앱 사용 중에만 허용'을 선택하세요.

챗GPT와 음성 통화를 하다 영상 통화로 전환한다고 생각하면 됩니다. 실제 영상 통화처럼 카메라가 활성화되고, 화면에 보이는 내용을 바탕으로 실시간 대화를 나눌 수 있습니다. 전면 카메라로 전환하면 표정을 인식해 감정까지 파악하며 대화할 수도 있습니다.

이제 이 기능을 수업에서 어떻게 활용할 수 있을지 살펴보겠습니다. 교내에서 식물을 관찰하고 탐구하는 수업을 진행한다고 가정해 보겠습니다. 식물을 관찰하며 그 종류를 파악하기 위해 구글 렌즈나 네이버의 스마트 렌즈 등을 활용하곤 했습니다. 이러한 검색 엔진의 렌즈는 해당하는 식물의 검색 결과를 알려줍니다.

챗GPT는 여기서 그치지 않습니다. 사용자와 실시간으로 상호작용할 수 있기 때문에, 카메라로 나무를 보여주면 나무의 종류를 알려줄 뿐만 아니라, 그렇게 판단한 이유를 물어보거나 추가적인 정보를 요청할 수도 있습니다. 미지의 대상이 있다면 간단히 카메라로 대상을 비추고, 내가 궁금한 점을 무엇이든 물어볼 수 있게 된 것이죠. 이렇게 손쉽게 질문하며 배우는 수업이 가능해진 것입니다.

대화를 마치고 나면, 그동안 나눈 대화 내용이 텍스트로 변환되어 복습하거나 내용을 정리할 때 유용하게 사용할 수 있습니다.

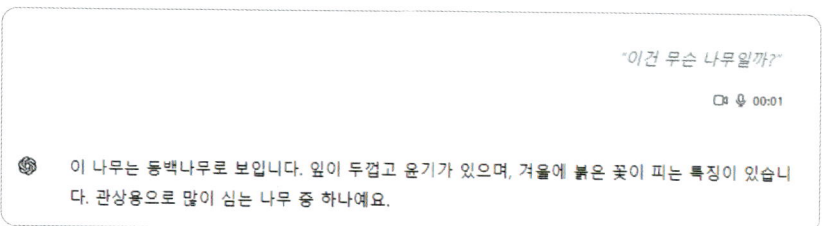

여기서도 할 수 있어요!

모바일에서 구글 AI 스튜디오(aistudio.google.com)에 접속 후 구글 계정으로 로그인 합니다. [Stream Realtime] – [Show Gemini]를 클릭하면 챗GPT 음성 기능의 Vision과 유사하게 사용할 수 있습니다.

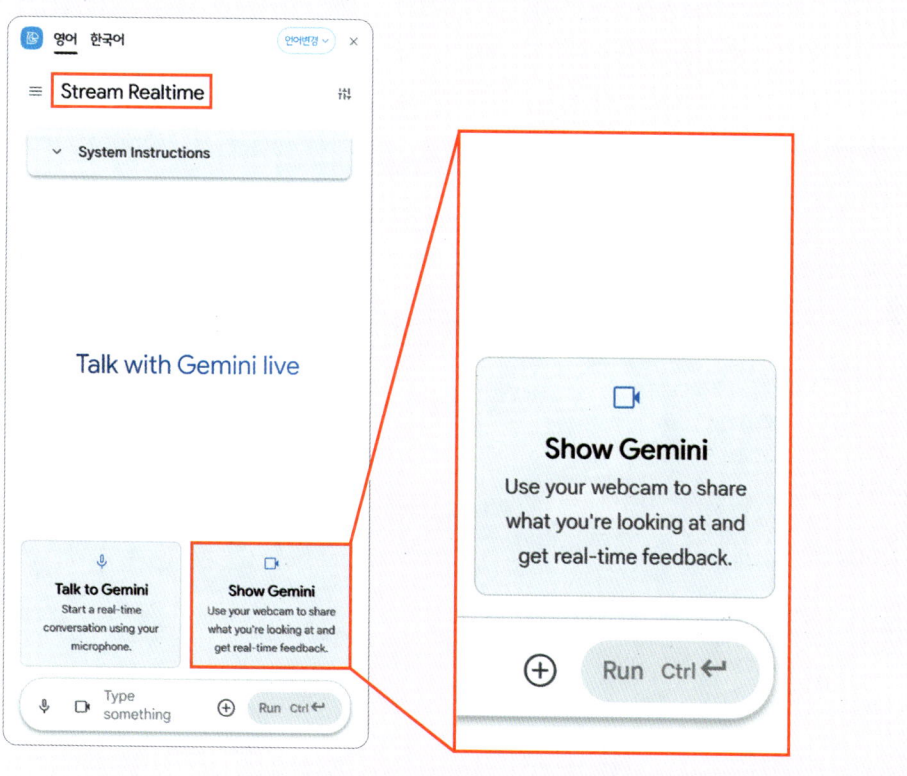

단, 챗GPT가 텍스트만 보여주는 것과 달리 구글 AI 스튜디오는 영상과 음성을 그대로 보여줍니다. 하지만 서버에 저장되는 것이 아니기 때문에 채팅방을 나가면 사라진다는 단점이 있습니다.

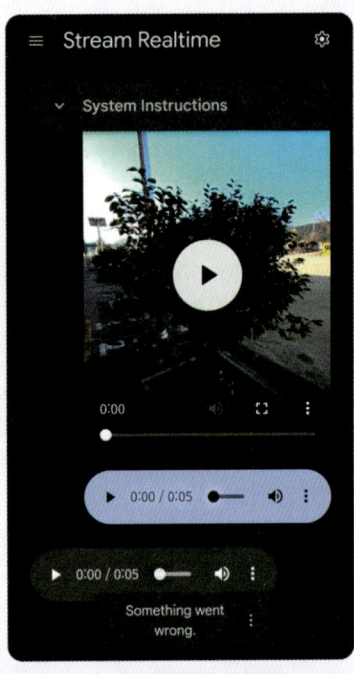

이번에는 데스크톱에서 활용해 보겠습니다. 구글 AI 스튜디오에서 [Starter Apps] – [Spatial Understanding]을 선택하고 [Upload an image]를 클릭해 이미지를 업로드합니다. 그 후 [2D bounding boxes] – [send] 버튼을 클릭하면 AI가 이미지 속 항목을 자동으로 분류한 라벨을 확인할 수 있습니다.

이 기능을 활용하기 위해 실제 학교 모습을 촬영 후 이미지를 업로드하면 학생들과 AI의 시각적 분류를 직관적으로 확인할 수 있어 AI가 사물을 분류하고 바라보는 관점을 체험해 볼 수 있습니다. 다만, 이 기능은 사진을 업로드해야 하기 때문에 챗GPT 음성 기능과 같은 영상 통화의 느낌과는 차이가 있습니다.

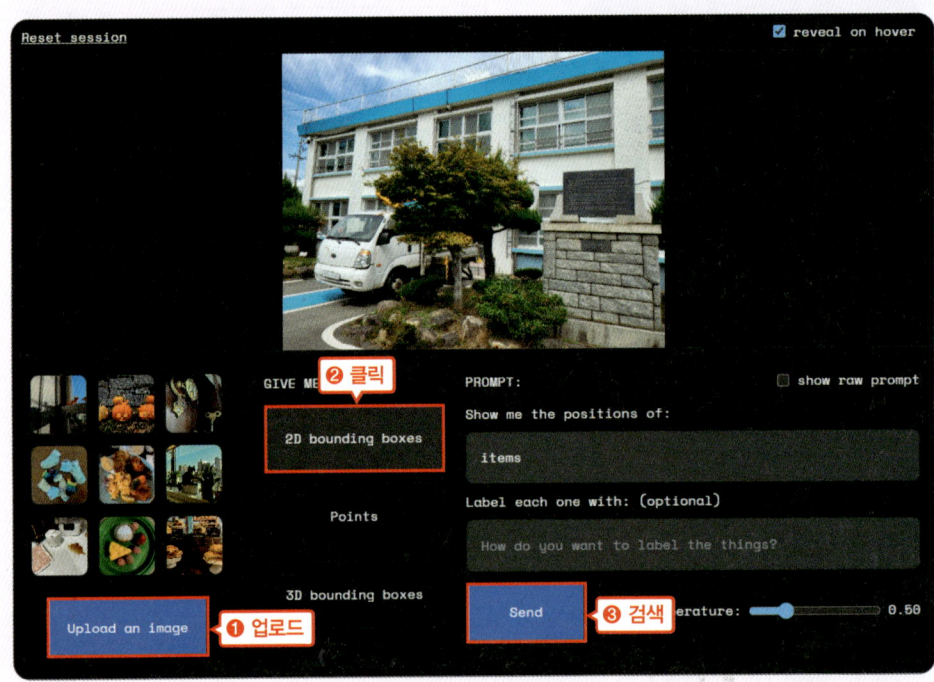

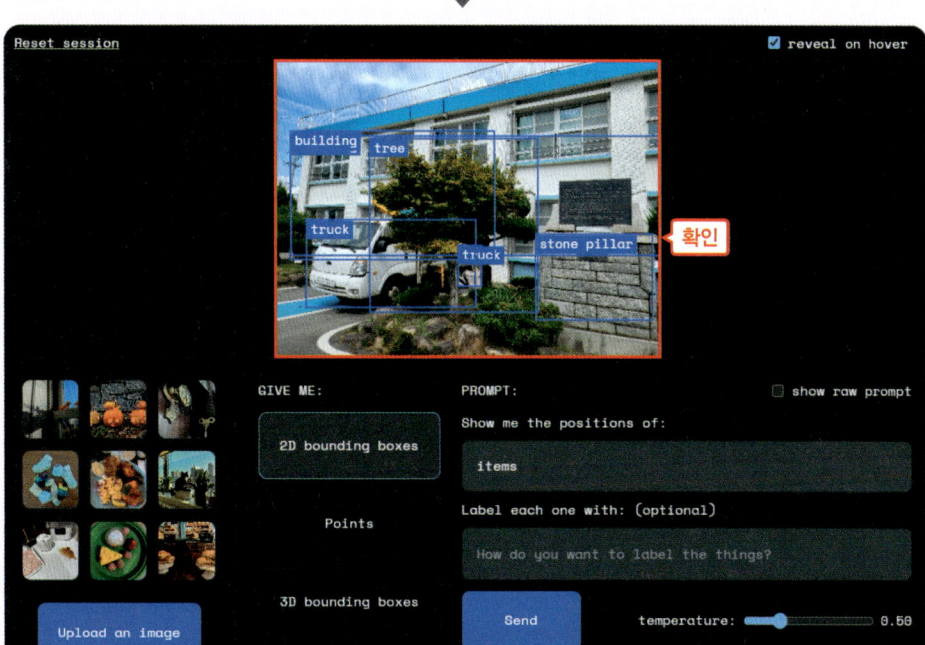

이렇게도 활용할 수 있어요!

챗GPT 음성 기능에서 점 세 개 아이콘을 누르면 추가 기능을 확인할 수 있습니다. [화면 공유]를 선택한 후 방송을 시작하면, 챗GPT와 스마트폰 화면을 공유하며 대화할 수 있습니다.

스마트폰 브라우저로 뉴스를 보고 있는 상황에서 음성으로 "내가 지금 보고 있는 뉴스 요약해 줘."라고 말하면 챗GPT가 사용자 스마트폰 화면 속 뉴스를 분석해 요약해 줍니다. 마치 스마트폰 속 개인 비서가 생긴 것 같지 않나요?

04 챗GPT 맞춤 설정하기

성취기준만 입력하면 새로운 평가 계획이 나와요.

AI 활용 도구 챗GPT 맞춤 설정   **난이도** ★★

교육과정의 변화는 교사에게 그 자체로 업무량의 증가처럼 느껴집니다. 이때 챗GPT를 활용하면 교사의 업무 부담을 획기적으로 줄이고, 업무 효율을 높일 수 있습니다.

달라진 평가 기준, 교사에게 요구되는 변화

학교에서 근무하다 보면 예기치 않은 변화로 인해 당혹스러운 순간들을 마주하게 됩니다. 보통 교사들은 이전 학년도에 사용했던 계획서를 올해에 맞게 일부 수정하여 새로운 계획을 세우는 것에 익숙합니다. 그러나 2024년도가 시작되면서, 선생님들에게 큰 변화가 요구되었습니다.

바로 학기마다 작성해야 하는 평가 기준의 틀이 크게 바뀐 것입니다. 기존의 평가 계획은 주별로 수업이 진행될 단원과 예정된 수업 시수만 기록하면 충분한 양식이었기 때문에, 작성하는 데 큰 어려움이 없었습니다. 하지만 갑자기 많은 요구 사항이 추가되었습니다.

성취기준 달성을 위해 어떤 수업 방법을 사용할 것인지, 수업과 평가를 어떻게 연계할 것인지, 요즘 강조되는 교육 과정–수업–평가–기록의 일체화를 평가 계획에 반영하라는 요구였습니다.

수정 전 평가 기준 양식

주	월일	행사	단원	예정		실시수		진도(쪽)
				시수	누계	시수	누계	
1	3.4~8	입학식(4)	Ⅰ. 수와연산 1. 소인수분해 01. 소인수분해	3	3			

수정 후 평가 기준 양식

시기 월(주)	시수/ 누계	단원명 (평가 영역)	교육과정 성취기준	수업 방법	평가 방법 및 수업-평가 연계의 주안점
8(4주) 19. 개학	4/4	4.1.1. 점,선,면 4.1.2. 각	[9수04-01]점, 선, 면, 각을 이해하고, 점, 직선, 평면의 위치 관계를 설명할 수 있다.	(도형제작수업) 다양한 도형을 직접 만들어 보며 그 특징을 파악한다.	(관찰 평가) 도형제작 활동 관찰 및 모둠내 의사소통 과정 평가

교육 현장은 아직 준비되지 않았는데 이렇게 갑작스러운 요구 사항은 엄청난 업무량 증가로 이어집니다. 예시도 충분하지 않은 상황에서 새로운 평가 계획을 창작하는 과정은 쉽지 않은 일입니다. 교육과정-수업-평가-기록의 일체화를 위해 충분히 고민해 온 선생님들도 매주 평가와 수업을 연계하는 것이 쉽지 않은데, 모든 교사가 모든 수업을 평가와 연계할 방안을 문서로 작성하는 것은 결코 간단하지 않았습니다.

이 부담스러운 요구를 받았을 때, 저는 바로 챗GPT가 떠올랐습니다. 그리고 챗GPT에게 다음과 같이 질문하기 시작했죠.

 너는 유능한 수학 교사야. 앞으로 중학교 1학년 소인수분해 단원을 가르칠 거야.
'소인수분해의 뜻을 알고, 자연수를 소인수분해할 수 있다.'는 성취기준을 도달하기 위한 '수업 방법과 평가 방법 및 수업-평가 연계의 주안점'을 작성해 줘.

이렇게 물어보는 것만으로도 평가 기준 작성에 도움이 될 답변을 얻을 수 있습니다. 하지만 우리가 작성해야 할 것은 하나가 아닙니다. 수십 개의 성취기준이 있고, 각 성취기준마다 수업 방법과 평가 방법을 작성해야 합니다. 이때 매번 프롬프트를 작성하는 것은 비효율적입니다. 간단히 성취기준만 입력하면 원하는 결과를 손쉽게 받아볼 수 있도록 설정하는 것이 효과적입니다.

> **note** 과목에 따라 성취기준에 구체적인 수업 내용이 포함되지 않는 경우도 있습니다. 이럴 경우 기대한 답변이 나오지 않을 수도 있습니다. 수업의 목표를 고려하여 작성하면 되고, 교과서의 학습목표를 입력하는 것도 좋은 방법입니다.

이를 실현하기 위해, 가장 간단하면서도 효과적으로 챗GPT를 활용하는 방법을 소개하겠습니다.

01 챗GPT에 접속 후 로그인하면 오른쪽 상단에 프로필 메뉴가 보입니다. 프로필을 클릭한 후 [ChatGPT 맞춤 설정]을 클릭합니다.

02 다음 항목의 설명과 같이 적절하게 내용을 입력해 주면 됩니다.

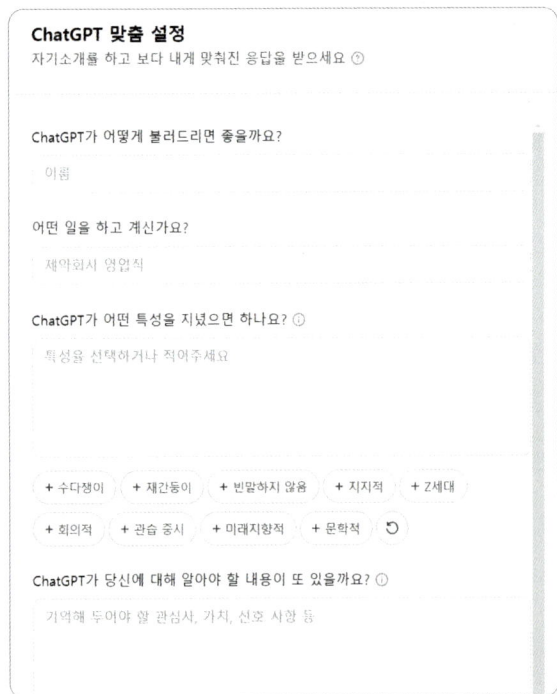

- **ChatGPT가 어떻게 불러드리면 좋을까요?**

  챗GPT가 사용자를 호명해야 할 상황에서 불릴 이름을 적으시면 됩니다. 예를 들어 '박 선생님'이라고 입력 후 챗GPT에게 간단히 인사한다면 "박 선생님 안녕하세요?"와 같이 답변할 것입니다.

- **어떤 일을 하고 계신가요?**

  챗GPT에 적절한 역할을 부여하면 더 정확한 답변을 얻을 수 있습니다. 교사 혹은 선생님이 담당하는 과목과 함께 '수학 교사'와 같이 입력하면 됩니다. 만약 평가 계획이 아닌 엑셀 사용법을 물어보는 맞춤 설정을 진행한다면 '엑셀 마스터'와 같이 입력할 수 있습니다.

- **ChatGPT가 어떤 특성을 지녔으면 하나요?**

  교사가 추구하는 성취기준을 평가할 수 있는 적절한 '수업 방법'과 그에 따른 '평가 방법 및 수업-평가 연계의 주안점'을 작성해야 합니다.

  작성하는 방법은 표를 이용하여 작성합니다.

  표는 '수업 방법', '평가 방법 및 수업-평가 연계의 주안점'의 두 개의 열로 작성합니다.

  > note 지침 내용은 사용자 본인에게 맞춰 작성하면 됩니다.

- **ChatGPT가 당신에 대해 알아야 할 내용이 또 있을까요?**

  추가적인 정보를 제공합니다. 답변에 참고할 수 있도록 평가 계획 작성 지침에서 제공하는 수업 방법의 종류를 예로 적어줄 수 있습니다.

  수업 방법 종류에는 다음과 같은 것이 있습니다.

  [강의식 수업, 거꾸로교실 수업, 글쓰기 수업, 관점 분석틀 활용 수업, 게임 활용 수업, 교과 융합 수업, 놀이 수업, 개별 탐구 및 발표 수업, 디지털 리터러시 학습, 메타버스 활용 수업, 모둠 수업, 모둠 이동 수업, 모둠 탐구 수업, 모둠 토론 수업, 모둠 토의 수업, 모둠 협력 수업, 모의 유엔 수업, 모의 의회 수업, 모델링 수업, 문답식 수업, 문제 기반 학습, 문제 해결 학습, 발표 수업, 배움 장터 수업, 법안 제안 수업, 설명식 수업, 실기 수업, 설문조사 및 결과 활용 수업, 성찰적 글쓰기 수업, 소감문작성 수업, 시범 및 실습 수업, 시범 및 실험 수업, 실기 수업, 덕목 실천 수업, 스테이션 수업, 에듀테크 활용 수업, 에세이 쓰기 수업, 역할극 수업, 영상 활용 수업, 영상 창작 수업, 전략 기반 학습, 정책 개발 수업, 제안서 작성 수업, 조사 및 토의 수업, 주제 탐구 수업, 직소모형 탐구 수업, 질문 중심 탐구 수업, 체험 중심 수업, 짝 토의토론 수업, 콘텐츠 기반 수업, 콘텐츠 제작 수업, 탐구 실험 수업, 탐구보고서 발표 수업, 토의·토론 수업,

프로젝트 수업, 하브루타 토론 수업, 협력적 대화하기 수업, 텍스트 기반 학습, 협동 학습, 협력적 대화하기 수업, AI코스웨어 활용 수업, NIE 수업, 신문 활용 수업, MIE 수업, 미디어 활용 수업]

03 저장을 누르고 새로운 대화창을 생성합니다. 맞춤 설정은 사실 일반적으로 주로 사용하는 대화 패턴에 맞추어, 사용자의 편의를 높여주기 위한 기능입니다. 따라서 단순히 '소인수분해의 뜻을 이해하고 설명할 수 있다.'라고 작성한다면 챗GPT는 일상적인 대화로 오인할 수 있습니다.

맞춤 설정을 제대로 따를 수 있도록 '성취기준: 소인수분해의 뜻을 이해하고 설명할 수 있다.'와 같이 성취기준을 명시하여 맞춤 설정에 따라 답변할 수 있게 합니다.

 성취기준: 소인수분해의 뜻을 이해하고 설명할 수 있다.

수업 방법	평가 방법 및 수업–평가 연계의 주안점
설명식 수업: 소인수분해의 개념과 예제를 교사가 설명하고 학생들이 함께 예제 문제를 풀이함.	형성평가: 교사가 예제 문제 풀이 과정을 관찰하고 즉각적인 피드백 제공. 학생들에게 짧은 퀴즈형 문제를 통해 이해도를 점검하고 필요한 경우 추가 설명을 제공
모둠 탐구 수업: 학생들이 모둠으로 소인수분해를 활용한 문제를 탐구하고 그 결과를 발표함.	동료평가 및 과정 평가: 학생들이 서로의 발표를 듣고 피드백을 주며, 탐구 과정을 통해 개념 이해를 평가함. 교사는 학생들이 소인수분해의 의미를 올바르게 설명하고 활용하는지 관찰
게임 활용 수업: 소인수분해 게임을 통해 학생들이 자연스럽게 소인수분해를 연습하고 익힐 수 있도록 함.	게임형 평가: 게임 활동 후 각 학생의 성취도를 평가하고, 게임 중 나타난 문제 해결력과 이해도를 종합적으로 관찰하여 피드백 제공

맞춤 설정에 요구 사항을 작성한 것만으로도 답변의 질이 크게 향상되는 것을 확인할 수 있습니다. 챗GPT를 목적에 맞춰 설정했다면, 우리는 이제 성취기준을 붙여넣기만 하면 위의 답변과 유사한 형태의 원하는 답변을 얻을 수 있게 되는 것이죠.

하지만 여기에는 커다란 단점이 있습니다. 맞춤 설정의 내용을 지우기 전까지 챗GPT는 계속 이 지침을 따르기 때문에 평가 계획 외 업무에 대한 도움을 받고자 하는 경우 맞춤 설정을 지워야 하는 것입니다. 따라서 맞춤 설정을 어딘가에 저장해 두어야 하는 번거로움이 발생합니다. 인공지능 개발자들이 이러한 번거로움을 예상하지 못했거나 방치하지는 않았겠죠?

맞춤형 인공지능을 자유롭게 만들고, 보관하고, 공유할 수 있는 방법이 다양하게 개발되어 있습니다. 바로 다음 장에서 GPTs를 활용하는 방법이 하나의 예입니다.

여기서도 할 수 있어요!

제가 겪었던 어려움, 분명 다른 선생님들도 겪고 계시리라 생각합니다. 참고할 수 있는 'ChatGPT가 도와주는 평가계획' 페이지를 만들어 두었습니다. '학습목표' 칸에 학습목표(성취기준)를 입력 후 [평가 계획 생성하기]를 클릭하면, 다음과 같은 결과를 받을 수 있습니다.

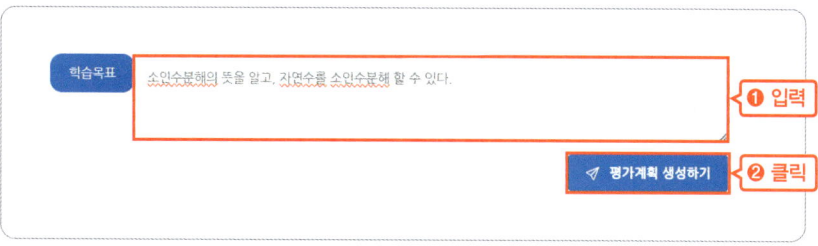

> **note** 'ChatGPT가 도와주는 평가계획' 페이지는 회원 가입 후 사용할 수 있습니다. 간단히 소셜 로그인을 통해 회원 가입 및 로그인이 가능합니다.

> **URL** ChatGPT가 도와주는 평가계획: https://foreducator.com/chat/evaluations/

 **이렇게도 활용할 수 있어요!**

맞춤 설정을 잘 이용하면 매우 유용합니다. 다음과 같이 간단한 상황 설정만으로도 챗GPT를 번역기로도 만들 수 있습니다.

이렇게 챗GPT를 설정하고 새로운 대화를 시작하면 손쉽게 번역기가 만들어집니다.

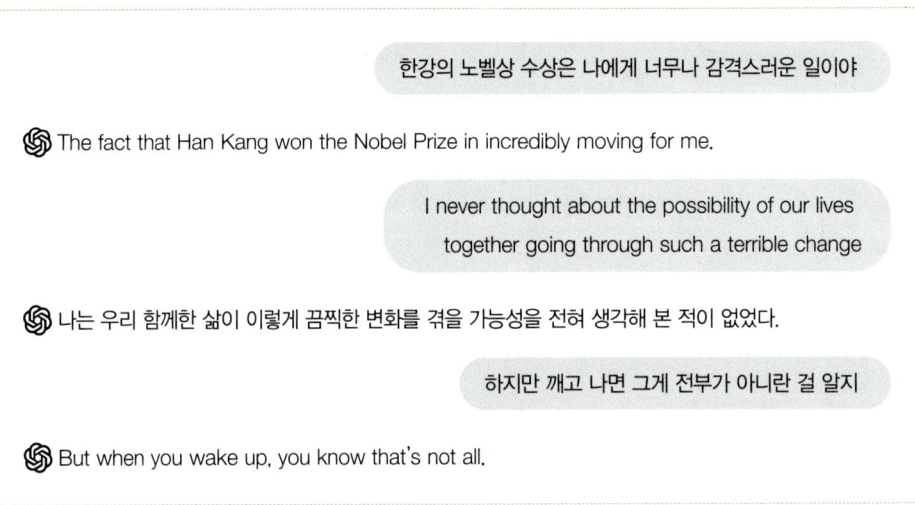

챗GPT를 새로운 역할을 수행하는 나만의 맞춤형 인공지능으로 설정해 두면 원하는 답변을 더 빠르고 정확하게 얻을 수 있어 다양한 업무에 활용할 수 있습니다.

05 '학부모 상담 도우미' 챗봇 만들기

학부모와 대화, 이제 어렵지 않아요.

AI 활용 도구 GPTs **난이도** ★★

'챗GPT를 내 상황과 필요에 맞게 미리 세팅할 수는 없을까?'라고 생각해 본 적 있으실 것입니다. 학생의 생활기록부 작성이 막막할 때, 수업 계획안을 작성해야 할 때, 학급 가정 통신문 문구가 고민될 때, 상담 내용을 정리해야 할 때 등 GPTs를 활용해서 선생님의 일상적인 업무를 도와줄 챗봇을 제작할 수 있습니다. 그렇다면 선생님들이 활용할 수 있는 챗봇은 어떤 것이 있을까요?

매번 맞춤 설정을 새롭게 지정하는 것은 꽤 번거로운 일입니다. 자주 쓰는 설정이 여러 개라면 이를 관리하기도 쉽지 않습니다. 이럴 때 GPTs를 만들어 두면 다양한 챗봇을 쉽게 활용할 수 있습니다. 일명 커스텀 GPT라고도 불리는 GPTs를 간단하게 제작하는 방법을 알아보겠습니다. GPTs는 일정한 양식에 맞춰 제작해야 하기 때문에 어렵게 느껴질 수도 있지만, 사실 이러한 양식도 챗GPT의 도움을 받아 쉽게 해결할 수 있습니다.

GPTs로 학부모 상담 도우미 챗봇 만들기

인공지능을 활용할 때는 항상 문제 정의가 필요합니다. 문제가 있어야 궁금해지고, 그래야 문제를 해결할 마음이 생기기 때문이죠. 우리가 가장 어려워하는 문제는 무엇일까요? 생활기록부 작성, 교수·학습 및 평가 계획서 작성, 가정 통신문 작성 등 다양한 문제가 있습니다. 그중에서 저는 학부모와의 전화 통화가 가장 어렵습니다. 교사라는 직업의 특성상 학부모의 존재가 어렵게 느껴지는 경우가 많기 때문이죠. 대화를 잘하지 못할 수도 있고, 혹시나 말실수를 할까 봐 걱정되기도 합니다. 그래서 이번 장에서는 GPTs를 활용해서 학부모 상담을 도와주는 챗봇을 만드는 방법을 소개하겠습니다.

01 GPTs를 활용해 챗봇을 제작하기 위해서는 Plus 플랜 이상의 계정이 필요합니다. 구독 유무에 따른 기능 차이는 부록에서 자세히 확인할 수 있습니다.

좌측의 사이드바를 클릭 후 [GPT 탐색] – [+ 만들기] 버튼을 클릭합니다.

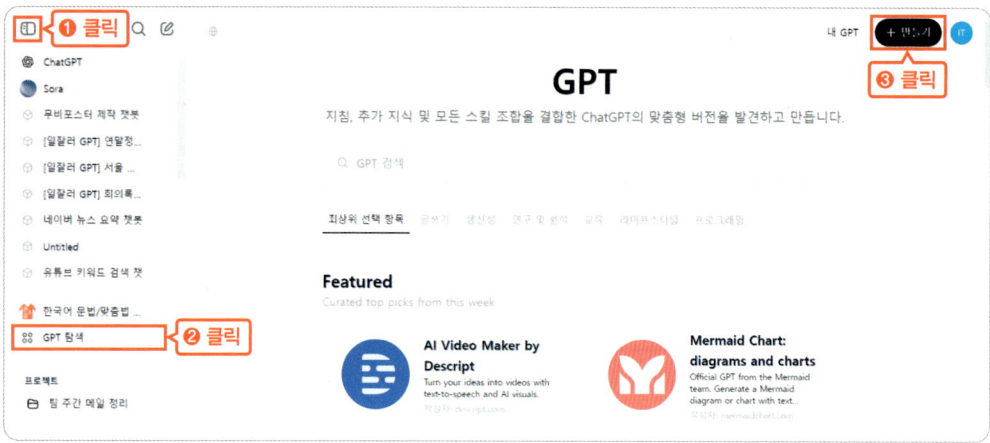

02 창이 나타나면 좌측 화면에서 [만들기] 탭을 선택합니다. 이 기능은 GPT와 대화를 통해 챗봇을 제작하는 기능입니다. 내가 원하는 기능을 작성해서 프롬프트를 입력하면 챗봇을 제작할 수 있습니다. 챗봇 제작이 완료되면 [미리 보기] 창에서 테스트가 가능합니다.

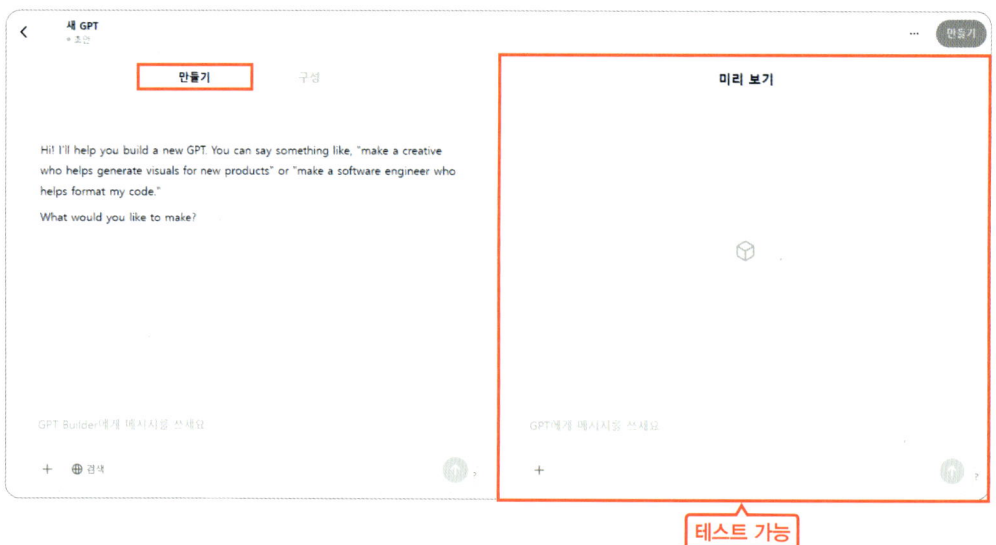

03 학부모 상담을 위한 챗봇을 만들기 위해 만들기 창에서 다음과 같이 입력합니다.

> 학부모 상담이 어려운 나를 위해 학부모 상담을 도와주는 챗봇을 만들고 싶어. 내가 학부모의 말을 옮기면 어떤 말을 하면 좋을지 알려주면 좋겠어.

> 이제 이름을 정할 차례입니다. '학부모 상담 도우미'는 어떠세요? 아니면 다른 이름을 원하시나요?

요청에 GPT가 이름을 제안해 줬습니다. 좋다고 대답하고, 대화를 이어가 보겠습니다.

> 지금 이름 좋아

> 이제 프로필 사진을 만들어볼게요. 잠시만 기다려 주세요.

> 프로필 사진이 완성되었습니다. 마음에 드시나요? 아니면 수정하고 싶은 점이 있을까요?

> 마음에 들어!

> 좋습니다! 이제 학부모 상담 도우미가 완성되었습니다. 상담 상황을 입력해 주시면 적절한 답변을 추천해 드릴게요. 혹시 더 원하는 기능이나 개선 사항이 있다면 말씀해 주세요!

04 말하기가 무섭게 오른쪽 미리 보기 창에 '학부모 상담 도우미'가 완성된 것을 확인할 수 있습니다. 미리 보기 창에서 테스트를 진행해 보겠습니다.

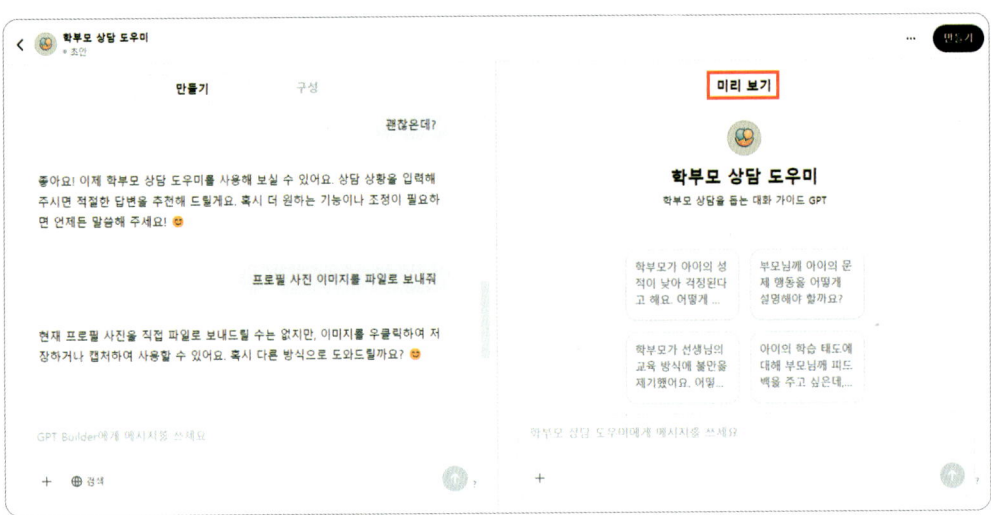

05 도움이 필요했던 상황을 프롬프트에 작성해서 상담을 시작합니다.

 어떤 학부모님과 상담을 진행하실 예정인가요? 상담 주제나 상황을 알려주시면 적절한 응답과 전략을 도와드리겠습니다. 대화를 진행할 때는 학부모의 우려나 기대를 충분히 이해하고 공감하며, 학생의 성장과 학습을 지원할 수 있는 구체적인 방안을 제안하겠습니다.

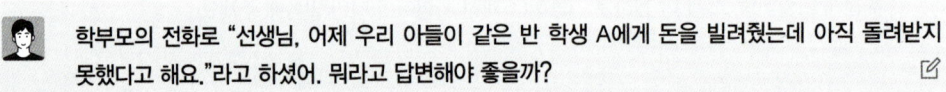

이런 상황에서는 학부모님의 걱정을 공감하면서도, 문제를 객관적으로 파악하고 해결할 수 있도록 돕는 답변이 필요합니다. 다음과 같은 답변을 제안드립니다.

📞 **예시 답변:**

"아, 그러셨군요. 먼저 말씀해 주셔서 감사합니다. 제가 이 상황을 조금 더 정확히 파악하기 위해 학생들과 이야기를 나눠보고, 필요한 경우 다른 관련 학생들의 의견도 들어보겠습니다. 그 후에 문제를 어떻게 해결할 수 있을지 함께 논의해 보시면 어떨까요? 그리고 혹시 A 학생이 말했던 내용 중 추가로 알려주실 만한 점이 있다면 말씀해 주시면 감사하겠습니다."

📌 **상담 전략:**

1. **공감 표현** – 부모님의 걱정을 이해하고 있다는 느낌을 주기 위해 먼저 공감해 줍니다.
2. **상황 확인** – 한쪽 말만 듣고 판단하지 않도록, 먼저 사실 관계를 확인하겠다고 알립니다.
3. **공동 해결 방안 모색** – 해결 방법을 일방적으로 제시하기보다, 학부모와 함께 논의하겠다는 태도를 보이며 협력적인 분위기를 조성합니다.
4. **추가 정보 요청** – 학부모가 알고 있는 정보를 더 공유할 기회를 주어, 문제를 보다 정확히 파악할 수 있도록 유도합니다.

물론 이러한 도움을 받으려면 전화를 받을 때 챗봇을 켜 두고, 순발력 있게 질문하고, 답변을 읽으면서 통화를 해야 한다는 어려움이 있습니다. 하지만 '학부모 상담 도우미'의 답변은 어떤 말을 할지 고민을 줄여주고, 더 나은 대화 흐름을 제안해 준다는 점에서 충분한 가능성을 보여줍니다.

이렇듯 학교 현장에서 자주 만나지만 곤란한 문제에 대비해, GPTs를 활용해 사전에 챗봇을 훈련시켜 둔다면 효과적인 해결 방안을 모색할 수 있습니다.

 여기서도 할 수 있어요!

Gemini의 기능 중 GEM도 이와 유사한 역할을 합니다. 또한, OpenAI Playground에서는 사전 작업을 통해 보다 복잡한 내용을 미리 이해하는 모델을 구성할 수도 있습니다. 최종적으로는 이 모델을 호출하여 나만의 앱을 제작하는 것도 가능합니다. 필요한 인공지능 기능이 있다면 차근차근 도전해 보세요!

[URL] https://platform.openai.com/playground/

 이렇게도 활용할 수 있어요!

GPTs를 활용해 챗봇을 거의 자동으로 생성하는 방법을 살펴보았습니다. 하지만 때로는 더 구체적인 맞춤 지침을 내려야할 때도 있습니다. 이럴 때는 이번 실습에서 사용한 '만들기' 탭이 아니라 '구성' 탭을 활용하면 더욱 세밀하게 맞춤 설정된 챗봇을 만들 수 있습니다. 자세한 방법은 다음 장에서 확인해 보시기 바랍니다.

06 '자동 채점'하는 챗봇 만들기
논술형 채점, 사진 한 장으로 해결해요.

AI 활용 도구  **난이도** ★★

논술형 문항을 채점할 때, 학생들이 제출한 독서 감상문을 평가할 때, 보고서나 일지를 검토할 때 등 수많은 학생들이 자필로 작성한 글을 하나하나 읽으며 '누가 대신 해주면 좋겠다.'라고 생각해 보신 적 없으셨나요? 특히 학교 규모가 클수록 이런 고민이 더욱 절실해지셨을 것입니다. 이 고민을 AI가 대신해 줄 수 있습니다.

이번 장에서는 GPTs를 활용하여 학생들의 글을 사진으로 찍어 사전에 입력된 지침에 따라 자동으로 채점하고 피드백을 제공하는 아이디어를 구현해 보고자 합니다.

구성 기능으로 자동 채점하는 챗봇 만들기

01 먼저 5장에서와 같이 [GPT 탐색] - [+ 만들기] 버튼을 클릭하고, 이번에는 [구성] 탭을 선택합니다. 구성 기능을 이용하면 만들기 기능보다 업그레이드된 맞춤형 챗봇을 만들 수 있습니다.

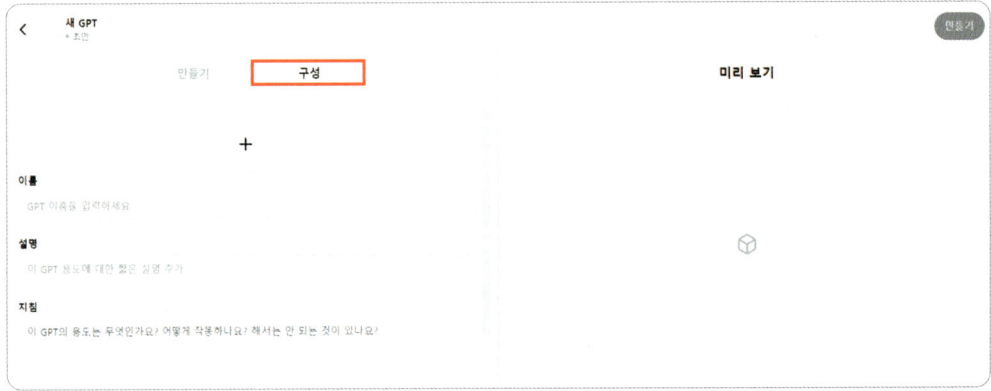

02 구성 기능을 잘 활용하기 위해서는 지침을 명확하게 작성하는 것이 중요합니다. GPT에 적절한 역할을 부여하면 성능이 향상된다고 알려져 있습니다. GPT에 역할을 부여한 뒤, 특정 문제의 채점을 위해 평가 문항을 기술합니다. 그리고 채점 기준과 모범 답안 등을 함께 제공합니다. 아래 예시와 같이 이름, 설명, 지침, 대화 스타터를 입력합니다.

이름

> 서술형 평가 채점 도우미

설명

> 학생들의 서술형 답안을 채점하고 피드백을 제공하는 AI 도우미

지침

> 당신은 서술형 평가 채점 전문가입니다.
> 다음 기준에 따라 학생들의 답안을 평가하고 점수와 피드백을 제공합니다:
>
> 중학교 과학 서술형 평가 예시
>
> 평가 문항
>
> 다음은 지구 온난화에 관한 질문입니다. 아래 내용을 읽고 답하시오.
>
> "지구 온난화가 해수면 상승을 일으키는 두 가지 주요 원인을 설명하고, 이로 인한 환경적 영향을 한 가지 서술하시오." (배점: 10점)
>
> 채점 기준 (총 10점)
>
> 해수면 상승의 첫 번째 원인 (3점)
>
> 빙하와 빙상의 융해 현상 설명
>
> 해수면 상승의 두 번째 원인 (3점)
>
> 해수의 열팽창 현상 설명
>
> 환경적 영향 (4점)
>
> 구체적인 환경 영향 제시
>
> 논리적 인과 관계 설명

모범 답안

지구 온난화로 인한 해수면 상승의 첫 번째 원인은 극지방의 빙하와 빙상이 녹아내리는 것입니다. 기온이 상승하면서 남극과 북극의 얼음이 물로 변하여 바다로 유입됩니다. 두 번째 원인은 해수의 열팽창입니다. 수온이 올라가면서 해수의 부피가 늘어나게 됩니다. 이러한 해수면 상승으로 인해 저지대 연안 지역이 침수될 수 있으며, 이는 해안가 거주민들의 이주 문제와 생태계 파괴로 이어질 수 있습니다.

학생 답안 예시

학생 A (상 – 9점)

"지구 온난화로 인해 극지방의 빙하와 빙상이 녹으면서 바다로 유입되어 해수면이 상승합니다. 또한 해수 온도가 올라가면서 물 분자의 운동이 활발해져 부피가 팽창하는 현상이 발생합니다. 이로 인해 해안가 저지대 지역이 물에 잠기게 되어 그 지역의 주민들이 다른 곳으로 이주해야 하는 문제가 발생합니다."

학생 B (중 – 7점)

"첫째로 빙하가 녹아서 바다로 흘러들어가고, 둘째로 바닷물이 뜨거워져서 부피가 커집니다. 그래서 해수면이 높아지면 섬이나 해안가가 잠길 수 있습니다."

학생 C (하 – 4점)

"빙하가 녹아서 해수면이 올라갑니다. 그리고 바닷물이 덥혀져서 해수면이 올라갑니다. 이 때문에 환경이 나빠질 수 있습니다."

답안 채점 시 다음 사항을 준수합니다:

제시된 채점 기준에 따라 항목별로 점수 부여

구체적인 피드백 제공

개선이 필요한 부분에 대한 건설적인 제안 제시

대화 스타터

"학생 답안을 입력해주세요. 채점해드리겠습니다."

note 지침을 작성할 때도 챗GPT에게 도움을 요청하면 보다 쉽고 빠르게 챗봇을 생성할 수 있습니다.

03 내용을 입력 후 우측 상단의 [만들기] 버튼을 클릭하면 [GPT 공유] 창이 나타납니다. 이 챗봇은 내게 필요한 조건을 넣어 만든 것이므로, 혹시 모를 오해(다른 모든 서술형이 채점 가능할 것이라는 생각)를 대비하기 위해 '나만 보기'를 선택하고 [저장]을 클릭합니다.

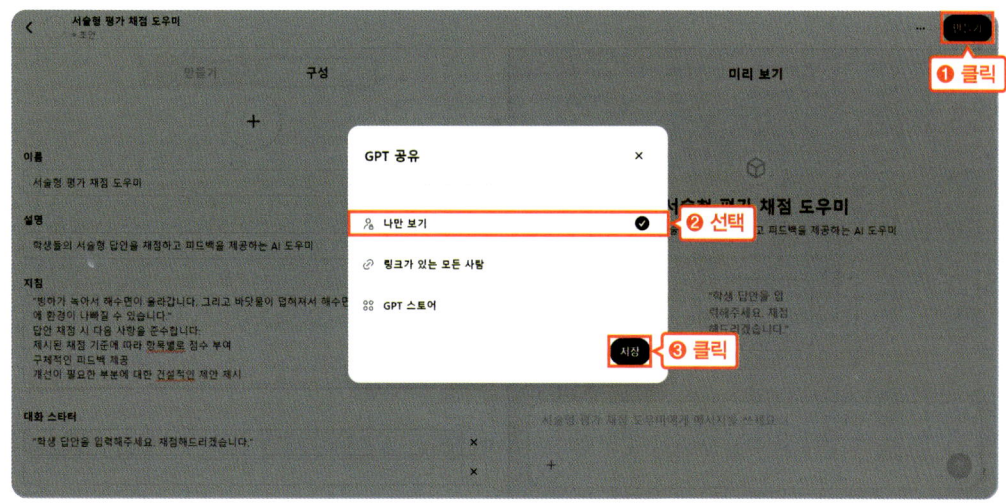

04 저장 후 챗GPT 앱을 켜고 검색창에 '서술형 평가 채점 도우미'를 검색 후 내가 만든 챗봇을 선택합니다.

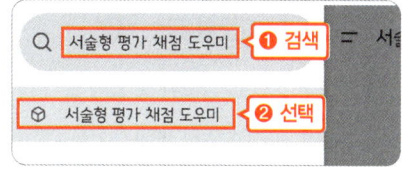

05 '서술형 평가 채점 도우미'가 열리면, 좌측 하단 [+] 아이콘을 클릭하고, '카메라'를 선택합니다.

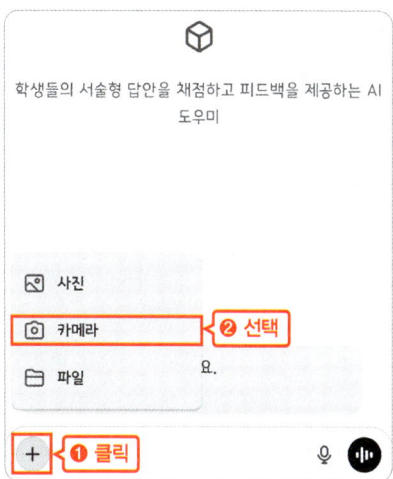

06 손글씨로 작성된 학생의 답변을 촬영 후 첨부해서 '서술형 평가 채점 도우미'의 답변을 받아 보겠습니다.

지구 온난화로 인한 해수면 상승의 첫 번째 원인은 극지방의 빙하가 녹는 현상입니다. 지구의 기온이 상승하면서 남극과 북극의 얼음이 녹아 바다로 유입되기 때문입니다. 두 번째 원인은 해수의 열팽창 현상입니다. 바닷물의 온도가 올라가면서 물 분자의 운동이 활발해져 해수의 부피가 증가하게 됩니다. 이러한 해수면 상승으로 인해 태평양의 작은 섬나라들이 물에 잠길 위험에 처해 있으며, 이는 해당 지역 주민들의 생존권 문제로 이어지고 있습니다.

 채점 결과: 9점 (상)

채점 기준별 점수 배정

■ **해수면 상승의 첫 번째 원인 (3점/3점)**
- 극지방 빙하 융해 현상을 명확히 설명함.
- 남극과 북극의 얼음이 녹아 바다로 유입된다는 내용을 포함함.

■ **해수면 상승의 두 번째 원인 (3점/3점)**
- 해수의 열팽창 현상을 올바르게 설명함.
- 바닷물 온도가 상승하며 물 분자의 운동이 활발해져 해수의 부피가 증가한다는 점을 정확히 서술함.

■ **환경적 영향 (3점/4점)**
- 태평양의 작은 섬나라가 물에 잠길 위험에 처해 있으며, 이는 해당 지역 주민들의 생존권 문제로 이어진다고 설명함.
- 환경적 영향이 구체적으로 제시되었으나, 논리적 인과관계에서 약간의 보완이 필요함.
  예를 들어, 해수면 상승이 단순히 "생존권 문제"로 이어진다고 하기보다, 구체적으로 이주 문제, 식수 부족, 생태계 변화 등의 추가적인 영향을 포함하면 더욱 완성도 높은 답안이 될 것임.

총평 및 피드백

- 전반적으로 매우 우수한 답안이며, 해수면 상승의 원인을 정확하게 기술함.
- 환경적 영향 부분에서 조금 더 구체적인 설명을 덧붙이면 만점을 받을 수 있음.
- 예를 들어, "해당 지역 주민들은 거주지를 잃고 강제로 이주해야 하며, 이에 따른 경제적·사회적 문제가 발생할 수 있다" 등의 추가 설명을 하면 더욱 명확한 답안이 될 것임.

→ **최종 점수: 9점 (상)**

아주 잘했습니다! 조금만 더 구체적으로 보완하면 만점 답안이 될 수 있습니다.

07 '수행평가 평가 기준 설정 도우미' 챗봇 만들기

수행평가 채점 기준표도 순식간에 만들어요.

AI 활용 도구 **GPTs**   난이도 ★★

학생의 성장을 위해 과정을 중시하며 수행평가를 계획하지만, 실질적인 평가 진행 계획을 수립하는 것 보다 채점 기준표를 작성하는 데 더 많은 시간이 소요되곤 합니다. 이제 챗GPT를 활용해 보다 효율적이고 체계적인 수행평가를 설계하는 방법을 알아보세요.

과정 중심 평가가 강조되면서 지필평가보다 수행평가의 비중이 점차 증가하고 있습니다. 이에 따라 수행평가 횟수가 자연스럽게 늘어나고, 그에 따른 채점 기준표 작성 부담도 커지고 있습니다. 이때도 챗GPT는 큰 힘을 발휘합니다. 아래의 표는 챗GPT가 한번에 작성해 준 내용을 붙여넣어 만든 수행평가 채점 기준표입니다.

수행평가 채점 기준표

성취기준		비평문 작성과 영상 제작을 통해 작품, 자신의 경험, 사회적 문제를 논리적으로 연결하고 깨달음을 도출하며 이를 공유한다.
성취수준	상	비평문이 논리적이며 작품, 개인 경험, 사회적 문제를 유기적으로 연결하고 깊은 통찰을 도출하였으며, 영상이 창의적이고 메시지가 명확함.
	중	비평문이 논리적이며 작품, 개인 경험, 사회적 문제를 연결하였고, 영상에서 메시지가 잘 전달됨.
	하	비평문이 작품, 개인 경험, 사회적 문제를 연결하였으나 논리적 흐름이 부족하며, 영상이 메시지 전달에 미흡함.

채점 요소	단계	내용	점수
1. 비평문의 논리성	A	논리 전개가 완벽하며, 작품, 개인 경험, 사회적 문제를 유기적으로 연결함.	40
	B	논리 전개가 우수하며, 작품, 개인 경험, 사회적 문제를 비교적 잘 연결함.	30
	C	논리 전개가 명확하나, 작품, 개인 경험, 사회적 문제 연결이 다소 부족함.	20
	D	논리 전개가 다소 부족하며, 작품, 개인 경험, 사회적 문제 연결이 약함.	10
	E	논리 전개가 미흡하며, 작품, 개인 경험, 사회적 문제 연결이 거의 이루어지지 않음.	5
2. 사회적 문제와의 연결성	A	사회적 문제를 창의적으로 연결하고, 구체적이고 설득력 있는 예시를 활용함.	30
	B	사회적 문제를 잘 연결하고, 적절한 예시를 활용함.	25
	C	사회적 문제와의 연결이 다소 일반적이며, 예시가 부족함.	15
	D	사회적 문제와의 연결이 모호하며, 예시 활용이 미비함.	10
	E	사회적 문제와의 연결이 거의 없고, 예시가 전무함.	5
3. 영상의 메시지 전달력	A	창의적이고 메시지가 명확하며, 전달 방식이 뛰어남.	30
	B	메시지가 명확하고 전달 방식이 적절함.	25
	C	메시지가 전달되나, 표현력이 다소 부족함.	15
	D	메시지가 불분명하며, 표현 방식이 미흡함.	10
	E	메시지가 거의 전달되지 않음.	5

위의 수행평가 채점 기준은 미리 만들어둔 '수행평가 평가 기준 설정 도우미' 챗봇을 이용한 결과입니다. 다음 링크에서 사용할 수 있습니다.

URL https://url.kr/y8g86u

'수행평가 평가 기준 설정 도우미' 챗봇 만들기

위와 같은 결과를 얻기 위해 다음과 같이 '어떤 수행평가를 할 것인지'에 대해 전달했습니다.

입력 내용: 국어, 사회적 상호 작용으로서의 읽기와 쓰기, 〈불편한 편의점〉을 읽고 나와 작품과 사회를 연결하는 비평문을 씀. 비평문의 논리성, 나의 경험과 책 속의 내용과 사회의 문제를 잘 연결했는지 판단하고, 그 연결 지점에서 얻은 깨달음을 영상으로 만들어 공유하도록 하는 활동을 할 예정임.

이때 주의할 점은 성취기준을 프롬프트에 직접 입력하지 않은 경우, 챗GPT가 임의로 성취기준을 생성할 수 있다는 점입니다. 하지만 '국가수준교육과정'을 따르는 우리는 반드시 교육과정에 명시된 성취기준을 작성해야 합니다.

또한, 성취수준 역시 교육과정에 포함되어 있으므로 이를 참고하여 작성할 수 있습니다. 과목별 성취수준은 '국가교육과정정보센터(ncic.re.kr)'에 접속한 후, [교육과정 자료실] – [평가 기준]에서 다운로드할 수 있습니다.

사실 수행평가 채점 기준표를 작성할 때 가장 고민되는 부분은 채점 요소를 설정하고, 단계별 채점 기준을 구체화하는 일입니다. 각 평가 요소별로 어느 정도의 수준에서 어떻게 채점할지를 수준별 차등을 둔 진술문의 형태로 작성합니다. 예를 들어, 진술문에서 수량적 표현을 활용해 '5개를 달성하면 A, 4개를 달성하면 B'와 같은 식으로 평가하면 객관성을 확보할 수 있습니다. 하지만 이러한 방식은 학생의 수행 과정을 다각도로 평가하기에는 적합하지 않습니다. 따라서 정량적 평가뿐만 아니라 정성적 평가 방식도 활용해야 합니다. '완벽하게-우수하게-명확하게-부족하게-미흡하게'와 같은 수식어를 사용해 평가 기준을 차별화하는 방법이 있습니다. 이러한 정성적 평가 도구를 적절히 활용하면 균형 잡힌 수행평가가 이루어질 수 있습니다.

이를 위해 챗봇을 만들 때 다음과 같은 지침을 제공하였습니다.

다음 요구 사항에 따라 성취기준과 수행평가 기준표를 작성해주세요:

1. 표 형식 요구사항:
- 1행: [성취기준] 셀에 성취기준 작성
- 2-4행: [성취수준] 상/중/하 수준별 설명
- 5행 이후: 평가 요소별 세부 채점 기준(A-E등급)

2. 성취수준(상/중/하) 작성 원칙:
- 긍정적 서술어 사용 (예: '잘함', '수행함' 등)
- 부정적 표현 제외 ('부족', '미흡' 등 사용 금지)
- 논리적/개인적/사회적 측면에서 단계적 차이 서술

3. 평가 요소 구성 원칙:
- 총 3가지 평가 요소 구성

- 각 요소별 A-E등급 구분(5단계)
- A등급 기준 점수 합계 = 100점
- 요소별 배점 차등화(동점 방지)
- 관찰/측정 가능한 구체적 수치 기준 제시
    (예: 발표 횟수, 자료 제출 건수 등)

4. 점수 배점:
- 각 평가 요소별 최고점(A등급)은 서로 달라야 함
- A〉B〉C〉D〉E 순으로 일정한 간격의 점수 차 유지
- 각 등급별 점수 간격은 평가 요소별로 다르게 설정

입력할 내용:

1) 성취기준:

[작성할 성취기준 내용을 입력해 주세요]

2) 평가하고자 하는 구체적인 수행평가 내용:

[수행평가 과제 내용을 상세히 입력해 주세요]

이렇게 필요한 지침을 제공하고, 챗봇을 만들어 두면 성취기준과 수행평가 방법에 대해 설명하는 것만으로 수행평가 채점 기준표를 쉽게 작성할 수 있게 됩니다.

08 퍼플렉시티로 깊이 있는 학습하기
질문과 답변으로 사고력을 확장해요.

AI 활용 도구 퍼플렉시티   **난이도** ★

불과 몇 년 전 검색 엔진이 처음 등장했을 때, 우리는 마치 세상의 모든 지식을 손에 넣을 수 있을 것만 같았습니다. 궁금한 것이 생기면 검색창에 키워드를 입력하고, 여러 사이트를 돌아다니며 정보를 찾아 헤맸습니다. 하지만 지금은 어떤가요? 더 이상 검색할 필요가 없습니다. 그저 질문할 뿐입니다. AI가 질문에 직접 답을 해 주기 때문입니다. 이제는 검색하는 것조차 번거롭게 느껴지는 시대가 되었습니다.

아이들은 초등학교 때만 해도 궁금한 것이 많아 끊임없이 질문을 던집니다. 하지만 학년이 올라갈수록 질문하는 일이 점점 줄어듭니다. 마치 스펀지 같던 아이들이 점점 딱딱하게 굳어가는 것만 같아 안타깝습니다. 특히 역사 수업에서는 그 경향이 더 두드러집니다.

예를 들어, 동학 농민 운동을 배울 때를 생각해 봅시다. 초등학생들은 "왜 농민들이 싸웠어요?", "누가 이겼어요?", "전봉준이 어떤 사람이에요?" 같은 순수한 호기심에서 비롯된 궁금증을 갖고 질문들을 던집니다. 하지만 중·고등학생이 되어 가면서 교과서에 나온 내용을 그대로 받아들이고, 시험에 필요한 내용만 암기하려는 경향을 보입니다.

퍼플렉시티가 뭔가요?

퍼플렉시티(Perplexity)는 단순히 질문에 대한 답을 제공하는 것이 아니라, 꼬리를 무는 질문을 던지면서 사고를 확장하는 도구입니다. 다양한 자료를 바탕으로 답하기 때문에 정보를 쉽게 찾을 수 있고, 핵심 개념을 심층적으로 탐구할 수 있도록 도와줍니다. 수업에서 퍼플렉시티를 활용하다

보면 잠자던 아이들의 호기심을 깨우고, 질문하는 습관을 되살리게 될 것입니다.

퍼플렉시티는 기존의 AI와 다르게 작동합니다. 사용자가 질문을 입력하면 그 질문을 분석해 검색에 최적화된 형태로 변환합니다. 질문이 다소 모호하더라도 질문 자체를 변환하기 때문에 다른 AI처럼 프롬프트 작성 실력이 결과물을 크게 좌우하지는 않습니다. 이후 검색 엔진을 통해 상위 10개 정도의 검색 결과를 수집하고, 그중 관련성이 높은 문서를 선별합니다. 이후 선별된 문서를 기반으로 AI가 답변을 생성하는 방식입니다.

챗GPT와 퍼플렉시티 비교 표

	ChatGPT	Perplexity Pro
주요 기능	OpenAI가 개발한 대화형 AI 모델로, 자연어 이해와 생성 능력을 통해 다양한 주제에 대해 대화하고 문제를 해결합니다.	검색 기반 AI로, 인터넷의 최신 정보를 빠르게 검색하고 요약하여 정확한 답변을 제공합니다.
특징	• 다목적 사용: 대화, 글쓰기, 코딩, 학습 등 다방면에서 활용 가능 • 지식 기반: 자체적으로 학습한 대규모 데이터를 바탕으로 답변을 생성하며, 최신 버전에서는 제한적인 검색 기능도 제공 • 창의성: 아이디어 생성, 스토리 작성 등 창의적인 작업에 강점 • 제한점: 최신 정보를 기반으로 답변 받기 위해서는 '검색' 버튼을 활성화시킨 후 질문해야 함	• 실시간 검색: 최신 정보를 기반으로 답변 생성 • 출처 명시: 답변에 사용된 정보를 링크와 함께 제공해 신뢰도와 투명성을 높임 • 특화된 검색: 특정 질문에 대한 정보 검색과 요약에 매우 효율적 • 제한점: 창의적인 작업이나 깊이 있는 대화보다는, 정보 검색과 요약에 초점이 맞춰져 있음

퍼플렉시티는 기본 버전도 자체적으로 사전에 구축된 데이터와 정보를 사용하기 때문에 정확도와 신뢰도가 높은 편이지만, 프로 버전은 실제 검색 엔진을 통해 실시간으로 정보를 검색하기 때문에 가장 최신의 정보를 반영할 수 있습니다. 다른 AI 모델들은 몇 개월에서 몇 년 전까지의 데이터로 학습되어 최신 정보를 반영하지 못하는 경우가 많습니다. 반면, 퍼플렉시티는 최신 데이터를 활용하여 정확한 답변을 할 수 있습니다.

01 이제, 퍼플렉시티로 검색을 해 보겠습니다. 퍼플렉시티 홈페이지(perplexity.ai)에 접속해서 [가입하기] 혹은 [로그인] 버튼을 클릭합니다.

note 구글 계정을 사용하면 쉽게 로그인할 수 있습니다.

02 로그인 후, 앞서 역사 시간 이야기를 했으니 갑신정변에 대해 검색해 보겠습니다. 챗GPT와 마찬가지로 대화창에 질문을 입력하면 됩니다.

검색 결과를 살펴보면 마치 포털 사이트 검색과 AI의 답변이 결합된 듯한 형태입니다. 상단에는 관련 내용의 출처 사이트가 표시되며, 이를 바탕으로 생성형 AI가 정리한 답변이 제공됩니다. 답변에는 [1], [2]와 같은 숫자로 출처가 명시되어 있어, 답변의 근거를 쉽게 확인할 수 있습니다. 기존에는 원하는 정보를 찾기 위해 여러 웹사이트를 직접 방문해야 했다면, 이제는 AI가 필요한 정보를 대신 수집하고, 핵심 내용을 발췌·요약·정리하여 설명해 줍니다.

여기서 끝나는 것이 아니라, 후속 질문을 위한 추천 리스트도 제공합니다. 추천된 후속 질문을 클릭하거나 새로운 후속 질문을 입력하면 다시 출처를 포함한 답변과 관련 질문 리스트를 제공합니다. 꼬리에 꼬리를 묻는 질문을 통해 심층적인 탐구가 가능해진 것입니다.

학생들이 AI를 활용해 학습할 때 주의해야 하는 부분으로 할루시네이션과 단순한 복사·붙여넣기가 있습니다. 하지만 학생들에게 출처를 확인하여 내용을 비판적으로 이해하고, 질문과 답을 분석하는 과정을 보고서의 형태로 제출하게 한다면 이 또한 AI를 활용한 깊이 있는 학습으로 발전시킬 수 있습니다.

퍼플렉시티 유료 버전

퍼플렉시티 유료 버전은 AI 모델을 선택할 수 있다는 장점이 있습니다. [설정] - [AI 모델]에서 GPT-4o, Claude-3.5 Sonnet 등 여러가지 모델을 교체해 사용하며 비교해 보는 경험이 가능합니다.

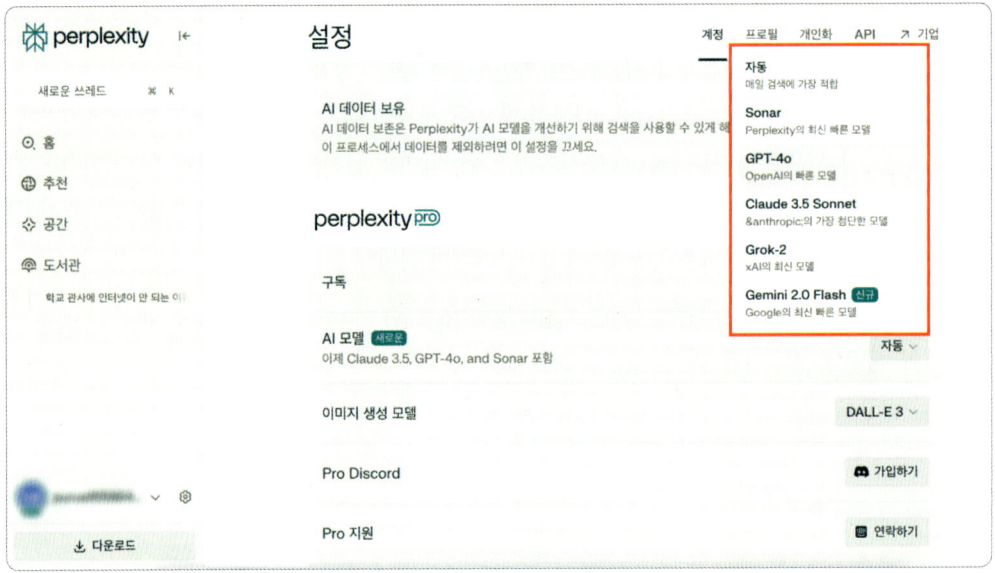

또 다양한 모드를 지원하여 사용자에게 맞춤형 답변을 제공합니다. 웹 검색을 기반으로 답변하는 것뿐만 아니라 학술 논문을 바탕으로 전문적인 정보를 제공받을 수도 있습니다. 동영상을 검색하고 이를 기반으로 응답을 받을 수도 있으며, 수학 문제 풀이나 글쓰기를 전용 모드로 사용할 수도 있습니다. 더 나아가 SNS 속 의견을 분석하여 답변하도록 설정할 수도 있습니다.

이처럼 자신이 원하는 정보를 얻기 위해 적합한 출처를 선택할 수 있습니다. 예를 들어, 논문을 작성하는 중이라면 '학문모드'를, 음식 레시피를 찾고 싶다면 '웹'을, 최신 트렌드나 밈을 알고 싶다면 '소셜' 모드를 활용할 수 있습니다.

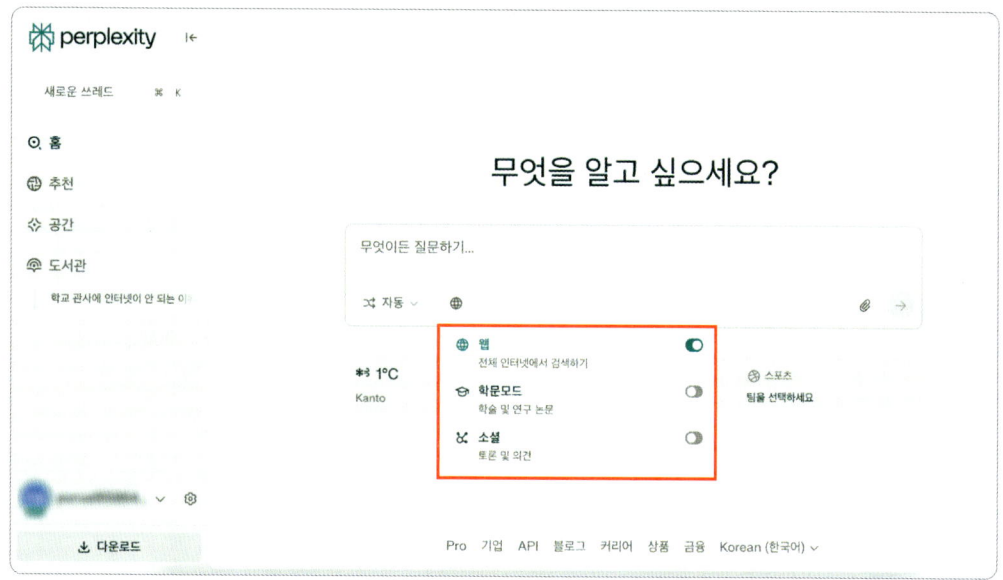

여기서도 할 수 있어요!

챗GPT도 웹 검색 기능을 활용할 수 있습니다. 새로운 채팅창을 만든 후, 하단의 [검색] 기능을 선택하고 궁금한 내용을 입력합니다. 여기서는 '로또 당첨 번호'를 검색해 보았습니다. 집필 기준 가장 최신의 로또 당첨 번호를 알려주었습니다. 이렇게 챗GPT는 최신 정보와 답변의 출처까지 포함하여 결과를 제공합니다.

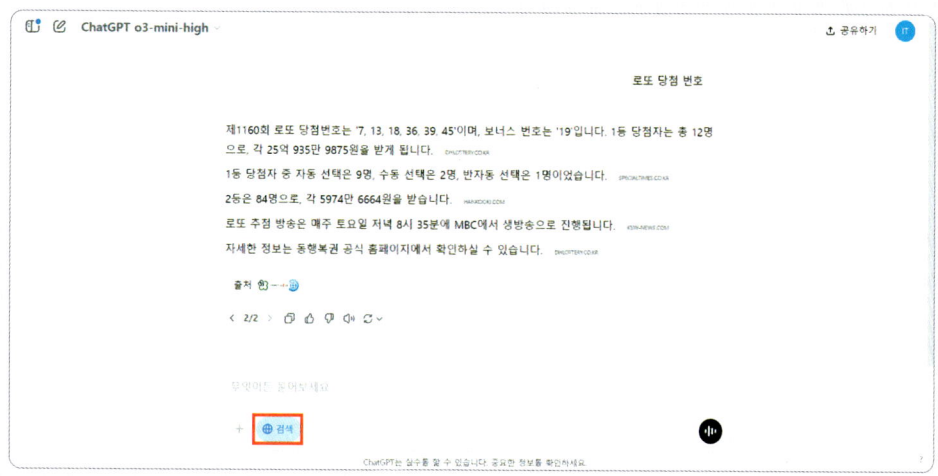

09 구글 스프레드시트로 개별 피드백 자동화하기

전교생에게 개별적인 피드백이 가능해요.

AI 활용 도구 Claude API, 구글 스프레드시트   **난이도** ★★★

학생들에게 개별적 피드백을 제공하는 일이 어렵게만 느껴지셨나요? 이제는 그 부담을 덜어낼 방법이 있습니다. AI와 구글 스프레드시트를 결합하여 쉽고 빠르게, 그리고 일관성 있는 피드백을 생성해 보세요!

학생들의 답변에 적절한 개별 피드백을 제공하는 것은 중요한 일입니다. 하지만 현실적으로 모든 학생의 답변을 하나하나 확인하는 것만으로도 벅찰 때가 많습니다. 거기에 개별 피드백을 작성하는 일은 불가능에 가깝죠. 물론 챗GPT에게 차례대로 물어보거나, GPTs를 활용해 챗봇을 만들어 학생의 답변을 복사하고 붙여넣는 작업을 반복할 수도 있습니다. 하지만 이 방법도 학생 수가 수십 명을 넘어서면 쉽지 않은 일입니다.

구글 스프레드시트에서 AI 사용하기

이러한 문제를 해결하는 아주 좋은 방법이 있습니다. 바로 구글 스프레드시트와 인공지능을 결합하는 것입니다. 구글 스프레드시트에서 인공지능을 활용하면 반복적인 피드백 작성을 한번에 해결할 수 있습니다. 이제는 학생들의 답변을 개별적으로 읽고 평가하는 대신, 스프레드시트에 정리한 후 평가 기준과 피드백 방향을 설정하여 일관성 있는 피드백을 자동으로 생성할 수 있습니다.

학생들의 답변을 스프레드시트에 입력하기만 하면 개별 피드백이 생성된다니, 정말 매력적이지 않나요? 동시에 사용 방법이 어렵진 않을까 걱정되기도 합니다. 다행히 구글 스프레드시트에서 챗GPT를 간단히 결합할 수 있는 확장 프로그램이 있어 누구나 쉽게 활용할 수 있습니다.

어떻게 하면 스프레드시트에서 AI에게 답변을 요청할 수 있을까요? 기본적으로 다양한 생성형 AI 서비스(챗GPT, Gemini, Claude)는 API 서비스를 지원합니다. 여기서 API란 컴퓨터나 프로그램이 서로 대화할 수 돕는 일종의 '통역사' 역할을 합니다. 예를 들어, 식당에서 음식을 주문하는 상황을 떠올려 보세요.

1) 내가 종업원(API)에게 "스파게티 하나 주세요."라고 요청하면,
2) 종업원은 주방(AI 서비스)에 가서 주문을 전달하고,
3) 주방에서 스파게티를 열심히 만들어 종업원이 다시 나에게 가져다주는 구조입니다.

종업원에게 주문을 넣으려면 종업원이 내가 누구인지, 음식값을 지불할 수단을 가지고 있는지 알고 있어야 합니다. 이처럼 API를 사용하려면 먼저 AI 서비스에 접속해서 결제 정보를 등록하고, API 키를 발급받아야 합니다. (부록 B 참고)

API 키를 발급받았다면, 이제 실제로 요청을 보내야 합니다. 정해진 주소(URL)에 정해진 방식으로 접속하면 주문이 들어가고, 응답을 받을 수 있는 원리로 실행됩니다. 그렇다면, 구글 스프레드시트에서 API 요청을 보내는 것이 어떻게 가능할까요?

구글 스프레드시트와 구글 문서는 앱스 스크립트(Apps Script)라는 도구를 활용해 프로그래밍이 가능합니다. 앱스 스크립트를 사용해 API 요청을 보내고, 응답을 받아오는 코드를 작성하면 스프레드시트에서 자동으로 AI 피드백을 생성할 수 있습니다.

Claude AI 연결하기

이 과정을 직접 구현하는 것은 다소 어려울 수 있습니다. 다행히 확장 프로그램이 개발되어 있어 간단한 설치만으로 손쉽게 AI를 결합할 수 있습니다. 하지만 확장 프로그램 자체가 유료인 경우가 많아 API 사용 요금과 함께 추가 비용이 발생하는 경우도 있습니다. 쉽게 말하면 확장 프로그램은 배달 플랫폼과 같고, AI 서비스는 음식점과 같은 구조라고 생각하시면 됩니다. 추가 비용 발생을 피하기 위해, API 사용 요금만 지불하면 되는 Claude AI를 활용하도록 하겠습니다.

01 구글 스프레드시트의 상단 탭에서 [확장 프로그램] – [부가기능] – [부가기능 설치하기] 메뉴를 클릭합니다.

02 검색창에서 'Claude for Sheets'를 검색하고 설치합니다.

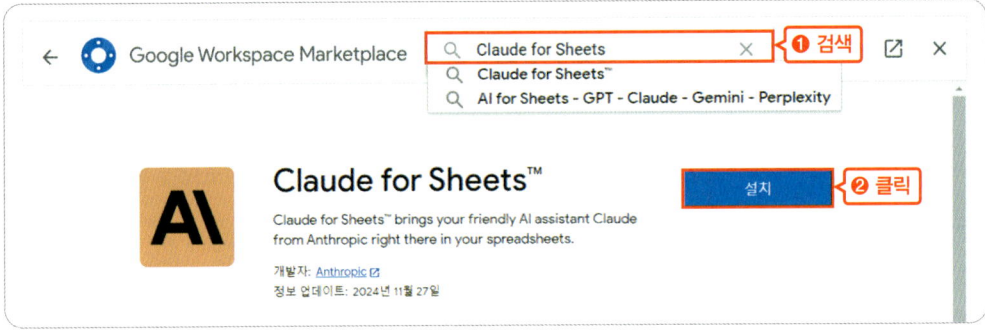

03 설치 후에는 바로 실행됩니다. Claude에서 크레딧을 결제하고 API key를 받았다면, 발급받은 키를 사이드바 메뉴의 Settings에 API provider를 Anthropic를 선택하고 Anthropic API key에 붙여넣기 한 후 [save]를 클릭합니다. 자세한 API key 발급 방법은 '부록 B'에서 확인할 수 있습니다.

04 이제 스프레드시트에서 AI를 활용하여 답변을 요청해 보겠습니다. 함수를 이용하고 Claude에게 전달한 프롬프트를 큰따옴표("")로 묶어서 전달하면 됩니다. 예를 들어, 한 셀에 =claude("api 서비스에 대해 알려줘.") 라고 입력하면, 다음과 같은 답변을 얻을 수 있습니다.

```
fx =claude("api 서비스에 대해 알려줘.")
```

API(Application Programming Interface) 서비스는 소프트웨어 애플리케이션 간의 통신을 가능하게 하는 중요한 기술입니다.

1. 정의: API는 애플리케이션이 서로 통신하고 데이터를 교환할 수 있게 해주는 프로토콜 집합입니다.

2. 목적:
   - 서로 다른 시스템 간의 통합 용이
   - 기능 재사용 및 개발 시간 단축
   - 데이터 및 서비스에 대한 접근 제어

3. 주요 유형:
   - REST API: HTTP 프로토콜을 사용하는 웹 기반 API
   - SOAP API: XML 기반의 메시징 프로토콜
   - GraphQL: 클라이언트가 필요한 데이터를 정확히 요청할 수 있는 쿼리 언어

> **note** 다시 접속해 실행할 때는 [확장 프로그램] – [Claude for Sheets and Docs] – [Open] 메뉴를 클릭합니다.

05 이제 스프레드시트의 장점을 최대한 활용해야겠죠? 한번에 여러 셀에 적용할 수 있도록 셀을 드래그하여 자동으로 모든 셀에 결과를 채우는 방법을 생각해야 합니다. Claude 함수는 아주 간단합니다. 소괄호 안에 AI에게 전달한 프롬프트만 입력하면 됩니다. 이때 셀에 있는 데이터와 내가 전달하고 싶은 메시지를 연결하는 방법이 필요합니다. 이를 위해 "&" 기호를 사용합니다.

예를 들어, [A1] 셀에 '나는'이라는 글자가 쓰여 있을 때 'A1 & 홍길동이야'라고 입력하면, 결과는 '나는 홍길동이야'가 됩니다. 이제 스프레드시트를 활용하여 AI와 함께 4행시 짓기 활동을 진행하고 개별적인 피드백을 제공하는 방법을 살펴보겠습니다.

06 [A4] ~ [A6] 셀에는 학생 이름을, [B1] 셀에는 평가 지침을, [B4] ~ [B6] 셀에는 인공지능 4행시 짓기 결과를 입력합니다. [C4] 셀부터 [C6] 셀에 개별적인 피드백을 자동으로 생성할 수 있도록 만들어 보겠습니다.

	A	B	C	D	E	F	G
1	평가지침	다음 인공지능 4행시 짓기를 보고 학생에게 칭찬과 격려를 전달하는 피드백을 학생 이름을 포함하여 짧게 작성해 줘.					
2							
3	이름	인공지능 4행시					
4	박건호	인간의 상상을 뛰어넘어 공간을 초월하며 다가오는 혁신의 시대. 지혜와 데이터를 결합하여 능동적으로 세상을 바꾸다.					
5	박다슬	인생의 답은 어딘가에 있을까? 공부하다 지쳐도 희망은 있어. 지식의 끝에서 찾아오는 능력자, 바로 AI!					
6	홍길동	인류의 꿈이 현실이 되고 공상 과학이 실현된 지금, 지구를 넘어서 우주까지 능히 도달할 새로운 도구.					

07 [B1] 셀의 값은 모든 피드백에 동일하게 적용되어야 하므로, 절대참조를 사용해야 합니다. [C4] 셀에 =claude($B$1 & "학생이름 :" & A4 & "4행시 결과물:" & B4)를 입력합니다.

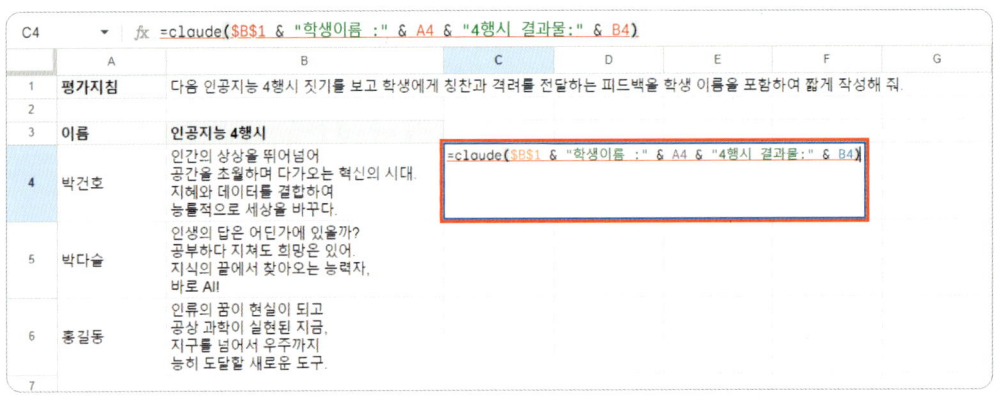

셀을 드래그하여 자동 채우기를 실행할 때 변하지 않고 참조해야 하는 [B1] 셀은 행과 열 앞에 $ 기호를 붙여 $B$1로 설정합니다. 이렇게 하면 자동 채우기를 하더라도 [B1] 셀의 값이 변하지 않고 고정됩니다. 또, 추가할 문자열은 ""(큰따옴표)로 감싸서 작성해야 하며 참조할 데이터는 A4와 같이 직접 입력하거나 해당 셀을 클릭하여 입력할 수 있습니다. 가장 중요한 점은 각 항목을 연결할 때 반드시 '&' 기호를 사용해야 한다는 것입니다.

08 입력 후 [Enter] 키를 누르면 다음과 같은 피드백을 받을 수 있습니다.

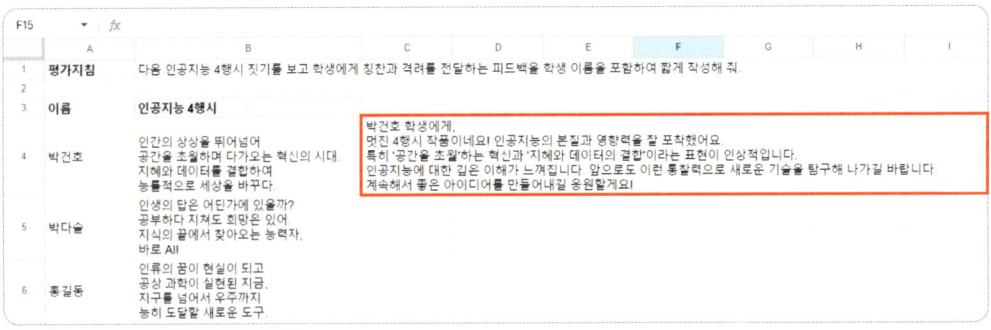

09 [C4] 셀의 오른쪽 하단을 드래그하여 [C6] 셀까지 절대참조를 적용하면 모든 학생에 대한 개별적인 피드백을 받을 수 있습니다. 이제 이 자료를 학생들에게 전달하려면 피드백 내용을 복사해야 합니다. 일반적인 방법으로 복사([Ctrl]+[C])하고 붙여넣기([Ctrl]+[V])를 하면 수식

(=claude(...))까지 복사됩니다. 따라서 복사 후 다른 셀에서 마우스 오른쪽 버튼을 클릭하여 [선택하여 붙여넣기] - [값만]을 선택하거나, 단축키 Ctrl + Shfit + V 를 사용하여 값만 붙여넣어야 합니다.

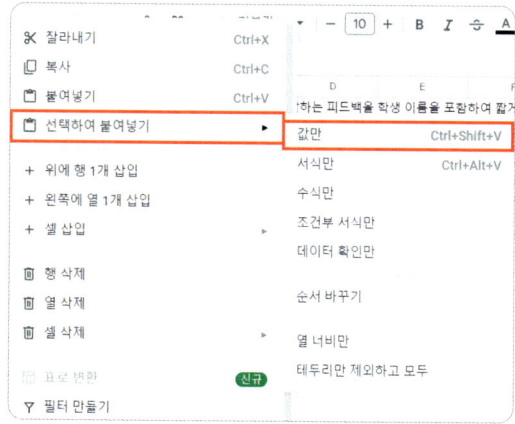

이렇게도 활용할 수 있어요!

구글 폼을 활용해서 학생들에게 답변을 받아 보세요. 구글 폼에서 작성한 답변은 자동으로 구글 스프레드시트에 정리되므로, 모든 답변을 한눈에 확인할 수 있습니다. 이 데이터를 기반으로 claude 함수를 이용하면 모든 학생의 답변에 대한 개별 피드백이 자동으로 생성되는 기적을 경험할 수 있습니다.

10 수업 아이디어 바로 실현하기

수업에 필요한 도구, 직접 만들어 사용하세요.

AI 활용 도구 챗GPT   **난이도** ★★

창의적인 수업 아이디어가 떠오를 때, 그 아이디어를 바로 실현할 수 있다면 얼마나 좋을까요? 이제 누구나 쉽게, 나만의 교육 도구를 직접 만들어 사용할 수 있는 시대가 되었습니다.

수업을 준비하다 보면 번뜩이는 아이디어가 떠오르는 순간이 있습니다. '이 경험을 학생들에게 제공할 수 있다면 정말 효과적일 텐데!'라는 생각이 들어 이미 만들어진 자료를 찾으려다 결국 찾지 못해 아쉬웠던 경험, 한 번쯤 있을 것입니다. 이럴 때 직접 자료를 만들 수 있다면 어떨까요? 이제는 복잡한 프로그래밍 지식 없이도 손쉽게 나만의 교육 도구를 제작할 수 있는 시대가 되었습니다.

교육 도구 만들기, 어렵지 않아요

'교육 도구를 만든다'는 말이 거창하고, 복잡한 과정이 필요한 것처럼 느껴질 수도 있습니다. 물론 우리가 사용하는 다양한 소프트웨어는 복잡한 개발 과정을 거쳐 만들어졌습니다. 하지만 수업에서 활용할 수 있는 간단한 교육 도구들은 몇 줄의 코드만으로도 실행할 수 있습니다.

이를 위해 HTML을 활용합니다. HTML이 생소하게 느껴질 수도 있지만, 사실 우리는 이미 매일 HTML을 사용하고 있습니다. 크롬, 엣지, 사파리 등 웹브라우저로 만나는 모든 웹페이지는 HTML로 구성되어 있기 때문입니다. 즉 챗GPT에게 HTML을 이용한 간단한 프로그램을 요청하면, 웹 브라우저에서 실행할 수 있는 나만의 교육 도구를 만들 수 있습니다.

수학 시간에 활용할 수 있는 좌표평면 오목 게임

제가 만든 프로그램 사례 하나를 소개하겠습니다. 중학교 1학년 수학에서는 좌표평면을 배우게 됩니다. 두 개의 수직선이 수직으로 만나고, 만나는 점을 기준으로 표현하고자 하는 점의 위치를 (3, 2)와 같은 순서쌍으로 표현합니다. 학생들이 좌표평면 개념을 연습하면서도 더 재미있게 학습할 수 있는 방법이 없을까 고민했습니다. 그때 '만약 학생들이 순서쌍을 입력하면서 오목을 둘 수 있다면 어떨까?'하는 아이디어가 떠올랐습니다.

이를 위해 챗GPT에게 "좌표를 입력하면 오목을 둘 수 있는 게임을 html 파일로 만들어 줘"라고 요청했습니다. 약 30분 정도 챗GPT와 대화를 주고받으며 순서쌍을 입력하면 오목을 둘 수 있는 프로그램을 완성할 수 있었습니다.

좌표평면 오목 게임

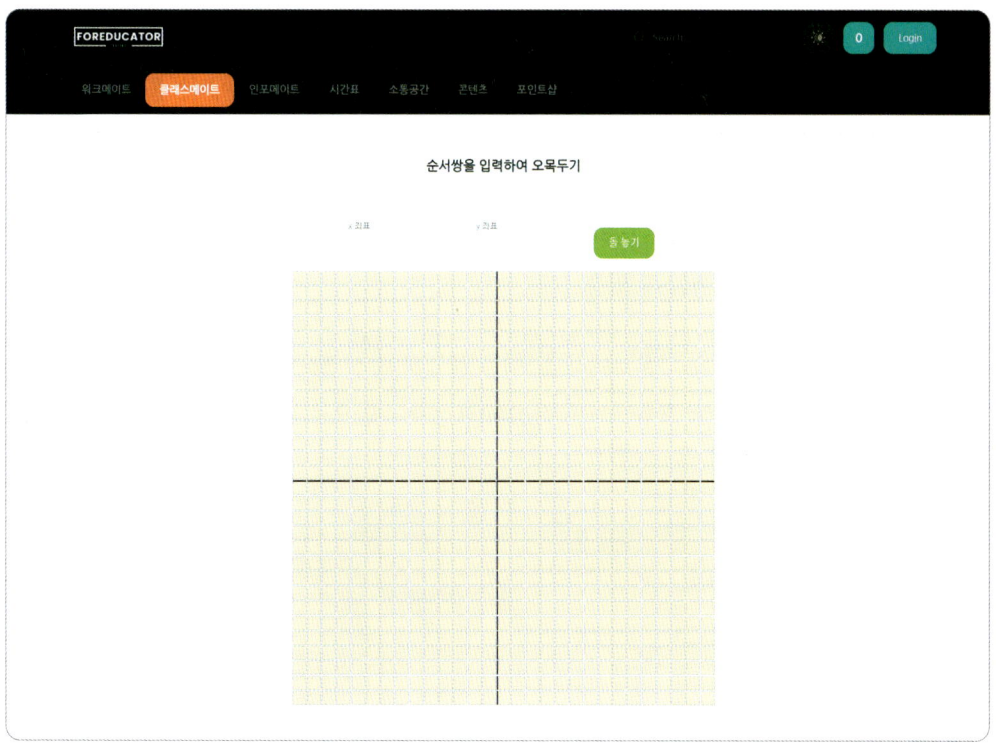

URL https://foreducator.com/gameapp/omoc/

타이머 만들기

01 이제 선생님들도 직접 챗GPT에 요청하여 수업에 활용할 수 있는 간단한 타이머를 만들어 보세요! 다음은 챗GPT에게 요청할 예시 프롬프트입니다.

> HTML, CSS, JavaScript를 모두 포함한 하나의 HTML 파일로 타이머 프로그램을 만들어 줘. 사용자가 분과 초를 입력한 후 '시작' 버튼을 누르면 타이머가 시작되어야 해. 타이머는 수업 중에 보기 쉽도록 크고, 간결하고, 깔끔해야 해. 그리고 HTML 파일로 다운로드 받을 수 있도록 해 줘.

> 타이머 프로그램이 포함된 HTML 파일을 생성했습니다. **여기에서 다운로드**할 수 있습니다. 필요에 맞게 사용해 주세요!

HTML, CSS, JavaScript는 웹페이지를 구성하는 주요 요소이기 때문에 모두 포함되어야 합니다.

- **HTML**: 기본적인 구조(뼈대)를 만듭니다.
- **CSS**: 색상, 크기 조정 등 스타일을 추가합니다.
- **JavaScript**: 타이머가 작동하도록 웹페이지의 동적인 부분을 구현합니다.

보통 이 세 가지를 각각의 파일로 작성하는 경우가 많지만, HTML 파일에 포함시켜 달라고 요청하면 하나의 파일로 쉽게 실행할 수 있습니다.

02 챗GPT가 보내준 파일을 다운로드하고, 더블 클릭하여 실행하면 다음과 같은 타이머가 나타납니다. 챗GPT에게 단순한 프롬프트를 작성해 요청한 것만으로 간단한 타이머가 생성되었습니다.

> **note** 다운로드한 HTML 파일을 실행해 보고 수정하고 싶은 부분이 있다면 챗GPT에게 추가 요청하여 프로그램 점점 더 발전시킬 수 있습니다.

03 다만, 챗GPT 무료 사용자의 경우 파일 다운로드 기능이 제한될 수도 있습니다. 이때는 다운로드를 안내하는 내용이 아니라 긴 코드가 제공될 수 있습니다. 그럴 경우 메모장을 열고 해당 코드를 복사하여 모두 붙여넣은 후 파일의 확장자를 '.html'로 지정하면 됩니다.

여기서도 할 수 있어요!

모든 생성형 AI는 코딩을 잘하는 편입니다. Copilot, Gemini, wrtn, Claude 등 다양한 AI 플랫폼에서 모두 실행해 볼 수 있으며, 인공지능이 발전함에 따라 더욱 정확한 코드를 생성할 수 있게 될 것입니다.

특히 챗GPT 유료 플랜을 사용하는 경우, 캔버스 기능을 활용하면 더욱 효율적으로 코딩할 수 있습니다.

챗GPT에 로그인하여 [도구 보기] – [캔버스] 기능을 선택하고, '타이머 만들기'의 프롬프트를 입력해 보세요.

코드가 작성되고 오른쪽 상단의 '미리보기' 버튼을 통해 결과물을 바로 확인할 수 있습니다.

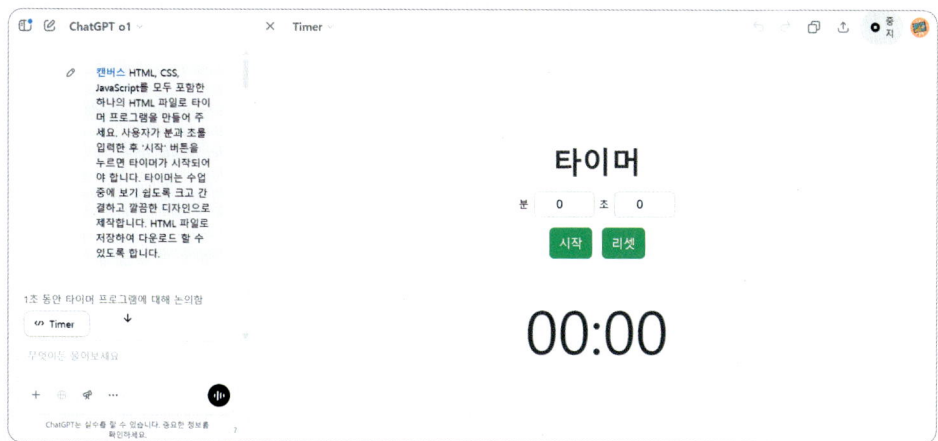

실행해 보고 만족스럽지 못한 부분에 대한 개선 사항을 계속 입력하면 조금씩 코드를 개선해나갈 수 있습니다. 자주 사용하게 될 30초, 1분, 2분, 3분 버튼을 만들어 달라고 요청하면 타이머에 바로 반영됩니다.

이처럼 캔버스 기능을 이용하면 실시간으로 프로그래밍 결과를 확인하고 개선해가며 나만의 프로그램으로 만들 수 있습니다.

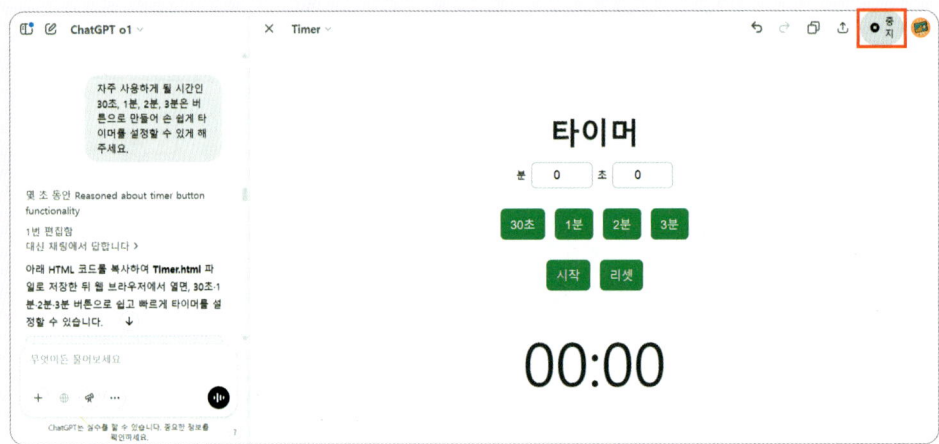

 이렇게도 활용할 수 있어요!

생성형 AI를 활용한 프로그램 제작은 아이디어와 상상력에 따라 무궁무진하게 확장될 수 있습니다. 처음에는 간단한 프로그램부터 시작해 보세요. 그리고 점차 복잡한 프로그램에도 도전하면서 발전시켜 나가면 됩니다.

이번에는 타이머보다 조금 복잡한 '투표 프로그램'을 만들어 보겠습니다. 이 프로그램에서는 학생들이 '사과'와 '배' 중 하나를 선택해 투표한 후, 투표 결과를 그래프로 시각화해서 확인할 수 있습니다.

다음과 같이 프롬프트를 챗GPT에 입력하여, 학생들이 차례로 투표할 수 있는 프로그램을 만들어 보세요.

> HTML, CSS, JavaScript를 모두 포함하여 하나의 HTML 파일로 투표 프로그램을 만들어 줘. 투표 항목은 '사과', '배' 중에 하나를 선택하는 것이고, 여러 학생이 차례로 투표할 수 있어야 해.
> 모든 학생이 투표한 후, '결과보기' 버튼을 누르면 투표 결과가 그래프로 시각화되어 예쁘게 표시되도록 해 줘. 감각적이고 아름다운 그래프와 UI도 제공해 줘.
> 모든 코드는 하나의 HTML 파일에 포함되어 있어야 하고, HTML 파일을 다운로드 받을 수 있도록 해 줘.

이후 제공된 HTML 파일을 실행하여 다음과 같은 결과를 얻었습니다. 챗GPT의 답변은 늘 일정한 것이 아니므로, 다른 화면이 나타날 수도 있다는 점 유의하세요.

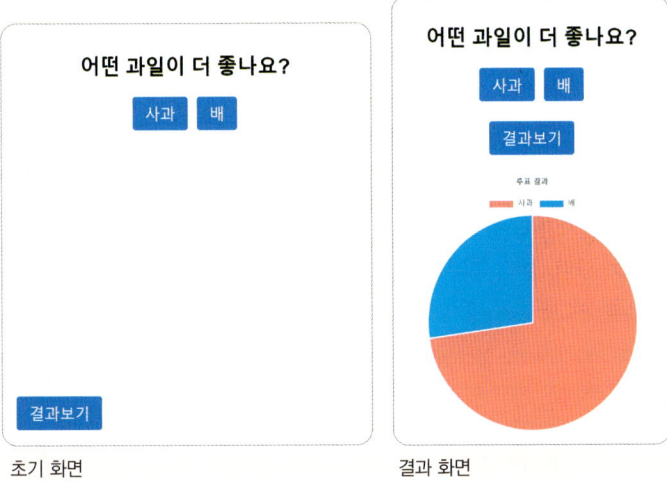

초기 화면   결과 화면

> **note** 프로그램이 영어로 만들어질 수도 있습니다. 이때는 한국어로 다시 만들어 달라고 요청하면 쉽게 변경된 결과를 얻을 수 있습니다. 한 번에 완벽한 프로그램을 만드는 것은 어려울 수 있으나 챗GPT와 소통하여 조금씩 발전시켜 나갈 수 있습니다.

11 AI로 다양한 수업 자료 만들기

AI로 수업 자료를 똑똑하게 활용해요.

AI 활용 도구  LilysAI, Jungle AI   **난이도**  ★★

자료가 부족했던 시절은 지났습니다. 이제는 넘쳐나는 자료 속에서 어떤 것을 선택하고, 어떻게 활용할지가 더 중요한 과제가 되었습니다. 이 장에서는 AI 도구를 활용해 수업 자료를 요약, 정리, 그리고 효과적으로 활용하는 방법을 소개합니다. 단 몇 번의 클릭으로 수업 준비의 새로운 차원을 경험하세요!

과거에는 수업을 준비할 때 적절한 자료를 찾는 데 어려움을 겪었습니다. 하지만, 이제는 유튜브 영상, PPT 파일, 문서 파일, 각종 온라인 콘텐츠 등 오히려 수업에 활용할 수 있는 자료가 넘쳐나는 시대에 접어들었습니다.

하지만 자료가 많다고 해서 모두 효과적으로 활용할 수 있는 것은 아닙니다. 따라서 어떤 자료가 적합한지 빠르게 판단할 필요가 있습니다. 이때 AI가 큰 힘이 됩니다.

텍스트 자료의 경우, 복사한 후 챗GPT에게 요약을 부탁하면 쉽게 해결할 수 있습니다. PDF 파일은 챗GPT에게 업로드 후 요약을 요청하거나 업로드한 문서를 바탕으로 질문을 하여 내가 원하는 자료인지 확인할 수 있습니다. 하지만 많이 사용하는 한글(.hwp, .hwpx) 파일은 챗GPT가 직접 읽을 수 없습니다. 이때는 한글 파일을 열고 상단 메뉴의 [파일] – [PDF로 저장하기]를 선택해 PDF 파일로 변환 후 챗GPT에 전달하면 됩니다. 이처럼 챗GPT가 지원하지 않는 문서 형식은 PDF로 변환하여 문제를 해결할 수 있습니다.

하지만 영상 콘텐츠는 아직까지 챗GPT가 분석할 수 없습니다. 요즘 유튜브 영상을 수업에 활용하려는 경우가 많지만, 이를 모두 시청하고 필요한 자료를 찾는 데 많은 시간과 노력이 필요합니다. 이번 장에서는 이 과정을 간단하게 도와줄 AI 도구를 소개하겠습니다.

LilysAI로 자료 요약하기

LilysAI는 AI를 활용해 다양한 콘텐츠를 요약해 주는 서비스로, 텍스트나 PDF 파일뿐만 아니라 음성, 영상, 웹사이트까지 요약할 수 있습니다. 사용 방법은 매우 간단합니다.

01 LilysAI(https://lilys.ai/)에 접속합니다. LilysAI는 한국에서 만든 서비스로 사용하기 편리하며, 소셜 로그인 기능을 지원해 구글뿐만 아니라 네이버 계정으로도 쉽게 로그인할 수 있습니다.

02 로그인 후 채팅창에 [업로드] 기능으로 영상을 업로드하거나 유튜브 영상 링크를 복사하여 붙여넣고, [요약하기]를 클릭합니다. 저는 구의 표면적을 영어로 설명하는 외국 유튜브 영상 주소를 붙여넣어 봤습니다. 기본적으로 다음과 같이 별다른 명령 없이 주소를 붙여넣는 것만으로 영상을 한글로 요약해 줍니다.

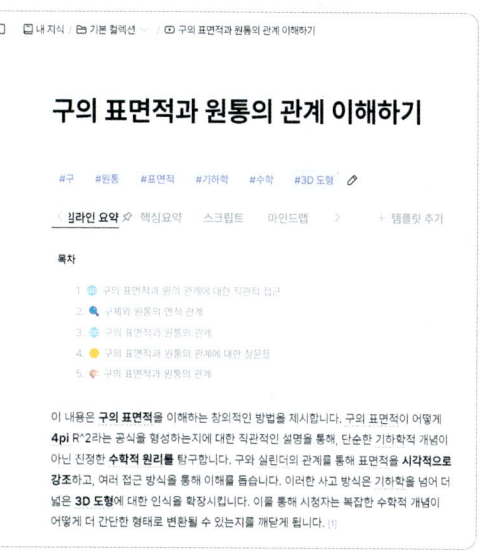

이 결과물에서 알 수 있듯이 LilysAI는 단순히 요약 노트만 제공하는 것이 아니라 다양한 탭이 존재해 사용자의 편의를 더합니다. 특히 스크립트 탭에서는 전체 영상의 음성 스크립트를 작성해주며, 외국어로 된 음성의 경우 자동으로 번역까지 해 줍니다. 블로그 탭에서는 영상의 내용을 캡처 화면과 함께 블로그 형식으로 작성하여, 사용자가 영상을 빠르게 이해할 수 있도록 돕습니다.

이처럼 영상뿐만 아니라 웹사이트나 PDF 파일에 대해서도 동일한 방식으로 정리해 주기 때문에 복잡한 자료를 간단하게 요약하고 쉽게 이해할 수 있습니다.

JungleAI로 자료 활용하기

요약 기능을 이용해서 필요한 자료를 쉽게 찾아 정리하고, 수업까지 마쳤다면 학생들의 성취도를 파악하기 위한 간단한 형성평가가 필요합니다. 이때 JungleAI를 이용하면 자동으로 플래시카드를 생성할 수 있어 편리합니다.

01 JungleAI(https://jungleai.com/)에 접속합니다. 구글 계정을 사용하면 편리하게 로그인할 수 있습니다.

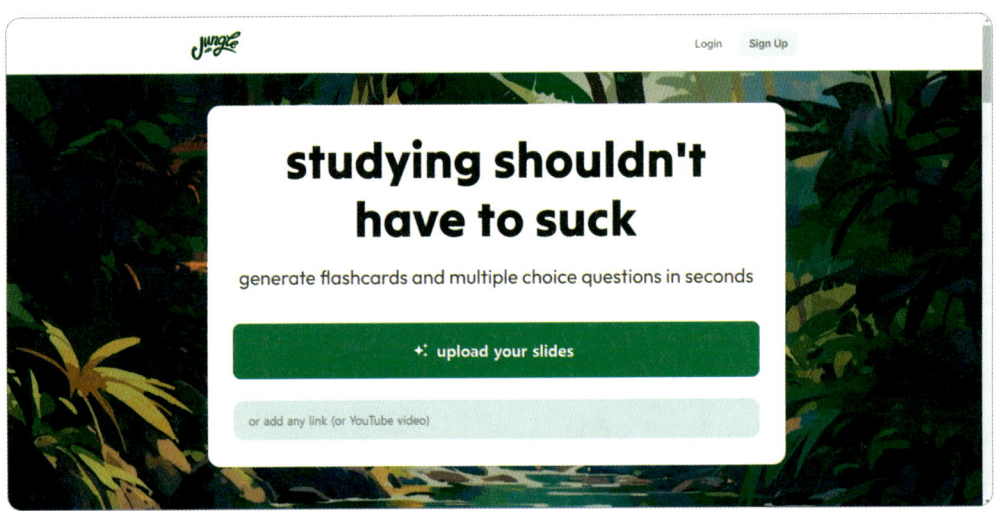

02 로그인을 하면 자료를 업로드할 수 있는 창이 나타납니다. 업로드할 수 있는 자료의 형태는 파워포인트, 구글 문서, 구글 슬라이드, PDF 파일, 웹사이트 주소, 영상 파일, 오디오 파일, 유튜브 링크 등 거의 모든 형식의 자료가 가능합니다.

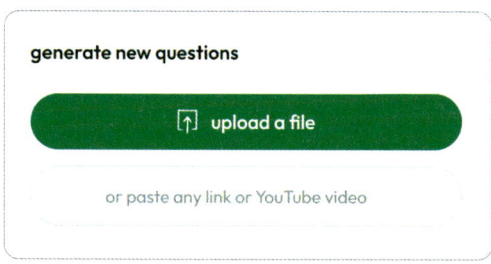

03 자료를 업로드하면 JungleAI가 플래시카드 형식으로 문항을 제작해 줍니다. 업로드된 자료를 바탕으로 다음과 같이 관련된 문항들이 만들어지며, 생성된 문항 중 필요 없는 부분은 삭제하거나 원하는 내용으로 수정하여 사용할 수 있습니다.

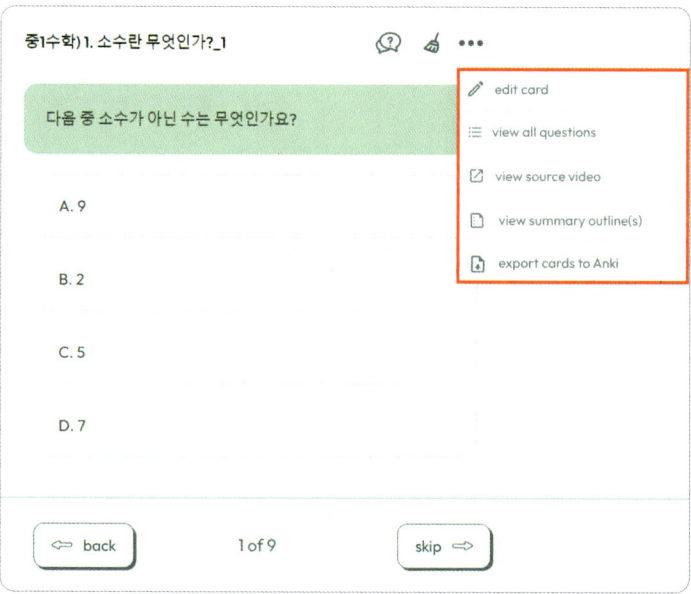

 **여기서도 할 수 있어요!**

LilysAI는 크롬 브라우저에서 확장 프로그램을 통해 더욱 쉽게 이용할 수 있습니다. 크롬 웹스토어(https://chromewebstore.google.com/)에 접속하여 LilysAI를 검색하고 설치하면, 주소창 옆에 확장 프로그램 아이콘( )이 생깁니다. 이제 요약을 원하는 웹페이지에서 해당 아이콘을 클릭하면 손쉽게 요약 노트를 받아볼 수 있습니다.

사실 LilysAI 외에도 다양한 유사 프로그램들이 존재합니다. 크롬 웹스토어에서 '유튜브 요약'이라고 검색하면, 유튜브 영상을 요약해 주는 여러 AI 확장 프로그램을 만나볼 수 있습니다. 자신에게 맞는 프로그램을 설치하고, 원하는 기능을 활용해 보세요.

이렇게도 활용할 수 있어요!

LilysAI에는 녹음 기능도 제공되어, 회의록 작성에도 유용하게 사용할 수 있습니다. [업로드] – [녹음]을 클릭하면 실시간으로 음성을 기록하면서 자동으로 음성을 깔끔하게 요약해 줍니다. 회의 중 이 녹음 기능을 켜 놓기만 하면 손쉽게 회의록을 작성할 수 있습니다.

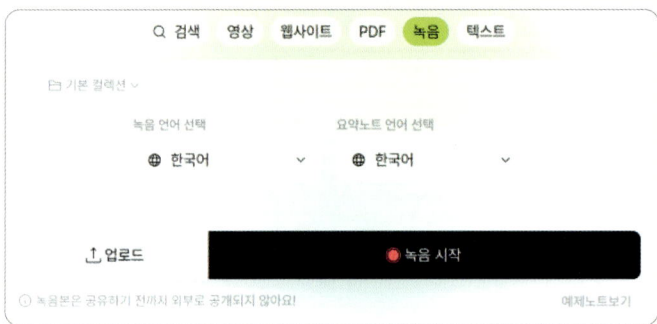

12 파워포인트로 자막 생성하기
모두를 위한 수업을 만들어요.

AI 활용 도구  **파워포인트** **난이도** ★★

각 학교에는 수업을 듣는 데 어려움이 있는 학생들이 있습니다. 한국어 실력이 부족한 다문화 학생과 청각장애 학생들이 그 예입니다. 이 학생들이 수업을 더 잘 이해하도록 돕기 위해 작은 도전을 시도해 보는 것은 어떨까요? 기술의 힘을 빌린다면 이런 도전은 생각보다 쉬운 일일 수 있습니다.

2024년 교육기본 통계에 따르면 초·중등학교 다문화 학생 비율은 3.8%로, 30명 학급 기준으로 하면 한 명은 다문화 학생인 셈입니다. 이는 단순한 숫자를 넘어, 우리 교육 현장이 더 이상 단일 언어와 문화만을 고려해서는 안 된다는 중요한 메시지를 전달하고 있습니다.

특히 초·중등학교는 언어 발달이 중요한 시기입니다. 이 시기에 한국어 습득에 어려움을 겪는 다문화 학생들에게는 적절한 지원이 필요합니다. 또, 청각 장애를 가진 학생들은 언어 습득뿐 아니라 정보 접근 자체에 어려움을 겪을 수 있습니다. 다문화 학생들이 수업에 참여할 만큼 한국어를 능숙하게 구사할 수 있을지, 청각 장애 학생이 음성 정보에 접근할 수 있을지 등은 큰 문제입니다.

따라서 언어 능력 및 청각 유무와 관계없이 모든 학생들이 동등한 교육 기회를 누릴 수 있도록 보편적인 학습 환경을 마련하는 것이 중요합니다. 여기서는 마이크로소프트 파워포인트의 자막 기능을 활용한 수업 방식에 대해 살펴보려고 합니다. 자막을 활용한 수업은 다문화 학생들의 한국어 이해를 돕고, 청각 장애 학생들에게는 음성 정보 접근성을 향상시키는 등 효과적인 학습 환경을 만들 수 있습니다.

파워포인트 활용하기

앞서 말한 것처럼 이번에는 마이크로소프트의 파워포인트를 사용하겠습니다.

01 마이크로소프트 파워포인트를 실행하면 다음과 같은 기본 화면이 나타납니다. 이번에 우리가 사용할 기능은 [슬라이드 쇼] 탭에 있습니다.

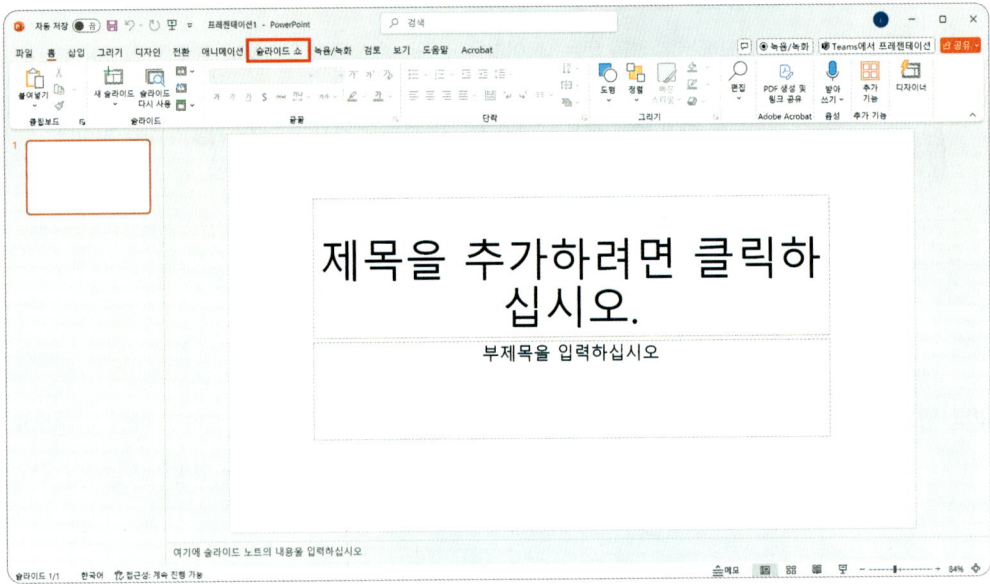

02 [슬라이드 쇼] 탭을 클릭하면 다음과 같은 메뉴가 나옵니다. 우리가 사용할 부분은 가장 오른쪽에 있는 메뉴입니다.

03 [자막 설정]을 클릭합니다. 다행히 음성 언어에 한국어가 포함되어 있습니다. 음성 인식 언어로는 한국어, 독일어, 스페인어, 영어, 중국어 등이 있고, 영어의 경우 미국, 영국, 캐나다, 호주, 인도로 세분화하여 인식합니다. 자막 언어는 음성보다 더 많은 언어가 제공되어, 원한다면 전세계 거의 모든 언어로 번역하여 수업을 진행할 수 있습니다.

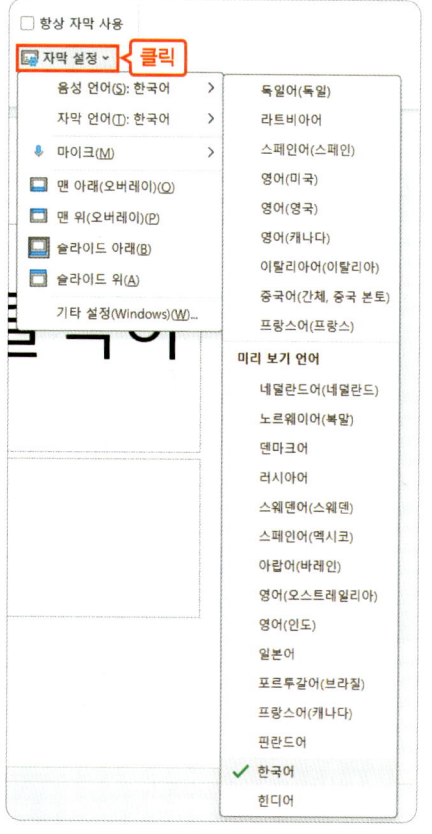

04 자막을 활성화하는 방법은 두 가지입니다. 첫 번째는 프레젠테이션 화면 진입 후 좌측 하단에 있는 'CC' 버튼을 클릭하는 것이고, 두 번째는 '자막 설정' 메뉴 위 '항상 자막 사용'을 체크해 활성화하는 것입니다.

자막을 활성화하면 자막 위치를 설정할 수 있습니다. '맨 아래(오버레이)'나 '맨 위(오버레이)'를 선택하면 슬라이드는 전체 화면을 유지한 상태에서 자막이 슬라이드 위에 겹쳐 표시됩니다. 오버레이가 없는 '슬라이드 아래'나 '슬라이드 위'를 선택하면 슬라이드 크기가 축소되며 여백이 생기고, 그 여백에 자막이 표시됩니다.

영어로 된 파워포인트를 한국어로 설명하고, 하단에 베트남어 자막이 출력되는 모습

여기서도 할 수 있어요!

학생들에게 태블릿 PC가 지급되는 경우에는 마이크로소프트나 구글에서 제공하는 실시간 번역 앱을 활용하는 방법도 있습니다. 외국어로 번역할 필요가 없다면, 네이버의 클로바 노트와 같이 음성을 문자로 변환하는 STT(Speech-To-Text) 앱을 사용할 수도 있습니다.

13 캔바로 소통하는 수업

캔바로 학생들과 소통하며 수업해요.

AI 활용 도구 캔바   **난이도** ★★

디지털 기기 보급이 확산되면서 많은 선생님들께서 교실이나 자료실에 마련된 태블릿 PC와 같은 디지털 기기를 어떻게 활용하면 교육적 효과를 높일 수 있을지 고민하실 것입니다. 이런 고민을 해결하는 첫걸음으로 캔바를 활용해 보시죠!

캔바(Canva)는 이 하나의 도구만으로도 한 권의 책이 만들어질 만큼 다양한 기능을 갖추고 있습니다. 이 책에서도 데이터 시각화, 학생 개별 자료 제작, 영상 및 이미지 제작과 편집과 같은 다양한 활용 방법을 다루고 있습니다. 이번에는 수업 중 캔바를 활용하는 방법에 초점을 맞춰 교육용 계정 발급, 학생 초대, 과제 제시 및 피드백 제공 과정을 살펴보겠습니다.

캔바의 장점은 다양한 템플릿과 교육용 계정 제공, 수업 관리 기능, 실시간 협업 등 다양합니다. 물론 각각의 기능만 놓고 보면 더 좋은 에듀테크 도구도 존재하지만, 너무 많은 도구를 사용하면 교사와 학생 모두에게 피로감을 줄 수 있습니다. 그렇기 때문에 한두 가지의 핵심 도구를 중심으로 활용하는 것이 효과적이며, 캔바는 그중 좋은 선택지가 될 수 있습니다.

교육용 캔바 인증하기

캔바의 다양한 기능을 수업에서 100% 활용하기 위해서는 몇 가지 준비 과정이 필요합니다. 캔바는 '교육은 인권이다'라는 기조 아래, 교육자에게 PRO 계정을 무료로 제공하고 있습니다. 먼저 교육자 계정을 인증하는 과정을 진행한 후, 학생들을 초대하여 학습 환경을 구성하는 방법을 살펴보겠습니다.

01 캔바(https://www.canva.com/ko_kr/)에서 회원 가입 후, 우측 상단의 [내 계정] - [요금제 및 가격]을 클릭합니다. [교육용] 탭으로 이동하여 [선생님 인증받기]를 선택합니다.

02 이름, 성, 학교명 등을 입력하고 [계속]을 클릭합니다. 교사임을 증명할 수 있는 문서를 업로드해야 합니다. 이때 '기타'를 선택하고 재직증명서를 제출하는 것이 가장 간단합니다.

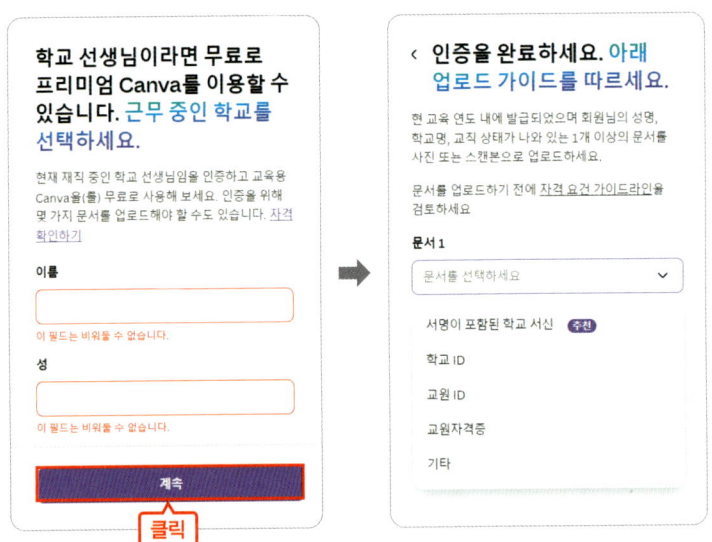

학생 초대하기

01 지금부터는 캔바에서 교육용 계정 인증 후 활용할 수 있습니다. 교육용 계정으로 전환되었다면 화면과 같이 체크 표시가 나타납니다.

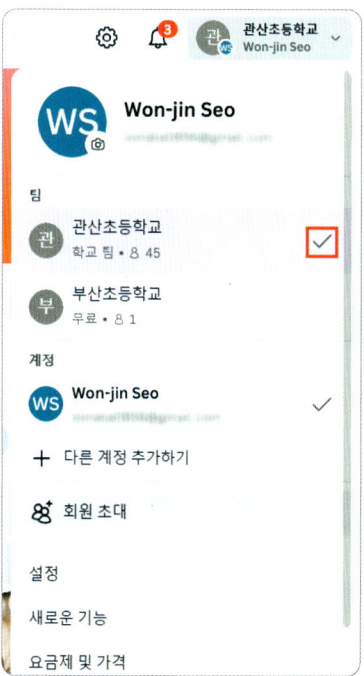

02 학생들을 추가하기 위해 '회원 초대'를 클릭하면 '사용자 초대' 창이 나타납니다. 학생을 초대하는 방법 중 가장 효율적인 방법입니다.

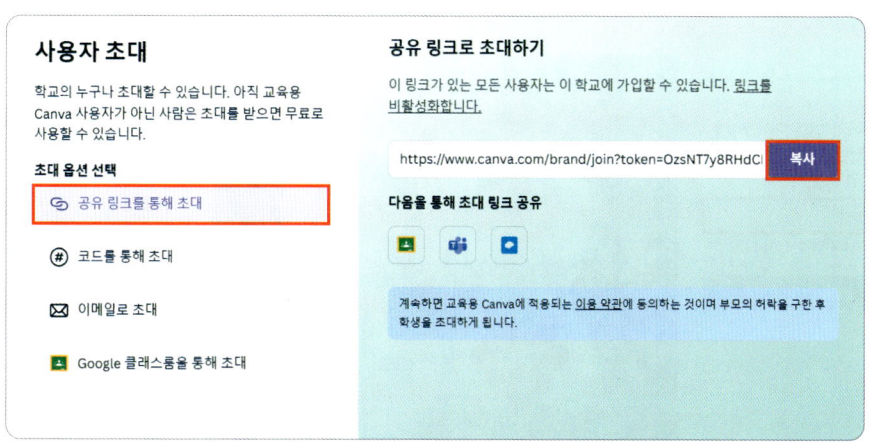

> **note** 파트2에서 네이버웍스를 활용한 학급 관리를 이용하면 즉시 링크를 보내 학생 가입을 간편화할 수 있습니다. 네이버웍스를 사용하지 않는 경우, 'bit.ly'와 같은 링크 요약 사이트를 활용하거나, QR 코드를 생성하여 학생들이 쉽게 접속하도록 할 수 있습니다.

03 초대 링크를 통해 학생이 접속하면 화면에 [시작하기] 버튼이 표시됩니다. 학생이 이를 클릭하면 즉시 교육용 계정을 활용할 수 있습니다.

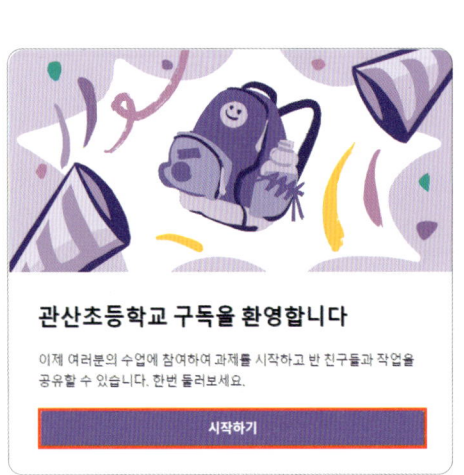
초대 링크 입력 학생 화면

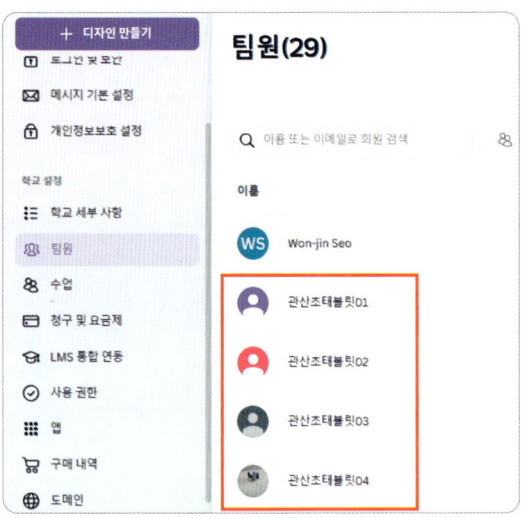
초대 완료 학생 확인 교사 화면

04 학생 관리와 과제 제시를 용이하게 하기 위해서 그룹 설정을 하는 것이 좋습니다. 초등 교사의 경우는 담임을 맡고 있는 학급을 그룹으로 만드는 것을 추천하고, 중등 교사의 경우는 수업을 들어가는 교실을 그룹으로 만드는 것을 추천합니다. [설정] – [수업] – [수업 만들기]를 클릭합니다. 그룹의 이름은 선생님께서 학년도와 학급이 구분되도록 이름 지으면 좋습니다.

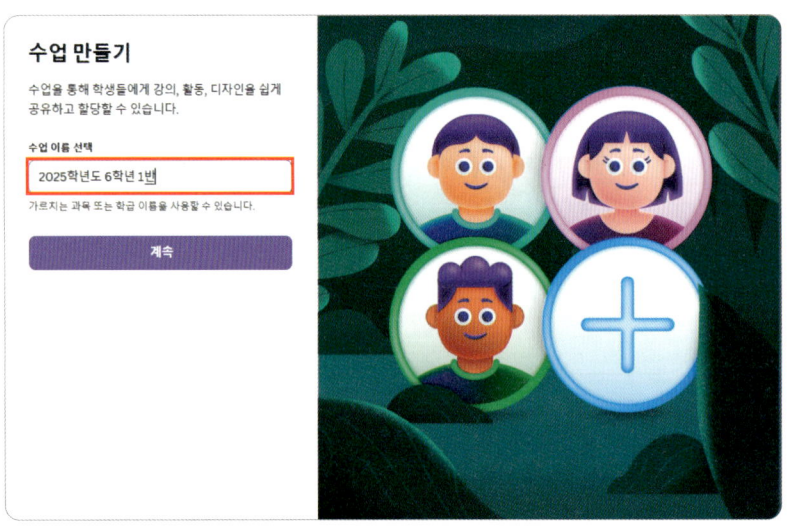

캔바에서 과제 제시하기

학생들이 발표 자료를 캔바로 준비하는 수업 과정을 살펴보겠습니다.

01 학생들에게 공유하려는 템플릿 우측 상단의 [공유] – [할당] 버튼을 클릭합니다.

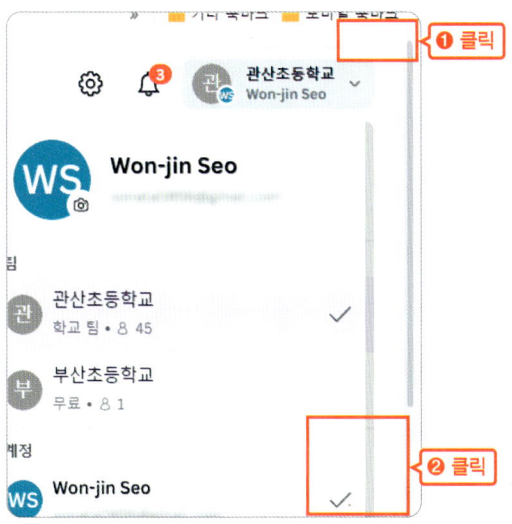

02 이때 '학생들이 작업을 제출할 위치'를 캔바로 설정하고 '다음으로 공유'에서 적합한 내용을 선택한 후에 '안내'에서 학생에게 전달할 메시지를 작성하고 [다음] 버튼을 클릭합니다.

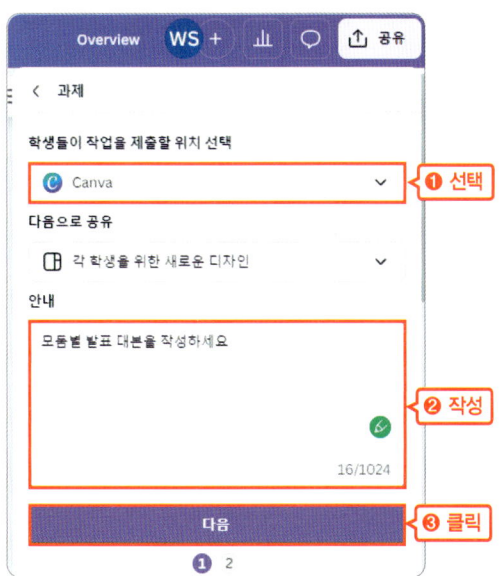

13 캔바로 소통하는 수업

03 '과제 공유 대상 선택'에서 공유하고 싶은 그룹을 입력하다보면 자동으로 완성된 그룹명이 표시됩니다. 그룹을 선택한 후 [게시] 버튼을 클릭합니다.

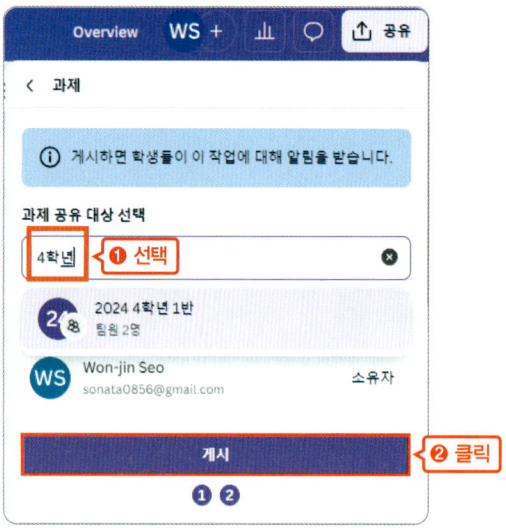

04 교사가 과제를 게시하면 학생의 캔바 홈 화면에 알림이 표시됩니다. 학생이 해당 과제를 클릭하면 교사가 과제로 제시한 템플릿이 바로 작업 가능한 형태로 화면에 표시됩니다. 학생이 과제를 마친 후 교사에게 제출하고 싶다면, 다음 이미지처럼 '메시지'를 작성하여 교사에게 보낼 수 있습니다.

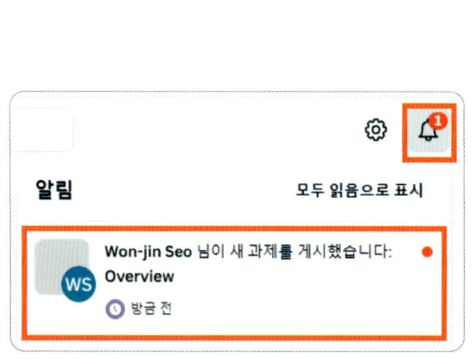

알람 표시된 학생 화면

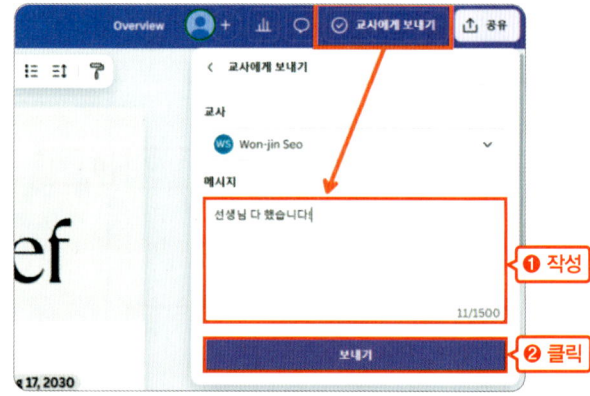

과제 완료 후 교사에게 보내기

05 학생이 제출한 과제는 교사의 캔바 홈 화면 사이드바에서 [수업 과제]를 클릭하면 확인할 수 있습니다. 여기서 학생들의 과제에 피드백을 제시하거나, 과제가 완성되었다면 완료 처리를 할 수 있습니다.

제출된 학생의 과제를 확인하는 수업 과제   피드백할 수 있는 교사 화면

캔바를 활용한 수업 활동은 본 도서에 수록된 내용 외에도 다양하게 응용할 수 있습니다. 다양한 추가 앱 기능을 제공하기 때문인데, 여러 소프트웨어를 결합한 활동은 다음 장에서 자세히 다뤄 보겠습니다.

다양한 템플릿과 폰트는 미리캔버스를 통해서도 활용할 수 있습니다. 다만, 교육용 버전이 캔바처럼 많은 권한을 제공하고 있지 않으며 실시간 협업이 어려운 점이 있습니다. 따라서 미리캔버스는 학생들의 과제 보다는 선생님들이 교실 환경을 꾸미는 데 유용하게 활용할 수 있습니다. 실시간 협업이 필요할 경우에는 구글 슬라이드를 활용할 수도 있지만 템플릿의 선택지가 한정적이라는 단점이 있습니다.

14 캔바 '앱' 활용하기

캔바의 다양한 앱을 이용해 더 멋진 자료를 만들어요.

AI 활용 도구 Canva **난이도 ★★**

학생들과의 탐구 수업 결과물을 포스터로 만들거나 발표 자료를 준비하는 경우가 많습니다. 이때 '여기에 이것까지 추가하면 더 좋았을 텐데'라는 생각을 해본 경험이 있으시죠? 캔바의 앱을 활용해 그 1%를 더해보세요!

캔바의 기본 기능만으로도 충분히 원하는 자료를 만들 수 있지만, 사용하면서 '이런 기능은 없을까?'하는 궁금증이 생기기도 합니다. 캔바는 이런 궁금증에 대한 내용을 [앱]을 통해 지원하고 있습니다.

필요한 기능을 찾으려면 왼쪽 사이드바의 [앱] 버튼을 클릭해 다양한 앱을 확인해 보세요. 캔바는 기본적으로 수식 입력이 지원되지 않지만, 수식을 입력해야 하는 상황이라면 [앱]을 클릭 후 'math'를 검색하면 수식을 작성할 수 있는 앱을 찾을 수 있습니다.

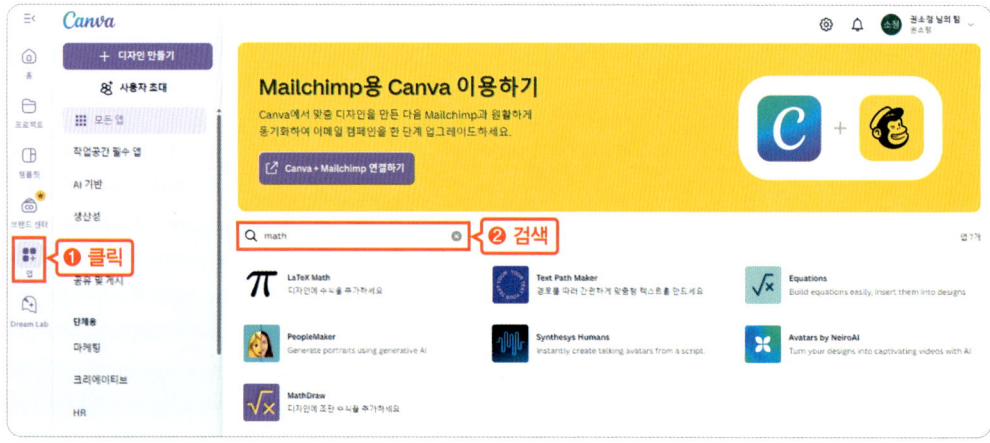

캔바에서는 많은 앱을 제공하고 있기 때문에 모든 걸 소개하기는 어렵습니다. 대신, 선생님들에게 도움이 될만한 인기 앱 몇 가지를 소개하겠습니다. 앱을 살펴보시고 직접 캔바에서 다양한 기능들을 활용해 보세요.

Magic Media - 이미지 생성형 AI 앱

학생들이 발표 자료에 적합한 이미지를 쉽게 찾으면 좋겠지만, 지역 문제 해결 방안이나 독창적인 아이디어를 시각적으로 표현하려 하면 원하는 이미지를 찾기 어려울 수도 있습니다. 이때 캔바의 'Magic Media' 앱을 사용하면 발표 자료에 맞는 이미지를 바로 생성할 수 있습니다.

01 사이드바에서 [앱]을 클릭하고 'magic media'를 검색합니다.

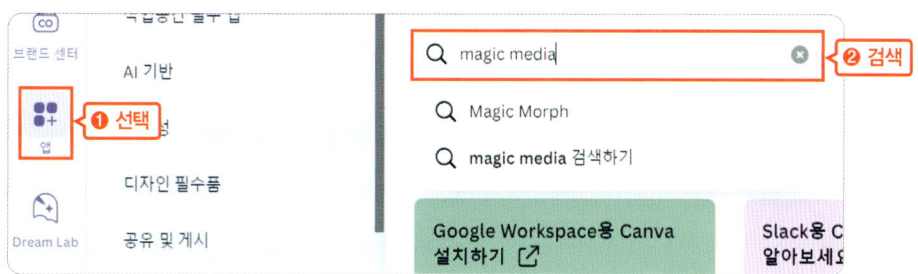

note 모바일 환경에서 한 번 추가한 앱은 사이드바 [앱] 아래에 표시되어 다음에는 별도의 검색 없이 활용할 수 있습니다.

02 이미지 생성형 AI를 통해 원하는 이미지를 한 번에 얻기는 쉽지 않습니다. 다양한 프롬프트를 입력하거나 스타일을 변경하면서 점차 원하는 이미지를 만들어 보세요. 우리 지역 특산물을 캐릭터화한다고 가정해 보겠습니다. '표고버섯 캐릭터'를 만들고 싶다면, 다음과 같이 프롬프트를 작성할 수 있습니다. 스타일은 '플레이풀'을 적용하였습니다.

> 표고버섯을 의인화한 캐릭터를 만들어 줘

03 원하는 이미지가 생성되었다면 해당 이미지를 클릭하여 바로 사용할 수 있습니다. 다만, 이미지 생성형 AI가 만들어 주는 이미지는 특정 부분을 어색하게 표현할 수 있습니다. 이럴 경우, '점 3개' 아이콘을 눌러 '비슷한 이미지 더 생성하기' 기능을 활용하면 유사한 이미지를 추가로 생성할 수 있습니다.

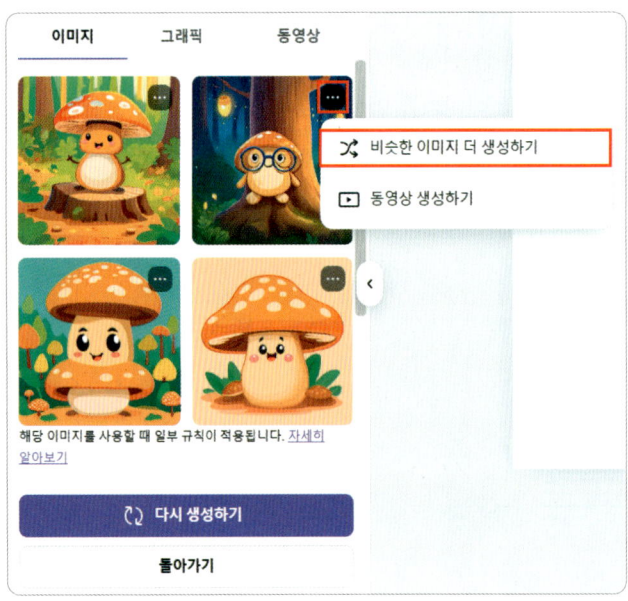

Mockups - 다양한 사진 프레임을 제공하는 앱

목업이란 실제 제품을 제작하기 전 디자인 검토를 위해 실물과 유사하게 시제품을 제작하는 과정과 결과물을 의미합니다. 목업 앱을 활용하면 실과 수업이나 탐구 활동에서 학생들이 개발한 제품 아이디어를 더욱 효과적으로 시각화할 수 있습니다. 또한, 사진 자료를 기존과 다른 방식으로 제시할 때도 유용합니다.

다음과 같이 학생이 만들고자 하는 제품에 적합한 목업을 선택한 후, 원하는 이미지를 올리면 자동으로 합성됩니다.

QRcode - 인터넷 주소를 QR 코드로 변환하는 앱

학생들이 완성한 자료로 포스터를 제작할 때, 영상이나 추가 자료처럼 포스터에 직접 담기 어려운 정보를 QR 코드로 삽입하면 효과적으로 전달할 수 있습니다. QR 코드를 생성할 수 있는 다양한 사이트가 있지만, 캔바에서는 앱을 통해 간편하게 만들 수 있습니다.

캔바는 다양한 QR 코드 생성 앱을 지원하며, 선택한 앱에 따라 서로 다른 디자인의 QR 코드를 생성할 수 있습니다.

앱 이름	QR code	QR Batch	Gen QR	Hello QArt
생성된 QR				
추가 기능	기본 QR 코드 생성	중앙 로고 이미지 추가 가능	중앙 로고 이미지 추가 가능, 점 도형 변경 가능	그림 묘사로 어울리는 QR 배경 자동 생성

차트 - 다양한 차트 템플릿을 제공하는 앱

데이터를 효과적으로 시각화하려면 차트가 필요합니다. 캔바를 활용하면 다양한 스타일의 차트를 간편하게 만들 수 있습니다. 앱에서 '차트'를 검색하여 원하는 차트를 선택해 사용합니다. 기본적인 차트뿐만 아니라 시간의 흐름에 따라 변화하는 애니메이션 차트도 제작할 수 있습니다. 예를 들어, 지역별 인구 변화를 시각적으로 보여줄 수 있는 순위 변동 차트와 같이 수업 시간 때 활용할 수 있는 차트를 손쉽게 만들 수 있습니다.

01 차트 앱의 검색창에 'race'를 입력하면, '막대 차트 레이스' 차트 디자인을 선택할 수 있습니다. 아래와 같이 차트와 함께 데이터 입력 테이블이 표시됩니다.

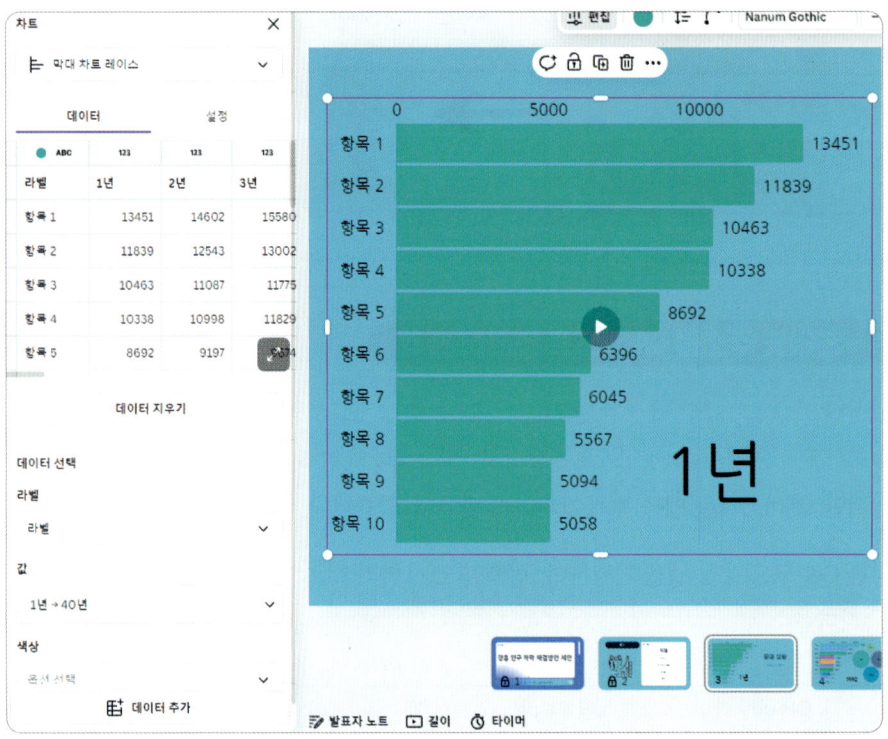

02 기본 제공되는 예시를 바탕으로, 플레이 버튼을 눌러보면 시간이 지남에 따라 순위가 변하는 모습을 영상처럼 제공할 수 있습니다. 또한, 설정 옵션을 활용해 데이터 표시 개수, 재생 속도 등을 조정하여 원하는 모습으로 만들 수 있습니다.

여기서도 할 수 있어요!

- Mockup: Shots.so(htts://shots.so/)를 활용하면 더욱 다양한 시각적 형태로 표현할 수 있습니다.
- QR 코드: '네이버 QR 코드', 'bit.ly' 등 다양한 사이트에서도 생성할 수 있습니다.
- 차트: Flourish 앱을 이용하면 더 많은 템플릿과 세부 설정이 가능한 차트를 만들 수 있습니다.

이렇게도 활용할 수 있어요!

캔바에서 [앱] 버튼을 클릭하면 '인기 앱'과 주제별 추천 앱을 확인할 수 있습니다. 이를 활용해 더욱 다양한 기능과 도구를 찾아보고 수업 자료를 만드는 데 활용할 수 있습니다.

15 수업에 사용할 이미지 생성하기
수업에 필요한 미디어 자료, 이제 직접 만들어요.

AI 활용 도구 이미지 영상 제작 툴 **난이도** ★★

챗GPT의 영향으로 'AI'라고 하면 대화형 기능이 먼저 떠오르지만, 이미지나 음성, 음악, 영상 생성 기능도 중요한 역할을 합니다. 이러한 기능을 수업에 활용하면 어떨까요? 학생들이 창작 활동을 할 때 기존 이미지를 활용하려 하면 저작권 문제로 다운로드가 어렵거나, 적절한 이미지를 찾느라 시간이 지나치게 소요될 수 있습니다. 이 과정에서 수업 목적에서 벗어나기도 합니다. 따라서 필요한 내용을 직접 설명하고, 그 내용대로 생성된 이미지를 사용하는 것도 효과적인 학습 자료 준비 방법이 될 수 있습니다.

이미지를 생성해주는 프로그램은 매우 다양합니다. 일부 프로그램은 고품질과 창의적인 이미지 생성 기능을 제공하지만 유료이며, 가입만 하면 무료로 하루 생성량 제한 내에서 자유롭게 사용할 수 있는 프로그램도 있습니다. 이번 장에서는 원하는 방향으로 이미지를 만드는 방법, 수업에서 이미지 생성 기능을 효과적으로 활용하는 방법을 살펴보겠습니다.

이미지를 원하는 방향으로 만들려면?

원하는 이미지를 생성하려면 프롬프트를 정확하게 작성하는 것이 중요합니다. 특히 텍스트 기반 AI보다 이미지 생성 AI는 더욱 정교한 프롬프트가 필요하며, 원하는 결과물을 얻기가 쉽지 않습니다.

예를 들어, 동화책을 만들기 위해 동일한 주인공이 등장하는 여러 이미지를 생성하려고 할 때, 예상보다 어려움을 겪을 수 있습니다. 같은 프롬프트를 입력하더라도 주인공의 모습이 매번 달라질 가능성이 크기 때문입니다. 운이 좋으면 비슷한 이미지가 생성될 수도 있지만, 완전히 동일한 캐릭터를 유지하려면 수십 번의 시도를 거쳐야 할 수도 있습니다.

현재 가장 접근하기 쉬운 이미지 생성 AI 관련 사이트는 다음과 같습니다.

- **Canva Dreamlab**: 교사용 계정을 무료로 제공하며, 가입 후 500회 생성 가능합니다.
왼쪽 하단 아이콘을 눌러 Dreamlab을 활성화할 수 있습니다. 단, 학생용 계정에서는 사용 불가합니다.
- **Microsoft Desiner**: 마이크로소프트 계정이 있다면 사용할 수 있습니다. 하루 생성 횟수 제한이 있지만, 학생들도 계정 생성 후 이용 가능합니다.
- **ChatGPT-4o**: 로그인 후 사용량 내에서 이미지 생성이 가능합니다. 누구나 가입 후 사용할 수 있습니다.
- **Wrtn(뤼튼)**: 로그인 후 프롬프트 입력 창에서 이미지를 생성할 수 있습니다. 현재로서는 가장 학생들이 접근하기 쉬운 사이트입니다.

프롬프트는 기본적으로 메인 주제, 스타일, 구도, 조명, 색감, 텍스처, 기술 사양을 조합하여 구성할 수 있습니다. 이런 방식으로 입력하면 이미지의 세부적인 표현을 강조할 수 있으며, 완성도를 높이는 데 초점을 맞추게 됩니다. 메인 주제를 비교적 간단하게 설정하면 이미지의 내용보다는 표현 방식과 미적 요소를 강조하는 접근 방식이 됩니다.

이미지 생성과 관련된 요소를 정리하면 다음과 같습니다.

요소	입력 예시
주제	안개 낀 산맥의 풍경
스타일	포토리얼리스틱
구도	버드아이뷰
조명	노을
색감	하이키 톤
텍스처	실크 질감
기술 사양	8K, 레이트레이싱, 블룸 효과

위와 같이 입력하면 다음과 같은 이미지가 출력됩니다.

캔바 Dream lab

ChatGPT-4o

Microsoft Desiner

Wrtn

같은 주제를 동일한 모델에서 여러 번 출력하더라도 항상 다른 이미지가 생성되며, 각각 다른 프로그램이나 플랫폼에서 제작할 경우 더욱 다양한 결과물이 나올 수 있습니다. 하지만 입력값 덕분에 그림의 스타일이나 구도는 비슷한 느낌으로 유지된다는 것을 확인할 수 있습니다.

그러나 이러한 방식은 교육 현장에서 활용하기에는 적절하지 않을 가능성이 큽니다. 그 이유는 이 방법이 우리가 원하는 주제를 효과적으로 전달하는 것보다는, 그림체나 구도와 같은 심미적인 표현에 초점을 맞추기 때문입니다. 수업이나 업무에서 활용하려면 단순히 미적 요소를 강조하는 것이 아니라, 의도한 개념을 정확하게 전달하는 방향으로 프롬프트를 구성하는 것이 중요합니다.

이번에는 [전경+중경+후경+스타일+기술사양]의 구성으로 Canva Dreamla에서 프롬프트를 입력해 보겠습니다.

1. 전경: 바위와 들꽃이 우거진 언덕길, 세밀한 바위 질감, 꽃잎의 디테일

2. 중경: 굽이치는 시냇물과 단풍나무 군락, 물결 반사와 단풍잎의 색감을 강조

3. 후경: 연보라빛 산맥과 석양 하늘, 부드러운 구름과 안개 효과

4. 스타일: 다큐멘터리, 리얼리즘

5. 기술사양: 8K, HDR, 광각렌즈

여기서도 할 수 있어요!

이미지 생성에서 뛰어난 성능을 보이는 모델들은 대부분 유료 모델입니다.

미드저니(Midjourney)는 특히 강력한 성능을 자랑하는 모델로, 초기에는 디스코드에서만 사용할 수 있었지만 많은 사용자의 사랑을 받으며 현재는 midjourney.com 사이트에서도 편리하게 이미지를 제작할 수 있습니다.

공개된 모델 중에서는 Stable Diffusion이 대표적입니다. 인공지능 모델을 다양한 환경에서 구현하는 것에 관심이 있거나, 이미지 생성 기술을 사용해 보고 싶다면 사용해 볼 만한 도구입니다.

또한, X(구 트위터)에서 선보인 Flux 모델도 있습니다. X의 유료 회원에게만 제공되는 기능이므로, 활용을 원한다면 가입이 필요합니다. 더 심화된 연구에 관심이 있다면 huggingface.com에서 다양한 오픈소스 AI 모델을 실험해 볼 수도 있습니다.

🖉 이렇게도 활용할 수 있어요!

이미지 생성은 단순히 프롬프트를 입력하는 방식뿐만 아니라, 기존 이미지를 활용하여 새로운 이미지를 생성하는 방식도 있습니다. 일부 모델에서는 이미지를 기반으로 프롬프트를 수정하거나, 특정 부분만 변경하는 기능도 제공하고 있습니다.

이미지 생성 도구는 추상적인 개념을 시각화하고, 창의성을 촉진하며, 학습자의 흥미를 유발하고 능동적인 학습을 유도할 수 있는 혁신적인 교육 도구가 될 수 있습니다. 예를 들어, 국어 수업에서는 문학 작품의 중요한 장면을 이미지로 생성하여 줄거리를 시각적으로 설명하는 방식으로 활용할 수 있고, 역사 수업에서는 중요한 역사적 사건을 이미지로 재현하여 학생들이 보다 생생하게 이해할 수 있도록 도울 수 있습니다. 그 외에도 과목별 특성에 맞춰 다양한 방식으로 활용할 수 있습니다.

16 영상 생성 AI 알아보기

생성형 AI의 영상 기술, 어디까지 발전했나요?

AI 활용 도구 영상 제작 툴, Sora　　**난이도** ★

수업에서 동영상을 활용한 역사는 그리 길지 않습니다. VHS 비디오 테이프를 사용하던 시절을 지나, CD를 활용하게 되었고, 요즘은 유튜브와 같은 플랫폼을 수업에 활용하고 있습니다. 앞으로는 우리가 필요한 영상을 AI를 활용하여 몇 초 만에 생성할 수 있는 시대가 열릴지도 모릅니다. 동영상 생성 AI라니, 대체 우리 교실에서는 어떤 변화가 일어나게 될까요?

지금까지 이미지 생성 AI에 대해 살펴보았다면, 이번에는 동영상 생성 AI에 대한 이야기해 보겠습니다. 다양한 모델이 존재하지만, 이 책을 집필하는 시점에서 가장 최신 모델인 OpenAI의 Sora를 중심으로 현재 기술이 어디까지 발전했으며, 이를 어떻게 활용할 수 있을지 살펴보겠습니다.

Sora, 기존 모델과 무엇이 다를까요?

Sora는 기존 모델과 다르게, GPT가 텍스트를 예측해 이어가는 방식과 유사한 원리로 프레임 뒤에 프레임을 예측하여 영상을 생성합니다. 덕분에 보다 현실적인 영상을 제작할 수 있는 것이 특징입니다. 기존의 영상 생성 AI는 인간의 신체를 기괴하게 변형하거나, 얼굴이 갑자기 바뀌는 현상이 발생하거나, 물리 법칙이 어색하게 적용된 장면이 생성되기도 했습니다. 이런 문제들로 인해 AI가 생성한 영상은 처음 보면 놀랍지만, 몇 번 반복해서 보면 부자연스럽고 때로는 무서운 느낌을 주기도 했습니다.

반면, Sora는 대상의 형태를 유지하려는 노력이 더해진 모델로, 기존 모델들보다 훨씬 자연스러운 영상을 생성할 수 있습니다. 하지만 여전히 상식을 완벽하게 이해하지 못한다는 한계가 있습니다.

사람이 뒤로 달리고 있거나, 그녀를 등에 붙이고 타는 등 현실과 맞지 않는 장면이 생성될 수 있습니다.

Sora는 현재 챗GPT 플러스 이상 가입자만 사용할 수 있는 플랫폼입니다. 플러스 이상의 계정을 소유하고 있다면 Sora.com에 접속하여 직접 사용할 수 있습니다.

Sora의 기능과 설정 방법

Sora의 사용 방법은 매우 간단합니다. 하단의 'Describe your video...' 창에 원하는 영상을 설명하면, 해당 내용을 바탕으로 영상이 생성됩니다. Sora의 주요 사용자 인터페이스와 기능에 대해 알아 보겠습니다.

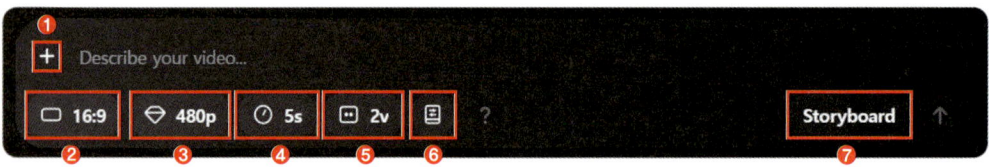

❶ **+ 아이콘:** 이미지나 영상을 직접 업로드하거나 라이브러리에서 선택해 업로드할 수 있습니다.

❷ **Aspect ratio:** 영상의 화면 비율을 설정합니다. 16:9(와이드스크린), 1:1(정사각형 화면), 9:16(세로형 화면) 중 선택할 수 있습니다.

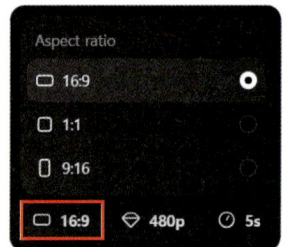

❸ **Resolution:** 출력될 영상의 해상도를 설정합니다. 1080p(Full HD, 최고 화질), 720p(HD, 중간 화질), 480p(SD, 기본 화질) 중 선택할 수 있습니다.

❹ **Duration:** 영상의 길이를 설정합니다. 20초, 15초, 10초, 5초 중 선택할 수 있습니다.

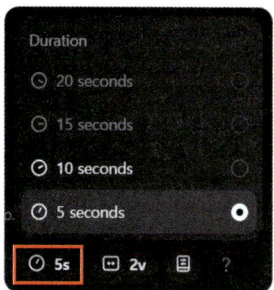

❺ **Variations:** 생성하는 영상의 개수를 설정합니다. 4개, 2개, 1개 중 선택할 수 있습니다.

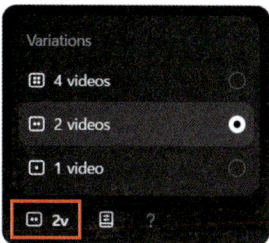

❻ **Preset:** 영상의 프리셋(스타일)을 설정할 수 있습니다.

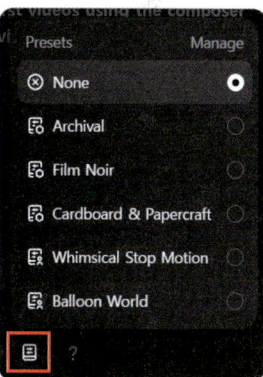

❼ **Storyboard:** 영상 제작 과정에서 장면 구성과 흐름을 시각적으로 계획하는 도구입니다. 각 장면에 텍스트 설명을 추가하거나 이미지와 영상을 삽입해 내용을 구체화할 수 있습니다. 타임라인에서 장면의 순서와 길이를 조정하며, 프로젝트의 전체 흐름을 체계적으로 관리할 수 있습니다.

여기서도 할 수 있어요!

영상 생성 AI는 Sora뿐만 아니라 다양한 플랫폼에서 제공되고 있습니다. InVideo, Runway, Luma Labs 와 같은 도구를 활용하면 각자의 필요에 맞는 영상을 생성할 수 있습니다.

- InVideo: 텍스트 기반으로 손쉽게 영상을 제작할 수 있으며, 다양한 템플릿을 제공합니다.
- Runway: AI를 활용한 영상 편집 및 생성 기능을 제공하며, 기존 영상을 변형하거나 새로운 스타일로 제작할 수 있습니다.
- Luma Labs: 3D 및 몰입형 영상 제작에 특화된 도구로, 보다 현실적인 영상 효과를 연출할 수 있습니다.

17 개념 기반 탐구학습 이해하기

개념 기반 탐구학습에 대한 이해, AI와 함께 시작해요.

AI 활용 도구 챗GPT **난이도** ★★★

"아이들에게 내 수업을 들어야 하는 이유를 어떻게 설명해야 할까?"

이 질문은 모든 교사가 한 번쯤 고민해 본 주제이며, 2025년 기준, 2022 개정 교육과정이 도입되는 지금 더욱 중요해지고 있습니다. 새 교육과정이 강조하는 '개념 기반 탐구학습'은 이에 대한 답이 될 수 있습니다. 단순한 지식 전달이 아니라, 배움의 의미를 스스로 발견하는 과정이 핵심이기 때문입니다.

그러나 이러한 변화는 교사에게도 도전이 됩니다. 익숙한 방식을 넘어 새로운 접근법을 시도하는 일은 쉽지 않지만, 다행히 AI라는 든든한 동반자가 생겼습니다. AI를 활용하면, 새 교육과정의 도전 과제들을 더 효과적으로 해결할 수 있습니다.

오늘날 교육은 빠르게 변화하는 사회에 맞춰 단순한 지식 암기에서 벗어나 학습자들이 깊이 있는 사고와 문제 해결 능력을 기를 수 있도록 돕는 데 초점을 맞추고 있습니다. 따라서 학습은 '왜 배우는가?'와 '어떻게 적용할 것인가?'를 탐구하는 과정이 되어야 하며, 이를 통해 학생들은 폭넓은 이해를 형성하고, 새로운 상황에서도 학습 내용을 활용할 수 있는 능력을 길러야 합니다.

이러한 맥락에서 2022 개정 교육과정은 '깊이 있는 이해'를 강조하고 있습니다. 각 교과에서 핵심 개념을 중심에 두고, 학생들이 스스로 질문하고, 탐구하며 몰입할 수 있도록 수업을 구성하는 것이 중요합니다. 이를 통해 학생들은 지식과 역량을 실제 삶의 맥락과 연결하며 의미 있는 학습 경험을 쌓아갈 수 있습니다. '깊이 있는 이해'를 학생들에게 구현하기 위한 학습 방법 중 하나가 '개념 기반 탐구학습'입니다.

개념 기반 탐구학습에서 다루는 개념은 단순한 지식의 범주를 넘어섭니다. 학생들은 정보를 단순히 외우는 것이 아니라, 주체적인 사고와 경험을 통해 개념을 체화해야 합니다. 특히, 핵심 개념은 학생들이 삶 속에서 자연스럽게 적용하고 확장할 수 있는 개념이어야 합니다. 그러므로 수업은 단순한 지식 전달이 아니라, 핵심 개념을 중심으로 의미 있는 질문을 던지고, 깊이 있는 사고를 유도하는 과정이 되어야 합니다.

핵심 개념 설정의 중요성과 2022 개정 교육과정의 활용

교사는 수업에서 핵심 개념을 명확하게 설정해야 합니다. 핵심 개념을 정확히 이해하면 수업의 목표를 분명히 할 수 있고, 학생들이 깊이 있는 이해에 도달할 수 있도록 효과적인 수업을 설계할 수 있습니다. 핵심 개념을 설정할 때 2022 개정 교육과정에서 힌트를 얻을 수 있습니다. 교사가 참고할 수 있는 자료로는 성취기준과 그에 대한 해설이 있으며, 2022 개정 교육과정에서 처음으로 등장한 '핵심 아이디어'를 참고할 수도 있습니다. 예를 들어, 고등학교 공통국어1에서 가장 먼저 제시되는 성취기준과 관련 해설 및 핵심 아이디어는 다음과 같습니다.

> 성취기준: [10공국1-01-01] 대화의 원리를 고려하여 대화하고 자신의 듣기·말하기 과정과 공동체의 담화 관습을 성찰한다.
>
> 해설: 이 성취기준은 대화의 원리를 기반으로 언행적 목적과 관계적 목적을 두루 달성할 수 있는 대화 능력을 기르고, 공동체 담화 관습을 비판적으로 성찰하고 개선하기 위한 계기를 마련하기 위해 설정하였다. 협력의 원리, 공손성의 원리, 체면 유지의 원리 등 대표적인 대화의 원리를 바탕으로 대화하기, 자신의 듣기·말하기 과정과 전략 점검하기, 담화 공동체의 과거와 현재의 담화 관습 조사하기, 담화 관습에 대해 비판적으로 인식하기, 오늘날의 시대 상황을 고려하여 담화 관습을 보다 바람직한 방향으로 개선하기 위한 방안 모색하기 등을 학습한다.
>
> 핵심 아이디어:
> - 듣기·말하기는 언어, 준언어, 비언어, 매체 등을 활용하여 서로의 생각과 감정을 주고받는 행위이다.
> - 화자와 청자는 상황 맥락 및 사회·문화적 맥락 속에서 의사소통 목적을 달성하기 위하여 다양한 유형의 담화를 듣고 말한다.
> - 화자와 청자는 의사소통 과정에 협력적으로 참여하고 듣기·말하기 과정에서의 문제를 해결하기 위해 적절한 전략을 사용하여 듣고 말한다.
> - 화자와 청자는 듣기·말하기에 흥미를 가지고 적극적으로 참여하면서 담화 공동체 구성원으로 성장하고, 상호 존중하고 공감하는 소통 문화를 만들어 간다.

혁심 개념을 설정했다면, 이제 그 개념을 깊이 탐구할 수 있는 의미 있는 질문을 만들어야 합니다. 탐구 질문은 단순한 사실 확인이 아니라, 학생들의 사고를 확장하고 깊이 있는 탐구를 유도하는 도구가 되어야 합니다. 예를 들어 '대화의 원리'라는 핵심 개념을 탐구할 때는 학생들의 실제 경험과 연결되는 질문을 던지는 것이 중요합니다.

- "왜 같은 말도 상황에 따라 서로 다른 감정을 일으킬까?"
- "우리는 왜 때로는 말하기를 주저하게 될까?"
- "상대방의 기분을 상하지 않게 하면서도 나의 의견을 효과적으로 전달하는 방법은 무엇일까?"

이러한 질문들은 학생들이 자신의 일상적 경험을 바탕으로 대화의 원리를 자연스럽게 연결하여 사고할 수 있도록 합니다.

수업에서 활용할 탐구 질문 챗봇 만들기

이제 수업에서 활용할 수 있는 유용한 탐구 질문을 만드는 챗봇을 만들고 사용해 보겠습니다.

01 탐구 질문 챗봇을 생성하기 위해 사이드바에서 'GPT 탐색'을 클릭합니다. [+ 만들기] – [구성]에서 다음과 같이 지침을 입력하고 [만들기]를 클릭합니다.

당신은 2022 개정 교육과정의 [교과] 수업을 위한 탐구 질문 생성 전문가입니다. 제시되는 핵심 개념과 핵심 아이디어를 바탕으로, 학생의 실제적 경험에서 출발하여 깊이 있는 개념적 이해로 나아가는 탐구 질문을 생성해주세요.

[입력 정보]

1. 교과:

2. 핵심 개념:

3. 핵심 아이디어:

4. 학습자 수준:

[질문 생성 단계]

1단계 – 경험 연결 질문

– 학생들의 일상적 경험과 감정에서 시작하는 질문

– 개념과 관련된 실제 문제 상황을 포착하는 질문

　예시: "우리가 대화할 때 가장 불편함을 느끼는 순간은 언제일까?"

2단계 – 개념 탐구 질문

- 문제 상황과 핵심 개념을 연결 짓는 질문
- 개념의 원리와 필요성을 이해하도록 하는 질문

  예시: "대화가 불편했던 상황에서 지켜지지 않은 원칙은 무엇일까?"

3단계 – 적용 및 문제해결 질문

- 개념을 실제 상황에 적용하는 질문
- 구체적인 해결 방안을 모색하는 질문

  예시: "서로 다른 의견을 가진 사람들과 대화할 때 어떤 원칙들을 지켜야 할까?"

4단계 – 가치 및 실천 질문

- 개념이 가진 보편적 가치를 탐구하는 질문
- 실천 의지를 형성하는 질문

  예시: "우리 사회에서 건강한 대화 문화를 만들기 위해 우리가 할 수 있는 일은 무엇일까?"

[질문 생성 시 고려사항]

1. 핵심 아이디어와의 연계성
- 교육과정의 핵심 아이디어를 자연스럽게 탐구할 수 있는 질문인가
- 교과 역량 함양으로 이어질 수 있는 질문인가

2. 학습자 중심성
- 학습자의 발달 단계와 경험에 적합한가
- 학습자의 흥미와 동기를 유발할 수 있는가

3. 탐구의 실천성
- 실제 탐구 활동으로 구현 가능한가
- 다양한 관점에서의 탐구가 가능한가

4. 평가 연계성
- 과정 중심 평가로 연결될 수 있는가
- 학습자의 성장을 확인할 수 있는가

주어진 입력 정보에 따라 각 단계별로 2-3개의 질문을 생성해주시고, 각 질문의 의도와 기대되는 학습 효과도 함께 설명해주세요.

02 챗봇이 완성되었다면, 프롬프트를 교과, 핵심 개념, 핵심 아이디어, 학습자 수준으로 구성하여 다음과 같이 입력할 수 있습니다. 앞서 언급한 '[10공국1-01-01] 대화의 원리를 고려하여 대화하고 자신의 듣기·말하기 과정과 공동체의 담화 관습을 성찰한다.' 성취기준과 관련된 내용입니다.

1. 교과: 국어
2. 핵심 개념: 대화의 원리
3. 핵심 아이디어: 화자와 청자는 의사소통 과정에 협력적으로 참여하고 듣기·말하기 과정에서의 문제를 해결하기 위해 적절한 전략을 사용하여 듣고 말한다.
4. 학습자 수준: 낮은 수준

03 챗봇의 답변이 다음과 같이 출력되었습니다.

탐구 질문 생성

1단계 – 경험 연결 질문

"친구와 이야기할 때, 대화가 잘 안 되었다고 느낀 적이 있다면 어떤 순간이었나요?"

의도: 학생들이 자신의 실제 경험을 떠올리며 대화의 문제 상황에 공감하도록 유도합니다.

기대 효과: 학생들이 대화 중 문제 상황에 대한 관심과 탐구 동기를 가지게 됩니다.

"우리가 이야기를 들을 때 상대방의 말이 이해되지 않았던 경험은 왜 생겼을까요?"

의도: 듣기 과정에서 겪는 어려움을 반성하고, 대화의 문제를 구체적으로 상상하도록 합니다.

기대 효과: 듣기 과정의 문제를 인식하고 탐구할 필요성을 느낄 수 있습니다.

2단계 – 개념 탐구 질문

"대화가 잘 이루어지기 위해 화자와 청자가 각각 지켜야 할 원칙은 무엇일까요?"

의도: 대화의 협력 원리와 전략을 이해하도록 유도합니다.

기대 효과: 학생들이 의사소통에서 필요한 원칙을 스스로 탐구하고 그 중요성을 깨닫게 됩니다.

"말하는 사람이 너무 빨리 말하거나, 듣는 사람이 주의를 기울이지 않으면 대화에 어떤 문제가 생길까요?"

의도: 듣기와 말하기에서의 구체적인 문제 상황과 개념을 연결하도록 돕습니다.

기대 효과: 효과적인 대화를 위해 전략의 필요성을 스스로 정리할 수 있습니다.

> 3단계 – 적용 및 문제해결 질문
>
> "친구와 대화를 나눌 때 상대방의 이야기를 더 잘 이해하려면 어떤 방법을 사용할 수 있을까요?"
>
> 의도: 실생활에서 적용할 수 있는 듣기 전략을 탐구하도록 유도합니다.
>
> 기대 효과: 학생들이 능동적으로 대화의 문제를 해결하는 방안을 모색하게 됩니다.
>
> "말을 잘 전달하기 위해 내가 신경 써야 할 점은 무엇이고, 어떻게 개선할 수 있을까요?"
>
> 의도: 말하기 과정에서의 문제 해결 방안을 스스로 찾도록 돕습니다.
>
> 기대 효과: 자신만의 말하기 전략을 개발하고 의사소통 능력을 높이는 데 기여합니다.
>
> 4단계 – 가치 및 실천 질문
>
> "서로를 이해하기 위해 우리가 노력해야 할 대화의 자세는 무엇일까요?"
>
> 의도: 협력적 대화의 가치를 탐구하고 내면화하도록 돕습니다.
>
> 기대 효과: 학생들이 의사소통의 중요성을 깨닫고 대화의 가치를 실천하려는 태도를 기릅니다.
>
> "우리 반에서 더 좋은 대화 문화를 만들기 위해 우리가 할 수 있는 일은 무엇일까요?"
>
> 의도: 대화의 원리를 사회적 차원에서 적용하도록 유도합니다.
>
> 기대 효과: 학생들이 공동체 의식을 바탕으로 실천 가능한 행동 계획을 세우게 됩니다.

이러한 탐구 질문을 기반으로 차시 수업을 구상하면, 도입에서는 학생들이 대화가 잘되지 않았던 경험을 떠올리고 공유하도록 한 뒤, 그 원인을 분석하며 화자와 청자가 지켜야 할 원칙을 도출합니다. 이 과정에서 대화의 원리와 연결되는 지점을 발견하면 함께 공유하고, 이후 모둠별로 실제 대화 상황을 역할극으로 진행하며 자유롭게 의견을 제안하고 반영할 수 있도록 합니다. 마지막으로 학급의 좋은 대화 문화를 위한 다짐이나 선언문을 만들어 보고, 정리 단계에서는 중요하다고 생각하는 점이나 실천하고 싶은 내용을 공유한 후, 다음 시간에 실천 결과를 나누도록 합니다. 이를 통해 학생들은 실제 경험에서 출발해 협력적 탐구를 통해 개념을 이해하고, 실천적 활동을 거치며 개념을 내면화하는 과정을 경험할 수 있습니다.

18 평가 도구 제작하기

평가 도구, AI와 함께 만들면 어렵지 않아요.

AI 활용 도구 챗GPT　　**난이도** ★★

평가 도구는 학생의 출발점을 진단하고, 중간중간 형성평가를 통해 이해도를 점검하며, 총괄평가를 통해 전체적인 학습 성취도를 파악하는 데 활용됩니다. 평가 과정은 교수·학습에 반영되어 수업의 수준과 속도를 조절하고, 학생의 이해를 보충하거나 심화할 수 있도록 구성해야 합니다. 하지만 이 과정이 중요하다는 것을 알면서도, 실행하는 것은 쉽지 않습니다.

평가 도구 제작, 얼마나 어렵다고 느끼시나요?

진단평가, 형성평가, 총괄평가를 충실히 수행하는 것이 학생들에게 긍정적인 영향을 미친다는 것은 분명합니다. 하지만 실제로 형성평가 문제를 제작하는 것은 쉽지 않은 일입니다. 보통 출판사에서 제공하는 평가 문제를 활용하는 경우가 많지만, 최근에는 다양한 방식으로 수업이 진행되면서 교과서를 기반으로 하지 않으면 평가 도구 제작이 어려운 현실입니다.

수업을 체계적으로 운영하기 위해서는 전시 학습 확인, 수업 중간 이해 점검, 수업 종료 시 전체 이해 평가의 과정이 필수적입니다. 결국 수업을 계획할 때에도 평가 도구를 어떻게 구성할 것인가가 중요합니다.

그렇다면 내가 수업할 내용을 바탕으로 간단하게 평가 문항을 제작할 수는 없을까요? 이 장에서는 챗GPT 고급 이성 사용 모델인 o1을 활용하여 평가 문항을 제작하는 방법을 알아보겠습니다.

챗GPT-4o, 평가 도구 제작에 활용할 수 있을까?

Marker Inc Korea에서 운영하는 '인공지능의 수능 성적 리더보드'에 따르면 2025 수능 국어(선택과목은 화법과 작문)에서 챗GPT-o1이 97점을 기록하며 1등급에 도달했다고 합니다. 이는 구글의 Gemini, Claude Sonnet, 그리고 챗GPT-4o가 아직까지도 4등급에 머물고 있는 것과 비교했을 때, 압도적인 결과입니다. 이 모델을 바탕으로 진단평가 문제, 형성평가 문제, 총괄평가(지필고사) 문제를 제작해 보겠습니다.

01 먼저 평가의 대상이 되는 수업을 고등학교 국어 수업을 토대로 다음과 같이 구상합니다.

성취기준: [10국01-01] 개인이나 집단에 따라 듣기와 말하기의 방법이 다양함을 이해하고 듣기, 말하기 활동을 한다.

주요 학습 내용:

우리 지역의 명소를 소개하는 관광 안내사가 되어, 다양한 연령대의 듣기 말하기 방법을 고려해 소개하는 말하기를 한다.

학습 방법:

문화재청에서 우리 지역 문화재 중 하나를 찾고, 그 문화재에 대한 안내문을 비롯한 다양한 소식과 자료 수집하고 선정하기

자료를 모아 내용을 조직하여 소개하는 말하기 준비하기

청자의 연령을 고려하여 표현을 다양화하기

문화재 앞에서 실제로 문화재 소개하기

---

02 챗GPT 모델을 o1으로 설정하고 진단평가, 형성평가, 지필평가(선택형과 서술형) 문항을 만들어달라고 요청하면 다음과 같은 답변을 받을 수 있습니다.

(앞의 수업 계획 내용 입력)

위 수업을 진행한다고 했을 때, 다음 내용들을 생성해주세요.

1. **차시별 진단평가 문항**,

2. **차시별 형성평가 문항**,

3. **전체 내용에 대한 지문을 포함한 KSAT(수능) 형태의 선택형 문항과 해당 지문을 활용한 서술형 또는 논술형 문항**

 1. 차시별 진단평가 문항

1차시: 문화재 탐구 및 자료 수집

우리 지역의 문화재 중 가장 유명한 것을 하나 적어보세요.

문화재청 홈페이지에서 문화재 정보를 검색하는 방법을 설명하세요.

문화재 소개에서 중요한 정보 요소는 무엇인지 세 가지를 적으세요.

(나머지 차시 내용 생략)

---

2. 차시별 형성평가 문항

1차시: 문화재 탐구 및 자료 수집

[객관식] 문화재청에서 제공하는 정보 중 문화재 소개에 가장 적합한 자료는?

① 위치 정보

② 사진

③ 역사적 가치

④ 보수 관리 기록

[단답형] 우리 지역에서 유네스코에 등재된 문화재가 있다면 적어보세요.

(나머지 차시 내용 생략)

---

3. KSAT 형태의 선택형 문항 및 서술형/논술형 문항

지문

한국의 전통 문화재는 각 지역의 역사와 문화를 반영하며, 다양한 연령층에게 고유한 가치를 제공합니다. 예를 들어, 전라남도 목포시의 유달산은 자연경관뿐만 아니라 문화적, 역사적 가치를 지닌

곳입니다. 유달산의 역사적 배경은 삼국시대까지 거슬러 올라가며, 조선시대에는 전략적 요충지로도 사용되었습니다. 이러한 문화재를 소개할 때는 청중의 연령과 관심사에 맞는 표현 방식이 중요합니다. 어린 청중에게는 흥미를 끌 수 있는 간단한 이야기 형식으로, 성인 청중에게는 역사적 맥락과 가치 중심으로 설명하는 것이 효과적입니다.

선택형 문항 (5지선다형)

문항 1

다음 중 유달산을 소개하는 데 있어 청중의 연령에 따른 적합한 설명 방식은?

① 어린이 청중에게는 삼국시대 전쟁 기록을 중심으로 설명한다.
② 성인 청중에게는 유달산의 전경과 관련된 옛 전설을 소개한다.
③ 어린이 청중에게는 유달산의 역사적 가치와 전략적 중요성을 강조한다.
④ 성인 청중에게는 유달산의 전경을 동화 형식으로 설명한다.
⑤ 어린이 청중에게는 흥미를 끌 수 있는 간단한 이야기 형식으로 소개한다.

정답: ⑤

(나머지 문항 생략)

서술형 및 논술형 문항

서술형 문항

유달산을 어린이 청중과 성인 청중에게 각각 어떻게 소개할지 서술하세요.

(단, 각각 100자 내외로 작성하세요.)

예시 답변

어린이 청중: "옛날 유달산에는 용이 살았다는 이야기가 있어요! 산 꼭대기에서 멀리 바다를 본다는 상상을 해보세요."

성인 청중: "유달산은 삼국시대 전략적 요충지로 활용되었으며, 조선시대에는 지역 방어의 중심지로 중요한 역할을 했습니다."

이제 평가 도구 만들기가 쉬워졌으니 진단평가, 형성평가, 총괄평가를 모두 고려하며 수업을 운영해 보세요.

여기서도 할 수 있어요!

생성형 AI라면 모두 할 수 있는 일이지만, 좋은 문항을 만들기 위해서는 좋은 모델이 필요합니다. 현재 가장 적합한 모델은 o1이지만, 아직은 유료로만 사용 가능하다는 단점이 있습니다. 그러나 AI 기술은 계속 발전하고 있으며, 앞으로는 더 좋은 성능의 모델을 더 저렴한 가격으로(혹은 무료로) 사용하게 될지도 모릅니다. AI를 가까이 두고 다양한 모델을 활용하며 지속적인 관심을 가지면 평가 문항 개발에 큰 도움이 될 것입니다.

이렇게도 활용할 수 있어요!

챗GPT는 단순히 평가 문항을 제작하는 것뿐만 아니라, 실제 문제 해결 도구로도 활용할 수 있습니다. 문제를 복사하여 붙여넣고 풀어달라고 요청하거나, 이미지 인식 기능을 활용하여 사진을 업로드하여 문제 해결을 요청해도 됩니다. 언어 영역뿐만 아니라 수능 수학 4점짜리 문제까지 대부분 해결할 수 있는 수준에 도달했습니다. 어려운 문제를 마주했다면 챗GPT를 활용해 해결 방법을 찾아보세요.

Part 02
업무 활용 가이드

Preview 교사의 시간을 되찾아 줄 AI 활용법을 알려드려요.

01 챗GPT로 가정통신문 작성하기
02 간편하게 품의서 작성하기
03 간단하게 영수증 정리하기
04 자동으로 생활기록부 작성하기
05 자동으로 교육 활동 메시지 작성하기
06 엑셀과 구글 스프레드시트 활용하기
07 회의록 작성, 간편하게 해결하기
08 NotebookLM으로 교육 문서 쉽게 정리하기
09 Napkin AI로 원하는 도식 자료 만들기

교사의 시간을 되찾아 줄 AI 활용법을 알려드려요.

1998년 이후, 2023년에 처음으로 교사 수가 줄어들었습니다. 특히 2023년에는 한 해 동안 2,982명, 2024년에는 감소 폭이 더욱 커져서 4,327명이 줄어들어 2년 동안 총 7,309명이 감소하였습니다. 이러한 교사 수 감소는 교육 현장에 직접적인 영향을 미쳐, 교사 1인당 담당해야 하는 주당 수업 시수가 증가하는 결과를 초래했습니다. 엎친 데 덮친 격으로 교사에게는 '늘봄학교, 고교학점제, 디지털 AI 정책, 유보통합' 등 새로운 업무가 가중되었습니다. 또한, 코로나19를 겪으며 정서·행동 발달에 어려움을 겪는 학생들이 늘고, 다문화 학생 수의 증가로 학급 운영 및 생활 지도의 어려움은 더욱 커졌습니다.

교사 한 명이 감당해야 할 수업과 업무량이 증가하면서, 수업 준비와 행정 업무, 학생 지도까지 균형 잡힌 교육을 할 수 없는 상황에 처했습니다. 이러한 환경에서 무거운 개인적 책임을 안고 과도한 업무와 스트레스를 겪은 결과, 소진되고 낮은 효능감이 지속되는 '책임 과부하 증후군'을 앓는 교사가 늘어나고 있습니다. 그래서일까요? 최근 5년간 학교를 떠나는 교사가 지속적으로 늘고 있습니다.

선생님들이 학교 업무를 모두 처리하기에는 절대적으로 시간이 부족해지고 있으며, 이로 인한 업무 과부하는 삶의 질을 떨어뜨립니다. 교사가 학생을 가르치는 일에 온전히 집중하기 어려운 환경은 교육의 질도 떨어뜨립니다. 질 낮은 교육은 공교육에 대한 신뢰를 약화시키고, 이는 다시 교사의 근무 환경과 삶의 질에 부정적인 영향을 미치는 방향으로 이어질 수 있습니다. 현재 우리는 이러한 악순환 속에 놓여 있으며, 이를 해결하기 위한 노력이 필요한 시점입니다. 공교육의 신뢰를 회복하고 교사들이 안정적으로 교육에 집중할 수 있도록 지속적인 관심과 개선이 이루어져야 합니다.

학급당 학생 수 감축, 수업 시수 정상화, 행정 업무 간소화 등 정책적 변화가 당연히 필요합니다. 하지만 이러한 변화를 마냥 기다리고 있기에는 지금 처한 현실이 버겁습니다. 수업을 마친 후 남은 시간에 업무를 처리하고 다 끝내지 못한 일은 집에서 이어지며, 상담이나 생활 지도의 문제로 퇴근 후에도 마음의 짐을 내려놓지 못하는 상황에서, 교사들은 점점 소진되고 있습니다. 지금 바로 나의 시간을 만들어 줄 무언가가 필요합니다.

이러한 문제를 해결하는 데 인공지능이 도움을 줄 수 있습니다. 인공지능은 선생님의 곁에서 함께 일하는 새로운 동반자가 될 것입니다. 지금까지 선생님이 반복적으로 처리해야 했던 행정 업무를 자동화하고, 새로운 계획을 작성할 때 겪었던 창작의 고통을 줄여 줄 것입니다. 인공지능을 활용하는 것은 선생님의 시간을 절약하는 데 도움을 줄 것이며, 삶의 질을 회복하는 첫걸음이 될 것입니다.

인공지능을 활용하는 것은 단순히 시간을 절약하는 효과만 있는 것이 아닙니다. 선생님들이 함께 고민하고 교육적 상상력을 펼칠 수 있는 공간의 부재를 해소할 수 있습니다. 같은 고민을 가진 구성원들과 함께 아이디어를 나누고, 교육적 대안을 찾는 과정은 매우 소중하지만, 선생님들이 그런 시간을 마련하기는 힘든 것이 현실입니다. 이때 새로운 동반자인 인공지능이 그 자리를 대신해 줄 수 있습니다. 언제, 어디서나 짧은 시간이라도 대화를 나눌 수 있는 똑똑한 동료 교사가 생긴 것입니다. 내 생각을 질문으로 던지고, 답변을 읽으며 다시 질문을 이어가는 과정에서 스스로 성찰하는 기회를 가질 수 있습니다. 또한 어떻게 해야 할지 막막할 때 해결의 실마리를 찾을 수도 있습니다.

이에 선생님들에게 인공지능이 훌륭한 동반자가 될 수 있는 다양한 방법들을 소개하고자 합니다. 인공지능과 함께 협력하여 학교에 필요한 문서를 작성하거나, 단순하지만 직접 하기에는 번거로운 작업을 대신 시켜볼 것입니다. 때론 모르는 것을 물어보며 쉽게 답을 찾고, 내가 가진 정보를 바탕으로 필요한 결과를 창조해 낼 것입니다. 나의 부족한 기억력을 무한한 저장소로 채워볼 것이고, 밋밋한 자료를 세련되게 만들 것입니다.

이때 제시된 사례를 따라하는 것에 그치지 않고, 창의력을 발휘하여 더 다양한 영역에 활용해보고, 아이디어를 얻는 과정에서도 인공지능을 이용해 보시기 바랍니다. 이러한 과정을 통해 인공지능이 진짜 나의 동반자가 될 것입니다. 이제 동반자와 함께 빼앗긴 시간을 되찾고, 풍요롭고 의미 있는 교육 활동을 이어가기를 기대합니다.

01 챗GPT로 가정통신문 작성하기

가정통신문 작성, 새로 생긴 학교 행사! 이제 어렵지 않아요.

AI 활용 도구 챗GPT with Canvas　　**난이도** ★

학교 행사는 매년 비슷한 시기에 반복되는 경우가 많아, 새로운 업무를 맡더라도 에듀파인 문서등록대장에서 이전 내부결재 문서를 참고할 수 있습니다. 하지만 새로운 행사가 추가된다면 목적, 방침, 세부 추진 계획, 기대 효과, 가정통신문까지 모두 새로 작성해야 하는 번거로움이 생길 수 있습니다. 이때 챗GPT를 활용하면 간단하게 문제를 해결할 수 있습니다.

챗GPT에는 글쓰기와 코딩 작업에 최적화된 캔버스(Canvas)라는 도구가 있습니다. 이번 장에서는 캔버스를 활용해 가정통신문을 작성하는 방법을 알아보겠습니다. 단, o3-mini 모델에서는 지원되지 않습니다.

ChatGPT 4o

ChatGPT o3-mini

캔버스 기능으로 가정통신문 작성하기

01 챗GPT PLUS 플랜을 사용하고 있다면, 먼저 모델을 GPT-4o로 설정하고, [도구 보기] - [캔버스]를 선택합니다. 무료 플랜 사용자라면 프롬프트 창에 '@캔버스'를 입력합니다.

02 프롬프트 창에 파란색 글씨로 캔버스가 활성화된 것을 확인할 수 있습니다. 이후 가정통신문 작성을 위한 프롬프트를 입력합니다.

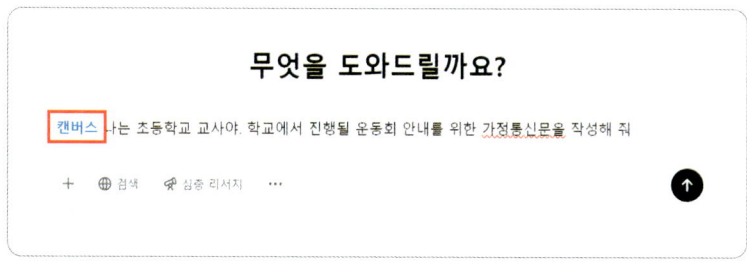

03 캔버스 모드에서 대화를 나누면 아래 이미지와 같이 일반 채팅창과 다른 창이 열립니다. 캔버스 모드에서는 글과 관련한 다양한 설정이 가능합니다.

04 작성된 초안의 우측 하단 [연필] 아이콘 위에 마우스를 올리면 추가 기능이 나타납니다. 각 기능에 대해 알아보겠습니다.

❶ **이모지 추가:** 이 중 '목록'을 클릭하면, 다음과 같이 목록에 이모지가 추가됩니다. 공문에서는 활용도가 낮겠지만 학부모나 학생들에게 하이클래스나 클래스팅과 같은 채널로 안내할 때 사용할 수 있습니다.

1. 행사 개요
- 📅 **일시**: 2025년 ○월 ○일 (○요일) 오전 9시 ~ 오후 3시
- 📍 **장소**: 본교 운동장
- 👥 **대상**: 전교생 및 학부모
- 🎒 **준비물**: 개인 물병, 운동화, 모자, 간편한 복장

❷ **마지막으로 다듬기**: 문장의 흐름과 표현을 자연스럽게 정리하여 완성도를 높여주는 기능입니다.

❸ **독해 수준**: 텍스트 난이도를 유치원생, 중학생, 현재 읽기 수준 유지, 고등학생, 대학생, 대학원생으로 조정할 수 있습니다. ⬆ 아이콘을 클릭해 움직여서 조정할 수 있습니다.

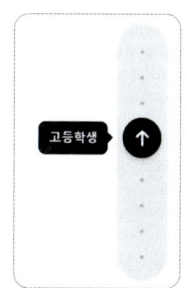

❹ **길이 조절**: 독해 수준과 같은 방식으로 텍스트의 길이를 가장 짧게, 더 짧게, 현재 길이 유지, 더 길게, 가장 길게 중 선택할 수 있습니다.

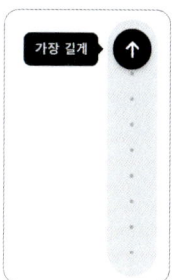

❺ **편집 제안**: 문장의 흐름을 개선하거나 어휘를 다듬는 등 더 나은 표현을 추천해 주는 기능입니다. 작성된 글에 댓글이 달리고, 제안이 마음에 든다면 적용을 눌러 문장을 수정할 수 있습니다.

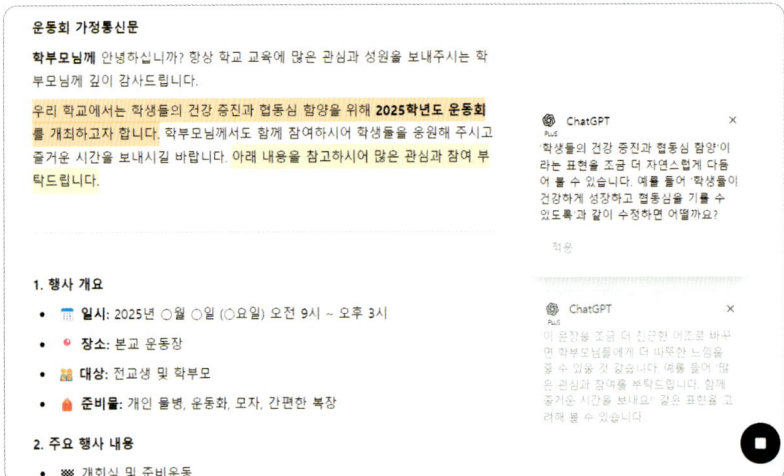

05 왼쪽 사이드바에는 챗GPT에게 직접 요청할 수 있는 채팅창이 활성화되어 있습니다. 여기에 구체적인 요구 사항을 입력하면 챗GPT와 협업하여 문서를 작성할 수 있습니다. 가정통신문 초안이 임의로 작성되었다 보니 일시와 장소가 일치하지 않을 것입니다. 따라서 다음과 같이 수정을 요청하면 자동으로 반영되는 모습을 볼 수 있습니다.

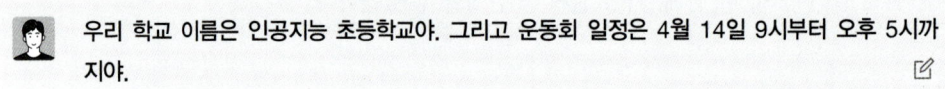

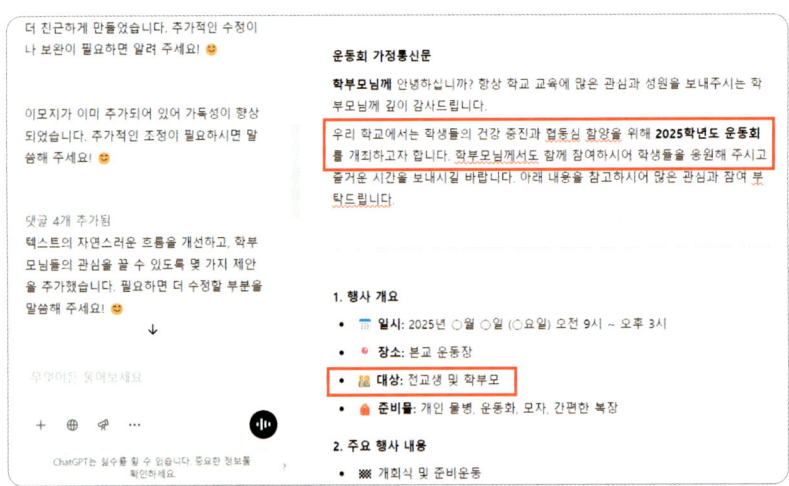

수정 전

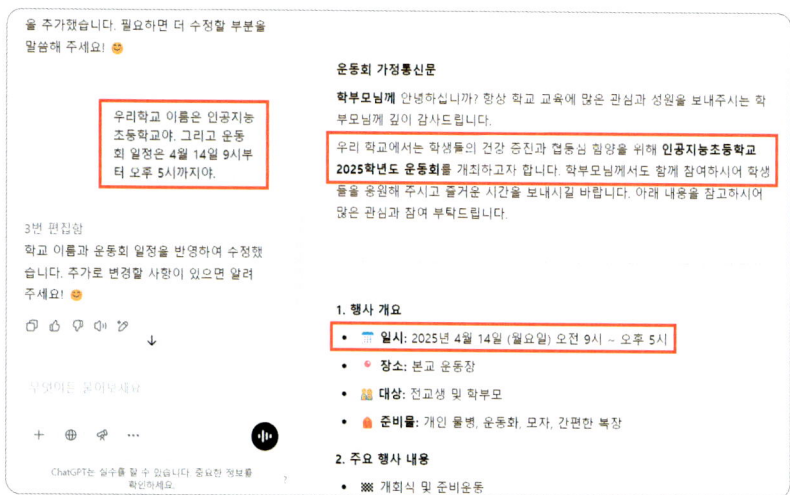

수정 후

06 캔버스는 마치 메모장처럼 작동하기 때문에 직접 글을 수정할 수도 있습니다. 원하는 위치에 글을 추가하거나 삭제할 수 있으며, 특정 영역을 드래그한 후 해당 영역에 대한 글쓰기 요청을 할 수도 있습니다.

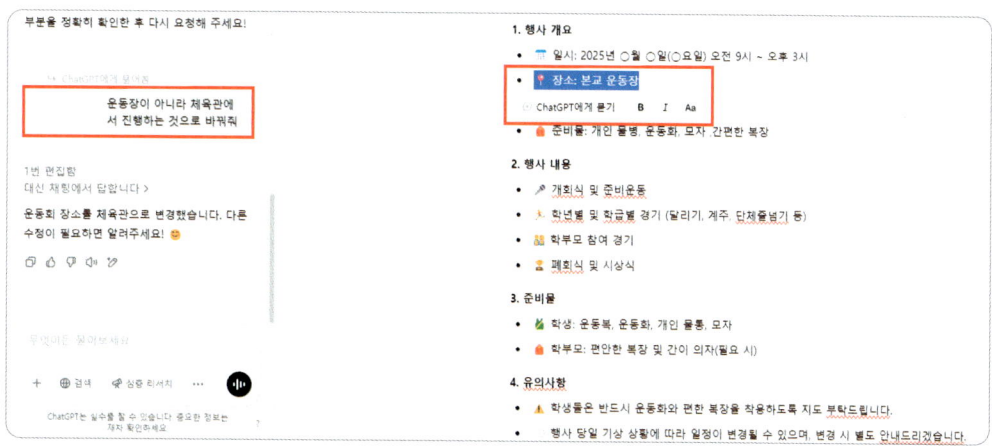

수정 전

1. 행사 개요
- 🏛️ 일시: 2025년 ○월 ○일(○요일) 오전 9시 ~ 오후 3시
- 📍 장소: 본교 체육관
- 👥 대상: 전교생 및 학부모
- 🎒 준비물: 개인 물병, 운동화, 모자, 간편한 복장

2. 행사 내용
- 🎤 개회식 및 준비운동
- 🏃 학년별 및 학급별 경기 (달리기, 계주, 단체줄넘기 등)
- 👨‍👩‍👧 학부모 참여 경기
- 🏆 폐회식 및 시상식

3. 준비물
- 🟢 학생: 운동복, 운동화, 개인 물통, 모자
- 🟠 학부모: 편안한 복장 및 간이 의자(필요 시)

4. 유의사항
- ⚠️ 학생들은 반드시 운동화와 편한 복장을 착용하도록 지도 부탁드립니다.
- ⚠️ 행사 당일 기상 상황에 따라 일정이 변경될 수 있으며, 변경 시 별도 안내드리겠습니다.

수정 후

 여기서도 할 수 있어요!

Gemini나 Wrtn 같은 생성형 AI도 공문 작성에 활용할 수 있습니다. 하지만, 하나의 글을 놓고 AI와 실시간으로 상호 작용하며 수정·보완하는 것을 원한다면 챗GPT의 캔버스 또는 클로드 아티팩트를 활용하는 것이 더 적합합니다.

 이렇게도 활용할 수 있어요!

학교에서 공모 사업을 추진할 때, 운영 계획서 작성에도 도움을 받을 수 있습니다. 이를 효율적으로 진행하려면 다음과 같은 프롬프트를 활용하면 좋습니다.

> 나는 초등학교 교사야. 교육청 공모 사업에 운영 계획서를 제출하려고 해. '사업의 주제'라는 주제의 사업이야. 운영 계획서에는 목적, 방침, 세부 추진 계획, 기대 효과가 포함되어야 해. 분량은 A4 3페이지 정도로 작성해 줘.

이렇게 요청하면 체계적인 운영 계획서를 빠르게 작성할 수 있으며, 필요에 따라 피드백 과정을 거쳐 세부 내용을 조정할 수도 있습니다.

02 간편하게 품의서 작성하기
복사·붙여넣기로 바로 품의를 올릴 수 있어요.

AI 활용 도구 챗GPT   **난이도** ★★

품의를 올리기 위해 교사는 물건을 찾고, 장바구니에 담고, 품목명, 규격, 수량, 예상 단가 등을 일일이 입력해야 합니다. 여기서 오타라도 난다면? 상상만 해도 머리가 아픕니다. 목록을 보고 타이핑하는 단순한 작업, 누가 대신해 준다면 얼마나 편할까요? 이제 챗GPT로 간단하게 해결해 보세요.

좋은 수업을 계획하고, 학생들과 의미 있는 시간을 보내기 위해 교직을 선택했지만, 현실에서는 행정 업무에 치여 정작 수업과 학생들을 충분히 돌보기 어려운 경우가 많습니다. 게다가 하고 싶은 활동이 있어도 예산을 사용하는 과정이 번거로워 망설여 지기도 합니다.

특히, 100원이라도 사용하려면 정해진 양식에 맞춰 품의를 올려야 하는 행정 절차는 선생님들의 아이디어를 가로막곤 합니다.

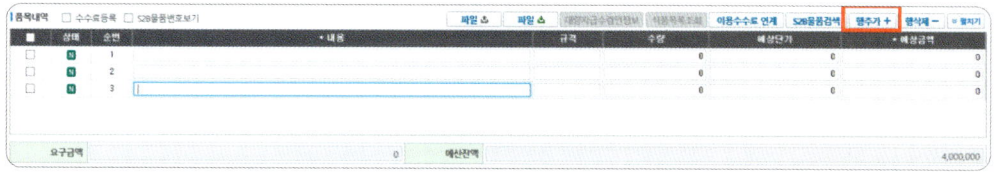

구입하려는 각 항목의 내용, 규격, 수량, 단가 등을 하나하나 입력하는 과정은 특히 여러 개의 소액 항목을 구입할 때 번거롭고 귀찮게 느껴집니다.

> **챗GPT로 품의서 작성 자동화하기**

01 체육 대회를 위해 반 단체 티셔츠를 구입한다고 가정해 보겠습니다. 쇼핑몰에서 장바구니에 담은 목록을 그대로 드래그 후 복사합니다.

02 이때 복사한 데이터로 챗GPT에게 품의 작성 도움을 받으려면 원하는 답변의 형태를 구체적으로 요청해야 합니다. 앞서 살펴봤듯이 '내용', '규격', '수량', '예상단가'를 정리해 달라고 할 수 있습니다. 하지만 정리된 내용을 다시 하나씩 입력하는 것은 여전히 효과적인 방법이 아닙니다. 다행히 K에듀파인에서는 품의서 작성 시 엑셀 파일 업로드 기능을 제공하므로, 챗GPT에게 엑셀로 데이터를 정리하게 한 후 엑셀 파일을 업로드하면 품의 과정을 대폭 간소화할 수 있습니다. 품의용 엑셀 서식은 품의 등록 화면에서 [품목내역] – [파일업로드] – [엑셀서식 다운로드]를 클릭해 다운로드 받습니다.

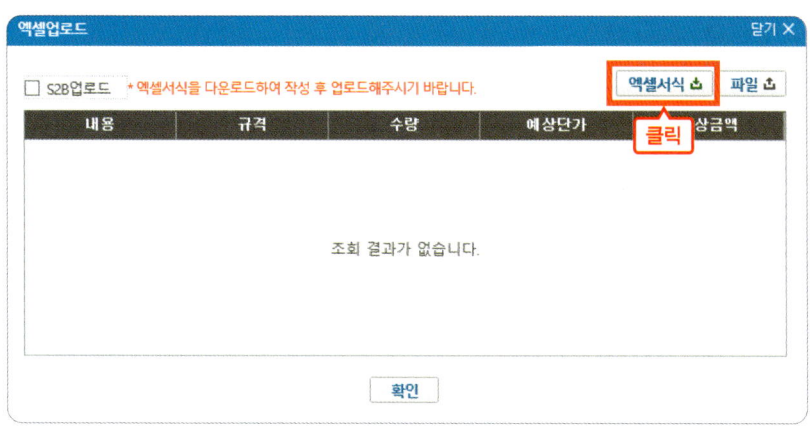

03 다운로드 받은 엑셀서식을 열어보면 내용, 규격, 수량, 예상단가를 입력하는 표가 있습니다. 이제 챗GPT에게 요청할 준비가 되었습니다.

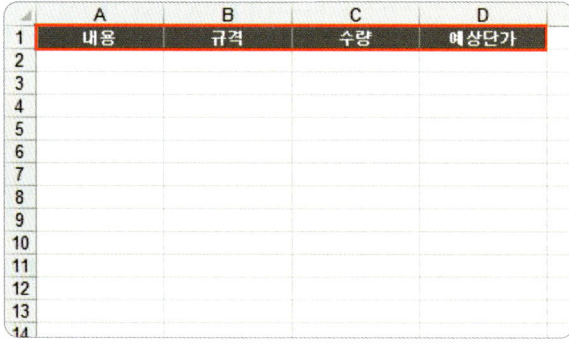

04 다음과 같이 프롬프트를 작성하고, 쇼핑몰에서 복사한 장바구니 데이터를 붙여넣어 챗GPT에 요청합니다. 이때 답변은 상황이나 웹사이트의 형식에 따라 다르게 출력될 수 있으므로 챗GPT의 답변을 다시 한 번 살펴보아야 합니다.

아래에 입력된 내용들을 표의 형태로 만들어 줘. 1열은 내용, 2열은 규격, 3열은 수량, 4열은 예상단가로 구성해줘. 표의 열 제목은 절대로 바꾸지 말고 4열로 고정된 형태로만 제작해 줘. 1열에 규격처럼 보이는 것이 있다면 2열 규격에 적고 없다고 판단되면 '-' 표시해 줘. 3열 수량과 4열 예상단가에서는 단위를 빼고 써 줘. 앞으로는 내용만 보내도 표로 만들어 줘.

[장바구니에서 품의할 만큼 복사 후 붙여넣기]

내용	규격	수량	예상단가
헤비16수 10컬러 기본 반팔티	네이비 / M	8	158,400
헤비16수 10컬러 기본 반팔티	네이비 / L	6	118,800
뉴욕꼬맹이 디즈니 오버핏 후드티(기모)	다크민트 / 110	3	62,700
뉴욕꼬맹이 디즈니 오버핏 후드티(기모)	다크민트 / 120	2	41,800
뉴욕꼬맹이 디즈니 오버핏 후드티(기모)	인디핑크 / 110	4	83,600
뉴욕꼬맹이 디즈니 오버핏 후드티(기모)	인디핑크 / 120	3	62,700

05 지금 보니 예상단가가 너무 이상합니다. 이미 가격과 수량을 곱해 항목당 총 소요 비용이 작성된 것을 확인할 수 있습니다. 이러한 오류는 직접 수정하거나 피드백을 보내 수정된 결과를 받을 수 있습니다.

현재 4열에 표시된 예상단가를 3열의 수량으로 나눠서 다시 표로 작성해 줘

내용	규격	수량	예상단가
헤비16수 10컬러 기본 반팔티	네이비 / M	8	19,800
헤비16수 10컬러 기본 반팔티	네이비 / L	6	19,800
뉴욕꼬맹이 디즈니 오버핏 후드티(기모)	다크민트 / 110	3	62,700
뉴욕꼬맹이 디즈니 오버핏 후드티(기모)	다크민트 / 120	2	20,900
뉴욕꼬맹이 디즈니 오버핏 후드티(기모)	인디핑크 / 110	4	20,900
뉴욕꼬맹이 디즈니 오버핏 후드티(기모)	인디핑크 / 120	3	20,900

06 원하는 결과가 출력됐다면 엑셀 파일로 만들어 달라고 요청합니다.

 위 내용을 엑셀 파일로 만들어 줘

 엑셀 파일이 준비되었습니다. 아래에서 다운로드할 수 있습니다:

상품_리스트.xlsx

07 가끔 파일 다운로드 기능이 제대로 작동하지 않을 때는 답변을 복사하고, 앞에서 받은 엑셀 서식에 붙여넣은 후 저장하여 품의 작성 시 업로드할 수 있습니다. 이제 파일을 업로드해 볼까요? 이미지처럼 손쉽게 입력이 가능합니다. 품의 항목이 많을수록 더 유용하게 느껴질 것입니다.

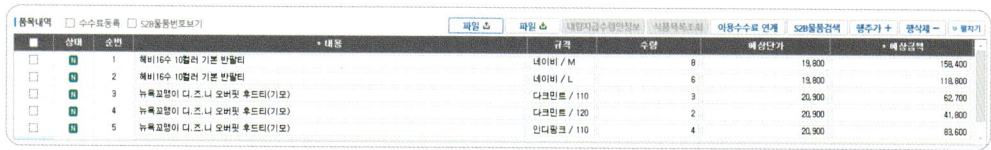

📎 여기서도 할 수 있어요!

어떤 생성형 AI든 사용자의 명령에 따라 표를 만들고, 이를 복사해서 엑셀에 붙여넣을 수 있다면 활용이 가능합니다. 다만, 엑셀 파일까지 생성할 수 있는 AI라면 작업이 훨씬 수월해집니다. Gemini는 작성된 표를 스프레드시트로 바로 내보낼 수 있어 복사·붙여넣기가 편리합니다. Wrtn은 엑셀 파일로 변환하는 기능은 없지만, 표의 내용을 복사해 붙여넣었을 때 변형 없이 활용할 수 있습니다.

프롬프트를 상세히 작성하는 것이 어렵다면 미리 만들어진 챗GPT의 GPTs를 활용할 수도 있습니다.

✏️ 이렇게도 활용할 수 있어요!

- 엑셀 파일을 저장하지 않고도 챗GPT에서 바로 복사·붙여넣기하여 품의용 엑셀 서식을 만들 수 있습니다. 붙여넣기 시 폰트가 다르게 보일 수 있지만, 저장 후 업로드하면 정상적으로 입력됩니다.

- 나이스와 업무 포탈에는 엑셀 파일을 업로드할 수 있는 곳이 많아 이를 활용하면 다양한 행정 업무를 자동화할 수 있습니다.

- OCR(Optical Character Recognition) 기능을 활용하면 오프라인에서 구매한 물품의 영수증이나 업체에서 받은 견적서도 간편하게 처리할 수 있습니다.

- 저자가 만들어 놓은 챗봇을 활용할 수도 있습니다.

URL http://bit.ly/복사붙여넣기품의

03 간단하게 영수증 정리하기

영수증 처리, 자동화로 편하게 관리해요.

AI 활용 도구 foreducator　　**난이도** ★★

영수증 정리, 정말 간단한 일이라 생각했는데 왜 이렇게 복잡하고 번거로울까요? 교내 활동과 프로그램을 마무리한 후 남는 것은 보람뿐만 아니라 수북한 영수증입니다. 이제 영수증 정리의 악몽에서 벗어나 보세요!

한 해 동안 교사로서 다양한 활동을 운영하다 보면 영수증 관리가 생각보다 큰 부담이 될 때가 많습니다. 전문적 학습 공동체를 운영하거나 교내·외 프로그램 진행, 학생 동아리 활동 등으로 영수증이 쌓이고 예산 확인과 정리가 어려워지는 순간이 오곤 합니다. 특히 학생들과 함께 활동하며 발생한 영수증은 항목이 복잡한 경우가 많습니다. 간식을 구매하거나 개인별 물품을 구매하면 영수증도 많아지고, 항목도 다양해지기 마련입니다. 이때 챗GPT는 사진 파일을 인식할 수 있기 때문에 도움을 받을 수 있습니다.

실물 영수증 데이터로 정리하기

챗GPT에게 영수증 사진 파일을 업로드하고 표로 정리해달라고 요청하면 영수증에 적힌 내용을 인식하고 표로 정리해 줍니다. 그러나 사진 파일 속 텍스트를 인식하는 과정에서 오류가 발생할 수도 있고, 영수증의 항목이 많은 경우 모든 항목을 제공하지 않을 수도 있습니다. 특히 우리에게 필요한 영수증을 누적하고 관리하는 작업은 챗GPT에게만 의존할 수 없습니다.

이 영수증을 표로 정리해 줘

 다음과 같이 영수증 내용을 표로 정리할 수 있어요.

상품명	단가	수량	금액(원)
히레카츠(안심)	15,000	2	30,000
매운카레덮밥	12,000	2	24,000
합계금액			54,000
부가세 과세물품가액			49,092
부가세			4,908

영수증을 저장하고 파일을 지속적으로 관리하려면 이미지와 영수증 데이터를 저장할 공간이 필요합니다. 이미지와 자료를 한번에 저장하고, 관리하면서 AI에게 자동으로 정리시킬 적당한 공간이 없었습니다. 이 문제를 해결하기 위해 직접 웹서비스를 개발하였습니다.

01 포에듀케이터(https://foreducator.com/receipts/)에 접속하고 로그인합니다. [새 주제 생성]에서 주제명과 예산을 적고 [생성]을 클릭합니다. 영수증을 업로드할 때마다 남은 예산을 계산해 주므로 현재 남아있는 전체 예산을 적으면 됩니다.

02 생성된 주제를 선택하면 세부 영수증 내용을 확인할 수 있는 페이지가 나옵니다. 여기에서 영수증을 업로드합니다. 영수증 업로드 버튼을 누르고 잠시 기다리면 다음과 같이 영수증의 내용을 분석하여 자동으로 표를 작성해 줍니다.

03 영수증 이미지를 업로드하면 OCR 도구를 통해 영수증 내용을 텍스트로 변환합니다. 변환된 텍스트를 챗GPT에게 정리해 달라고 요청한 후 받은 응답을 표로 정리합니다. 이제 영수증이 생길 때마다 이곳에 업로드하면 됩니다. 자동으로 사용일자, 사용처, 세부항목 등을 저장해두기 때문에 마지막으로 보고할 때 정리된 내용을 참고하여 정산서를 작성하면 됩니다.

04 남은 예산을 쉽게 확인할 수도 있습니다. 현재까지 사용된 영수증의 합계를 계산하여 남은 금액을 보여주고, 엑셀 파일로 다운로드하면 영수증 내용이 정리된 엑셀 파일을 받을 수 있어 쉽게 복사하여 사용이 가능합니다.

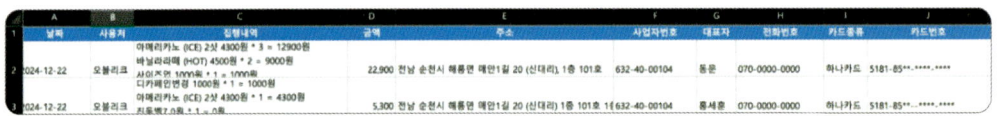

> **note** 이미지 다운로드를 누르면 영수증을 압축 파일로 다운로드 가능하고, 압축을 풀면 '사용날짜_사용처_금액'과 같은 파일명으로 제공됩니다. 단, 저장 공간을 절약하기 위해 용량이 축소된 파일이므로, 스마트폰에 원본 이미지는 항상 보관하고 계시길 바랍니다.

여기서도 할 수 있어요!

구글 스프레드시트의 확장 프로그램(GPT for Sheets and Docs)을 활용할 수도 있습니다. 다만, 인공지능 API 키와 확장 프로그램은 무료 사용 한도가 있어 비용이 발생할 수 있습니다. 챗GPT API는 Vision에서 OCR 기능을 전문적으로 제공하지 않기 때문에 영수증 인식 성능이 떨어집니다. 대신 Gemini를 이용하면 영수증을 구글 스프레드시트에 정리할 수 있습니다. Gemini의 API 키를 발급받고, 구글 스프레드시트의 확장 프로그램의 GPT_VISION 함수를 사용하여 영수증을 읽고 원하는 항목을 추출해 구글 스프레드시트를 채워 영수증을 관리할 수 있습니다.

04 자동으로 생활기록부 작성하기

생활기록부 작성, 이제 어렵지 않아요.

AI 활용 도구 챗GPT, wrtn, getgpt, claude, 구글 스프레드시트 **난이도** ★★

이제 더 이상 생활기록부 작성을 위해 밤 새지 않아도 됩니다. AI가 선생님의 손과 발이 되어 주는 시대가 왔습니다. 복잡하고 부담스러운 작업도 손쉽게 처리할 수 있는 도구들을 활용해 보세요.

생활기록부 작성은 교사의 업무 중 가장 어려운 일 중 하나입니다. 학생들에게 비슷하지만 서로 다른 이야기를 작성하는 일은 매우 힘들고 많은 시간이 소모됩니다. 그러나 이제 AI가 이 어려움을 크게 덜어줄 수 있게 되었습니다. 이미 많은 선생님들이 AI를 활용하여 생활기록부 작성에 도움을 받고 있습니다. 이번 장에서는 생활기록부 작성을 위한 몇 가지 방법을 소개하고, 각 도구의 장단점을 살펴보겠습니다.

AI에게 직접 요청하기

직접 AI(챗GPT, Wrtn, Gemini, Claude)에 요구 사항을 작성해 요청할 수 있습니다. 예를 들어, 챗GPT에게 다음과 같이 지침을 작성하고, 마지막으로 관찰한 학생 활동의 부분만 변경하여 반복적으로 물어볼 수 있습니다. 다만, 매번 지침을 복사하여 붙여넣기가 번거로우니 맞춤 설정에 지침을 작성해두거나, GPT를 만들어 사용할 수도 있습니다.

학생의 활동 내용을 읽고, 학생이 그 활동을 통해 어떤 역량을 키웠는지, 어떤 학생인지 종합적으로 설명하는 글을 작성해 주세요.

각 문장 사이에 모든 접속어는 생략하고 단순히 나열하여 작성해 주세요.

'첫째', '첫째로', '먼저', '둘째' 등과 같은 표현은 절대 사용하지 않습니다.

'~임', '~함'과 같은 명사형 종결 어미를 사용합니다.

학생 활동은 다음과 같습니다.

복잡한 이차방정식의 해를 구하기 위해 적절한 방법을 선택하여 효율적으로 문제를 해결함.

이차함수의 평행이동을 원리를 이해하고, 그래프의 특징을 설명함.

학생은 복잡한 이차방정식을 해결하며 수학의 핵심 개념을 이해하고 적용하는 역량을 키움. 다양한 해결 방법 중 적절한 방식을 선택하며 수학적 문제 해결 역량을 강화함. 이차함수의 평행이동 원리를 탐구하며 수학적 탐구 역량을 함양함. 그래프의 특징을 분석하고 이를 논리적으로 설명하며 수학적 의사소통 역량을 발휘함. 문제 해결 과정에서 체계적이고 논리적인 접근을 통해 수학적 추론 역량을 드러냄.

학생은 수학적 개념을 깊이 이해하고 이를 실제 문제에 응용할 줄 아는 사고력을 지님. 복잡한 문제를 효율적으로 해결하며 탐구와 학습 과정에서 능동적으로 참여하는 태도를 보임. 논리적 사고와 추론을 바탕으로 자신의 아이디어를 명확히 표현할 줄 아는 학습자임.

GPTs 이용하기

챗GPT에게 정확한 지침을 주는 것은 번거로울 수 있습니다. 좋은 결과를 위한 프롬프트 작성은 여러 번의 시행착오를 거쳐야 하기 때문입니다. 이때 다른 사람들이 만들어 놓은 GPT를 활용하는 것은 효율적인 대안이 될 수 있습니다.

챗GPT 접속 후 사이드바에서 [GPT 탐색]을 클릭하고 '생활기록부'를 검색하면 이미 만들어진 수많은 GPT를 만나볼 수 있습니다. 사용량이 많은 순서대로 몇 가지를 테스트해 보고, 자신에게 가장 잘 맞는 모델을 선택하면 됩니다.

과목의 특성이나 생활기록부의 특정 영역에 따라 각각 다른 프롬프트가 더 나은 성능을 발휘할 수 있기 때문에 적절한 GPT를 선택하는 것이 중요합니다.

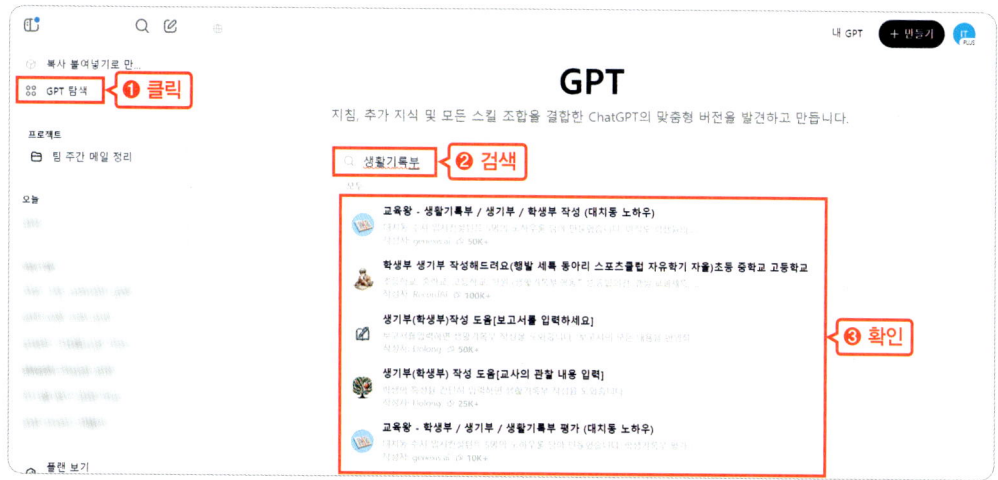

Wrtn 스토어 이용하기

Wrtn에도 GPTs와 같은 형태의 툴이 존재합니다. Wrtn 홈페이지(https://wrtn.ai)에 접속하여 하단의 [스토어]를 클릭합니다.

여기서 [교육] 탭을 클릭하면 대부분 생활기록부와 관련된 다양한 툴을 만날 수 있습니다. 원하는 툴을 선택한 후, 직접 사용할 수 있습니다.

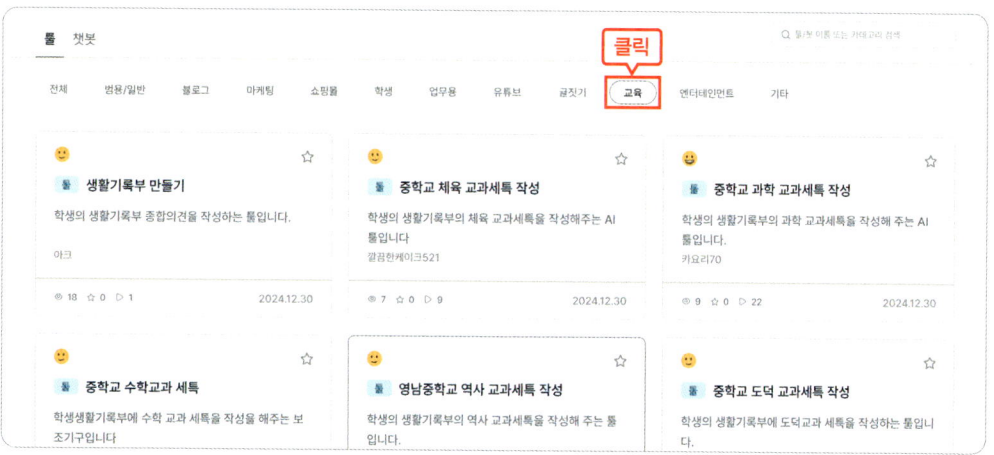

GPTs는 학생의 활동 내용을 직접 입력하는 방식만 지원하는 반면, Wrtn 스토어의 툴은 다양한 입력 방식을 제공합니다. 실제로 툴을 살펴보면, 내용을 직접 입력하는 경우도 있고 미리 제작된 내용들을 선택하기만 하면 생활기록부에 기재할 예시를 생성해주는 툴도 있습니다.

GetGPT 이용하기

GetGPT는 GPTs나 Wrtn 스토어의 형태만을 전문적으로 제공하는 사이트입니다. GetGPT 웹사이트(https://getgpt.app/)에 접속하여 '생활기록부'를 검색하면 다양한 툴을 무료로 사용할 수 있습니다.

GetGPT는 생활기록부 작성에 특화된 엑셀 생기부 기능을 제공합니다. 엑셀에서 학생의 활동을 기록하는 것처럼 활동 내용과 성취도를 작성하면 생활기록부에 기재할 내용을 생성해 줍니다. 이 기능은 5회까지 무료로 이용할 수 있으며, 이후에는 유료 결제가 필요합니다.

제공하는 기능에는 '행동특성 및 종합의견', '창의적 체험활동', '교과학습발달상황'이 있으며, 이름과 내용을 입력하고 [생성하기]를 클릭하면 이미지와 같이 글자 수도 어느 정도 일치시켜 결과물을 제공합니다.

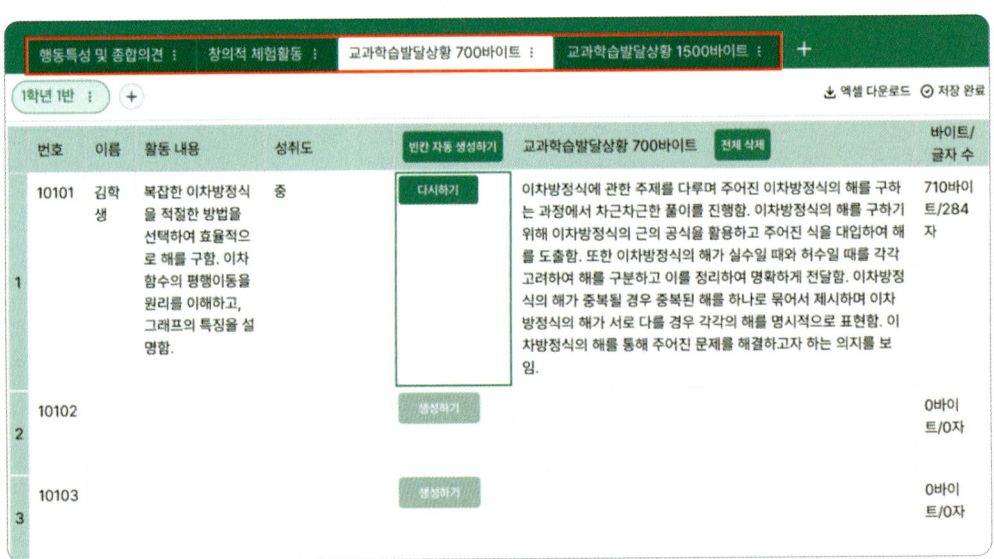

구글 스프레드시트 이용하기

GetGPT의 엑셀 생기부 기능과 유사하게, 구글 스프레드시트를 이용하여 학생 활동을 기록하고 일괄적으로 결과물을 생성할 수 있습니다. 이 방법은 클로드 확장 프로그램을 활용하여 학생들의 활동 내용을 스프레드시트에 기록하고 관리하며 생활기록부 작성을 손쉽게 진행할 수 있습니다 (1부 9장 참조).

01 구글 스프레드시트 문서를 열고 [C2] 셀에 작성지침을, B열에 활동내용을 기록한다고 가정합니다. [C2]는 고정되어야 하므로 절대참조($C$2)로 설정해야 합니다. 셀에 =claude($C$2 & "학생활동 : " & B4)를 입력합니다.

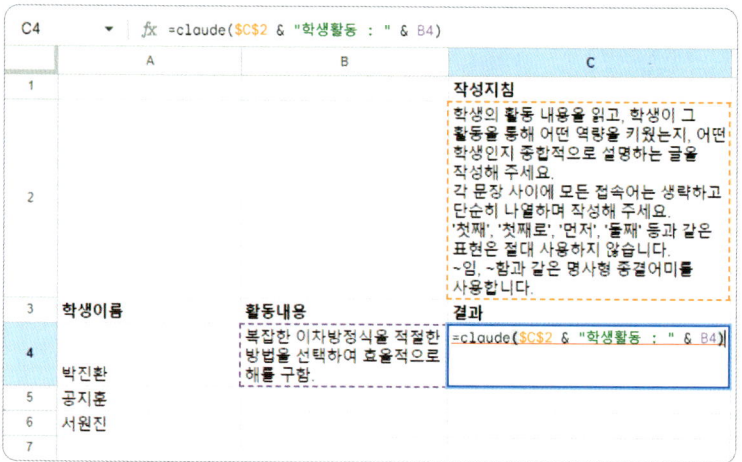

note 엑셀에서 절대참조를 설정하려면, 절대참조하려는 셀을 선택한 후 F4 키를 누르면 됩니다.

02 결과가 출력되면 셀 오른쪽 하단의 동그라미를 아래로 드래그하여 모든 열을 채울 수 있습니다. 생성된 정보는 다른 셀에 복사(Ctrl+C)한 후, 값만 붙여넣기(Ctrl+Shfit+V)합니다. 그다음 값만 복사된 결과를 생활기록부에 붙여넣을 수 있습니다.

이 방법은 다른 방법에 비해 다소 어려울 수 있지만, 모든 학생들의 정보를 가장 빠르게 생성할 수 있는 방법입니다. 또한 작성지침과 함수를 수정하여 자신이 원하는 형태로 인공지능에게 요청할 수 있는 장점이 있습니다.

	A	B	C
1			작성지침
2			학생의 활동 내용을 읽고, 학생이 그 활동을 통해 어떤 역량을 키웠는지, 어떤 학생인지 종합적으로 설명하는 글을 작성해 주세요. 각 문장 사이에 모든 접속어는 생략하고 단순히 나열하며 작성해 주세요. '첫째', '첫째로', '먼저', '둘째' 등과 같은 표현은 절대 사용하지 않습니다. ~임, ~함과 같은 명사형 종결어미를 사용합니다.
3	학생이름	활동내용	결과
4	박진환	복잡한 이차방정식을 적절한 방법을 선택하여 효율적으로 해를 구함.	이차방정식을 풀 때 문제 해결을 위한 적절한 방법을 선택하고 효율적으로 해를 구함. 수학적 사고와 논리적 접근 방식을 통해 복잡한 문제를 해결하는 능력을 키움. 문제 해결 과정에서 정확하고 체계적인 방법을 사용하며 깊이 있는 이해를 바탕으로 자신감을 가짐. 수학적 문제를 해결하는 데 있어 탁월한 집중력을 발휘함.
5	공지훈	이차함수의 평행이동 원리를 이해하고, 그래프의 특징을 설명함.	이차함수의 평행이동 원리를 이해하고 이를 기반으로 그래프의 특징을 설명함. 함수의 변화를 직관적으로 파악하고, 수학적 개념을 시각적으로 표현하는 능력을 키움. 그래프 분석을 통해 함수의 성질을 명확히 이해하고, 문제 해결에 필요한 핵심을 파악하는 능력을 보임. 수학적 이론을 실제 문제에 적용할 수 있는 능력이 뛰어난 학생임.
6	서원진	루트2를 계산기를 통해 소수점 아래 10번째 자리까지 구해보며, 무리수의 의미를 이해함.	루트2를 계산기를 통해 소수점 아래 10번째 자리까지 구하며 무리수의 의미를 이해함. 무리수의 특성과 이를 계산하는 과정에서 수학적 개념에 대한 깊은 이해를 쌓음. 정밀한 계산을 통해 수학적 개념을 실생활에 적용하는 능력을 기름. 수학적 원리와 실용적인 방법을 연결하는 능력이 뛰어난 학생임.
7			

여기서도 할 수 있어요!

AI 전문 서비스는 아니지만, 교육 관련 사이트에서도 무료로 생활기록부 작성 도우미를 제공하는 경우가 많이 생겨나고 있습니다. 초등학교 선생님들이 주로 사용하는 아이스크림에서는 [AI평어] 탭을 이용해 무료로 이용할 수 있고, foreducator.com/chat에서도 이와 같은 도구를 활용할 수 있습니다.

05 자동으로 교육 활동 메시지 작성하기

매일 아침 교육 활동 메시지, 자동으로 만들어봐요.

AI 활용 도구 챗GPT 프로젝트　　**난이도** ★★

교무부장은 학교 행사와 교육 활동을 총괄하는 중요한 역할을 맡고 있습니다. 하지만 매달 월중계획을 수립하고, 매일 전 교직원에게 오늘의 교육 활동 안내 메시지를 전달하는 일은 반복적이고 번거로운 업무입니다. 특히 바쁜 업무 속에서 매일 메시지를 작성하는 데 많은 시간과 노력이 소요됩니다. 이제 챗GPT를 활용해 내부결재를 마친 월중계획 파일로 일일 교육 활동 메시지를 자동화해 볼까요?

반복적인 업무를 줄이고 교육 활동에 온전히 집중할 수 있는 환경을 만드는 것은 모든 교사의 바람입니다. 특히 교무부장이라는 큰 업무를 맡은 교사에게는 더욱 절실합니다. 매일 작성해야 하는 교육 활동 메시지는 작은 일이지만, 누적되면 상당한 부담이 됩니다. 이미 내부결재를 마친 월중계획 파일이 있음에도 이를 일일 메시지로 재구성하는 과정은 불필요한 시간과 노력을 요구합니다. 이제 챗GPT를 활용해 일일 교육 활동 메시지 작성의 번거로움을 줄여보세요.

프로젝트 기능 활용하기

챗GPT Plus 플랜을 사용할 경우 사이드바에서 [프로젝트] 메뉴를 확인할 수 있습니다. 이 기능을 통해 채팅방을 폴더로 관리하고, 나만의 GPT처럼 특정 파일을 참고하거나 고유한 지침을 가진 챗봇을 활용하여 기록을 자동화할 수도 있습니다. 일일메시지를 작성하는 프로젝트를 만들어 보겠습니다.

01 [새 프로젝트]를 클릭하고, 프로젝트 이름을 입력한 뒤 [프로젝트 만들기]를 클릭합니다.

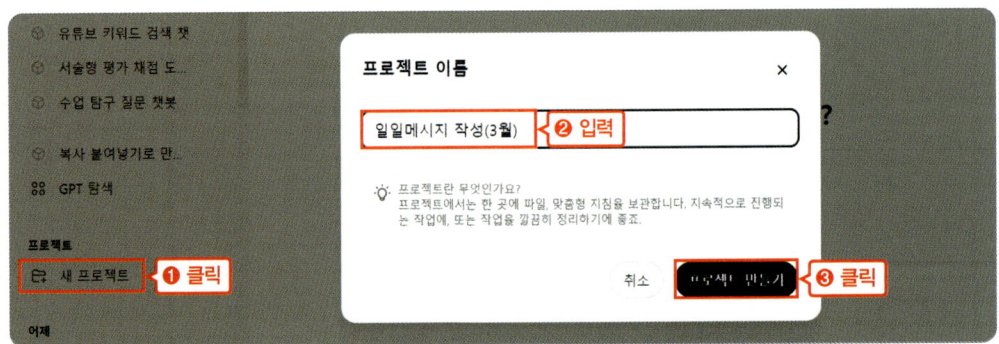

02 프로젝트가 생성되면 다음과 같은 화면이 나오고, 참고할 파일이나 지침을 추가하여 프로젝트의 성격에 맞는 챗봇으로 만들 수 있습니다.

03 해당 프로젝트를 일일메시지 전용 프로젝트로 만들기 위한 지침을 추가하겠습니다. [지침 추가]를 클릭하고, 아래와 같은 지침을 입력합니다. 그후 줄바꿈(Shfit + enter)을 이용하여 월중계획을 붙여넣습니다.

> 나는 우리 학교 구성원에게 아래 내용으로 메시지를 발송해야 해. 아래 형식과 내용을 바탕으로 요청한 날짜의 일일메시지를 써 줘. 형식에서 해당하는 내용이 없다면 비워도 되지만 형식 자체는 지켜 줘. 표로 만들지 말고 줄글 형태로 작성해 줘.
>
> [O월 O일 일일 교육 활동 메시지]
>
> – 내용(대상/장소/시간/담당)
>
> (한글 파일 표 붙여넣은 내용)

note 챗GPT에 문서를 직접 첨부하면 좋겠지만, 대다수의 학교는 한글 파일(.hwp)을 주로 사용합니다. 하지만 아쉽게도 챗GPT는 한글 파일을 직접 업로드하여 액세스할 수 없습니다. PDF의 표 또한 제대로 접근할 수 없기 때문에 한글 파일에서 표를 복사하여 챗GPT에 붙여넣는 방식으로 진행해야 합니다.

04 지침은 각 학교에서 일일메시지를 보내는 양식에 맞춰 작성하고, [저장]을 클릭합니다.

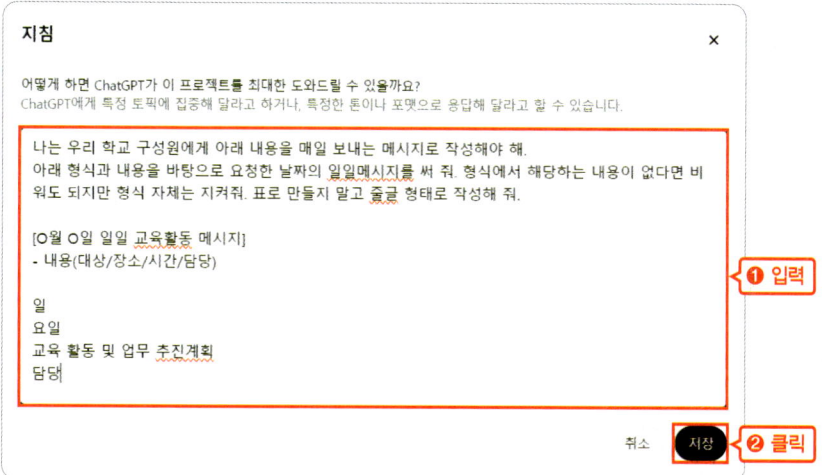

05 프로젝트 프롬프트 창에 일일메시지가 필요한 날짜를 입력합니다. 오늘 날짜의 메시지가 필요하다면 '오늘'이라고만 입력해도 됩니다. 이렇게 프로젝트 기능을 활용하면 한달 간의 일일메시지를 편하게 작성할 수 있습니다.

 4월 7일

 4월 7일 일일 교육 활동 메시지
- 대한 외국어 체험센터 체험학습(6학년/대한서초/9:00~12:30)
- 다면평가 실시 안내 및 다면평가위원 선정 협의(교무실/15:30/교감 선생님)
- 2025 다모임 임원선거 후보자 기호 부여(2-1교실/10:30~/2학년 담임)

 여기서도 할 수 있어요!

Gemini나 Wrtn과 같은 생성형 AI에서도 일일메시지를 생성할 수 있지만, 프로젝트 기능은 챗GPT와 클로드 프로젝트에서만 활용 가능합니다.

챗GPT 프로젝트와 클로드 프로젝트의 차이점을 살펴보면, 챗GPT는 프로젝트 내에서 이미지 생성, 캔버스 등 다양한 도구를 사용할 수 있습니다. 반면, 클로드는 캔버스와 유사한 아티팩트를 사용할 수 있으며, 한국어를 챗GPT보다 자연스럽게 답변할 수 있습니다. 또한 GPTs를 만들어 사용해도 유사한 효과를 볼 수 있습니다.

프로젝트의 장점은 대화창이 모여 있어 언제 어떤 대화를 했는지 쉽게 확인할 수 있다는 점입니다. 이러한 차이점을 비교하며 GPTs와 프로젝트를 사용해 보세요.

이렇게도 활용할 수 있어요!

프로젝트를 기존 대화 폴더처럼 사용할 수도 있습니다. 다음과 같이 지난 대화의 옵션을 클릭하고 프로젝트에 추가하면, 비슷한 내용의 대화를 폴더에 담아두고, 나중에 쉽게 찾아볼 수 있습니다.

학생들이 학교 행사에 대해 묻는 경우가 많다면, 다음과 같이 프로젝트 지침에 학사 일정에 대한 한글 파일 표를 추가하고 간단한 프롬프트를 작성하여 일일메시지 생성과 동일하게 활용할 수 있습니다.

 너는 학교 내 행사가 언제인지에 대해 답변을 해주면 돼. 아래를 보고 참고해서 답변해.

(한글 파일 표 붙여넣은 내용)

06 엑셀과 구글 스프레드시트 활용하기

엑셀에 날개를 달아주세요.

AI 활용 도구 챗GPT, 엑셀 VBA, 구글 스프레드시트 앱스 스크립트　　**난이도** ★★★

엑셀의 기능은 무궁무진하지만, 어디서부터 시작해야 할지 막막했던 경험이 있으신가요? 이제 복잡한 함수나 수식에 얽매일 필요 없이, 챗GPT로 원하는 결과를 빠르고 간편하게 얻을 수 있습니다. NEIS 엑셀 파일 정리부터 구글 스프레드시트로 프로그램 개발까지, 실무에서 바로 적용 가능한 팁과 사례를 통해 엑셀 활용의 새로운 가능성을 발견해 보세요!

엑셀은 분명 여러 기능을 가진 강력한 도구지만, 많은 교사들이 함수나 수식을 어떻게 짜야 할지 몰라 어려움을 겪습니다. 인터넷에 검색하거나 유튜브를 찾아보기도 하지만, 내가 원하는 작업에 딱 맞는 해결책을 찾기란 쉽지 않습니다. 이제 검색보다 챗GPT에게 묻는 것이 더 빠르고 정확한 답을 찾을 수 있는 방법이 됩니다. 특히 내가 가진 엑셀 파일을 챗GPT에 전달해 답을 빠르게 찾을 수 있습니다.

엑셀 자동화 및 모둠 편성하기

NEIS(국가 교육 정보 시스템)에서 다운로드 받은 엑셀 파일을 이용할 때 챗GPT는 큰 힘이 됩니다. NEIS에서 제공하는 엑셀 파일은 셀 병합이 특이한 구조로 되어 있습니다. 셀 병합을 사용하여 데이터의 행과 열을 결합한 방식입니다. 이 구조는 데이터를 보기 좋게 정리하는 데는 유용하지만 정렬, 필터링, 함수 적용 등과 같은 작업을 수행할 때 문제가 될 수 있습니다. 따라서 간단한 정렬만 사용하려 해도 '이 작업을 수행하려면 병합하려는 모든 셀의 크기가 동일해야 합니다.'와 같은 오류가 발생하곤 합니다.

지필평가 교과목별 일람표

2024학년도 2학기 주간 1학년
고사 : 기말고사 교과목 : 수학
과목만점 : 100.00   교과담당교사 (박OO) 인

반/번호	성명	점수	결시명칭	비고
1/1	강OO	79.00		
1/2	권OO	96.00		

NEIS에서 제공하는 양식으로는 지필평가 후 성적순으로 내림차순 정렬을 하려고 해도, 정렬이 제대로 이루어지지 않습니다. 이때 챗GPT를 활용하면 문제를 간단히 해결할 수 있습니다.

01 정렬을 원하는 엑셀 파일을 드래그 앤 드롭하거나 [+] 아이콘을 클릭해 파일을 업로드합니다. 그리고 다음과 같이 점수를 기준으로 내림차순 정렬 후 엑셀 파일로 다운로드를 요청합니다.

02 다운로드 받은 파일을 열어보면 인적 사항과 점수가 내림차순으로 정렬된 것을 확인할 수 있습니다. 이제 점수를 기반으로 모둠을 편성해 보려고 합니다.

	A	B	C
1	반/번호	성명	점수
2	1/17	이03	100
3	1/2	권OO	96
4	1/4	김02	90
5	1/26	윤OO	85
6	1/23	장OO	84
7	1/10	박OO	8
8	1/6	김04	81
9	1/1	강OO	79
10	1/11	방OO	78
11	1/20	홍OO	73
12	1/25	이05	71
13	1/16	이02	65
14	1/15	이01	62
15	1/13	우OO	58
16	1/5	김03	45
17			

03 챗GPT에게 다음과 같이 모둠 편성에 대한 프롬프트를 입력하면 편성된 모둠의 정보를 확인할 수 있습니다. 사실 이 과정은 엑셀의 함수를 이용한 것이 아니라 파이썬에서 엑셀과 유사한 역할을 하는 판다스라는 라이브러리를 이용한 것입니다.

총 6개의 모둠으로 학생들을 균등하게 구성해 줘. 새로운 열을 만들어 각 모둠의 이름을 A, B, C, 순서로 붙여 줘. 이때 각 모둠에 포함된 학생들의 성적 평균이 비슷하도록 구성해야 해. 정렬은 모둠별로 정렬하고 모둠 내에서는 성적이 높은 사람부터 차례대로 나열해 줘.

	반/번호	성명	점수	모둠
1	1/4	김02	90	A
2	1/1	강00	79	A
3	1/13	우00	58	A
4	1/17	이03	100	B
5	1/11	방00	78	B
6	1/5	김03	45	B
7	1/2	권00	96	C
8	1/20	홍00	73	C
9	1/10	박00	8	C
10	1/26	윤00	85	D
11	1/25	이05	71	D
12	1/23	장00	84	E
13	1/16	이02	65	E
14	1/6	김04	81	F
15	1/15	이01	62	F

학생들의 점수를 기준으로 6개의 모둠을 균등하게 구성하여 정렬된 데이터를 보여드렸어요. 모둠별 점수 평균이 비슷하도록 배분하였으며, 각 모둠 내에서는 성적이 높은 순서대로 정렬했어요. 필요한 수정이 있으면 알려주세요!

04 이번에는 엑셀을 이용해서 직접 모둠 편성하는 방법을 알아볼까요? 더 이상 엑셀의 어떤 함수를 사용해야 할 지 검색하지 않고, 챗GPT에게 엑셀 파일을 제공하면 답변을 얻을 수 있습니다.

다음과 같은 엑셀 파일이 있을 때, 성적이 고르게 분포되도록 6개의 모둠으로 편성하기 위한 엑셀 함수식을 알려 줘

아래와 같이 RANK 함수와 MOD 함수를 활용하여 점수 순위에 따라 6개의 모둠으로 균등하게 배치할 수 있습니다. 이 방법은 점수를 기준으로 1등부터 6등까지 각각 다른 모둠에 배치한 뒤, 7등이 다시 1 모둠으로 돌아오도록 순환하는 방식으로 모둠을 배치하는 것입니다. 이를 통해 성적이 고르게 분포된 모둠 편성이 가능합니다.

전제 조건: 점수가 C열에 있다고 가정할 때, RANK 함수를 이용해 각 학생의 순위를 매길 수 있습니다. 학생별 정보가 A2:C26 범위에 있고, C열에 점수가 있는 경우를 가정합니다.

1. 순위 매기기 (옵션)

순위가 필요하다면 다음과 같이 순위열(예: D열)에 작성합니다.

```excel
=RANK($C2, $C$2: $C$26, )
```

이렇게 하면 C2 셀의 점수를 범위 C2:C26에서 1등부터 순위를 매깁니다(0은 높은 점수가 1등).

2. 모둠 배정 공식

각 학생 행에 모둠 번호를 배정하고 싶은 열(예: E열)에 다음과 같은 수식을 입력합니다.

```excel
=MOD(RANK($C2, $C$2: $C$26, 0)-1, 6) + 1
```

05 성적을 고르게 배치하는 것뿐만아니라 성별도 최대한 섞이도록 만들고 싶어졌습니다. 엑셀 파일에 성별을 추가하고, '모둠 내 남녀의 성비가 최대한 비슷하게 구성해 줘'라는 프롬프트를 추가해 전달합니다.

	A	B	C	D
1	반/번호	성명	성별	점수
2	/17	이O3	여	100
3	/2	권OO	남	96

06 이처럼 챗GPT를 이용하여 내가 가진 엑셀 자료를 바탕으로 원하는 작업의 수행 방법을 쉽게 알 수 있습니다. 더 나아가 엑셀을 이용하여 간단한 프로그램을 만드는 것도 어렵지 않습니다. 엑셀에는 VBA라는 프로그래밍 언어를 제공하여 사용자가 원하는 자동화 작업이나 프로그램을 만들어낼 수 있습니다. 물론, VBA는 다소 어렵게 느껴질 수 있지만, 챗GPT를 통해 VBA 코드 작성과 디버깅에 대한 도움을 받을 수 있기 때문에 그 문턱을 낮출 수 있습니다. 이러한 과정을 통해, 엑셀을 단순한 데이터 관리 도구에서 벗어나 다양한 창의적 프로그램 개발 플랫폼으로 활용할 수 있습니다.

OMR 카드 자동 채점 프로그램 만들기

구글 스프레드시트의 공유 기능을 활용하면 개발한 프로그램을 여러 사용자와 쉽게 공유할 수 있기 때문에 엑셀과 VBA를 사용하는 것보다 더 효과적인 경우가 많습니다. 다행히 구글 스프레드시트에는 VBA와 비슷한 역할을 하는 '앱스 스크립트'를 제공하고 있습니다. 이를 통해 구글 문서, 구글 드라이브와 연동해 다양한 자동화 작업을 수행할 수 있습니다. 이번에는 구글 스프레드시트와 앱스 스크립트를 활용하여 간단한 프로그램을 하나 만들어 보겠습니다.

01 반배치고사와 같은 시험을 볼 때, 아직 학급이 편성되지 않아 NEIS의 채점 기능을 활용하기 어려운 경우가 있습니다. 이럴 때 OMR 카드를 자동으로 채점해주는 프로그램이 있다면 편리하겠죠? 이처럼 새로운 자동화 기능이 필요할 때 챗GPT를 활용하면 됩니다. OMR로 읽은 정답지를 바탕으로 구글 스프레드시트에서 자동으로 채점하는 시스템을 만들려면 다음과 같이 요청할 수 있습니다.

OMR로 읽은 정답지(엑셀 파일)를 입력하면 자동으로 채점하는 구글 스프레드시트와 앱스 스크립트를 작성해 줘.

02 챗GPT는 구글 스프레드시트의 시트 구성 방법부터 앱스 스크립트 코드, 코드 사용 방법까지 친절하게 알려줍니다. 답변은 조금씩 다를 수 있으나 총 3개의 시트로 구성하도록 답변할 것입니다. 정답 시트, 학생 응답 시트, 채점 결과 시트로 구성되고, 이 구조를 바탕으로 각 시트를 연결하는 앱스 스크립트 코드를 제공합니다.

 다음은 OMR로 읽은 정답지를 입력하면 자동으로 채점하는 구글 스프레드시트와 Apps Script 코드입니다.

1. 구글 스프레드시트 구성

아래와 같은 형식으로 데이터를 입력합니다.

번호	이름	응답1	응답2	응답3	응답4	응답5	총점
1	홍길동	A	C	B	D	A	(자동 채점)
2	김철수	B	C	A	D	B	(자동 채점)

(…생략…)

2. Apps Script 코드 작성

이제 구글 스프레드시트에서 Apps Script를 실행하여 자동 채점 기능을 구현합니다.

1. 구글 스프레드시트에서 확장 프로그램 → Apps Script로 이동
2. 아래 코드를 입력하고 저장 후 실행

(…생략…)

03 이때 출력된 답변에서 앱스 스크립트 코드창 오른쪽 상단의 [복사]를 클릭하면 코드가 클립보드에 복사됩니다.

```javascript
function 자동채점() {
  var ss = SpreadsheetApp.getActiveSpreadsheet();
  var sheet = ss.getSheetByName("Sheet1");  // 학생 답안이 있는 시트
  var answerSheet = ss.getSheetByName("정답");  // 정답 시트

  var data = sheet.getDataRange().getValues();  // 학생 답안 가져오기
  var answerData = answerSheet.getDataRange().getValues();  // 정답 가져오기

  var answerKey = {};  // 정답 객체로 저장
  for (var i = 1; i < answerData.length; i++) {
    answerKey[i] = answerData[i][1];  // {1: "A", 2: "C", 3: "B", ...}
  }

  // 학생 답안 채점
  for (var j = 1; j < data.length; j++) {
    var score = 0;
    for (var k = 2; k < data[j].length - 1; k++) {  // 응답 데이터 체크
      if (data[j][k] == answerKey[k - 1]) {
        score += 1;  // 정답이면 점수 +1
      }
    }
    sheet.getRange(j + 1, data[j].length).setValue(score);  // 총점 열 업데이트
  }

  Browser.msgBox("채점이 완료되었습니다! 🎉");
}
```

04 이제 구글 스프레드시트를 열고 [확장 프로그램] – [Apps Script]를 클릭합니다.

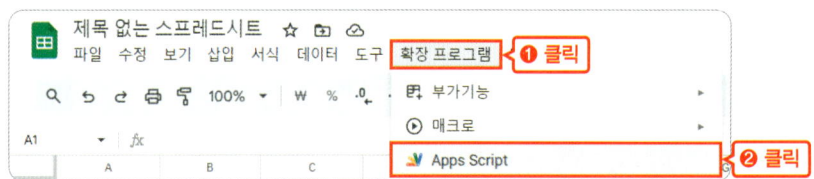

05 앱스 스크립트 코드 창이 나타나면 앞서 복사한 코드를 붙여넣고 디스크 모양 아이콘을 클릭해 드라이브에 저장합니다. 이후 [실행]을 클릭하면 채점 결과 시트에 채점 결과가 나오는 것을 확인할 수 있습니다.

```
function 자동채점() {
  var ss = SpreadsheetApp.getActiveSpreadsheet();
  var sheet = ss.getSheetByName("Sheet1");  // 학생 답안이 있는 시트
  var answerSheet = ss.getSheetByName("정답");  // 정답 시트

  var data = sheet.getDataRange().getValues();  // 학생 답안 가져오기
  var answerData = answerSheet.getDataRange().getValues();  // 정답 가져오기

  var answerKey = {};  // 정답 객체로 저장
  for (var i = 1; i < answerData.length; i++) {
    answerKey[i] = answerData[i][1];  // {1: "A", 2: "C", 3: "B", ...}
  }

  // 학생 답안 채점
  for (var j = 1; j < data.length; j++) {
    var score = 0;
    for (var k = 2; k < data[j].length - 1; k++) {  // 응답 데이터 체크
      if (data[j][k] == answerKey[k - 1]) {
        score += 1;  // 정답이면 점수 +1
      }
    }
    sheet.getRange(j + 1, data[j].length).setValue(score);  // 총점 열 업데이트
  }
  Browser.msgBox("채점이 완료되었습니다! 🎉");
}
```

📎 여기서도 할 수 있어요!

앱스 스크립트는 구글 스프레드시트뿐만 아니라 구글 문서(Google Docs)와 구글 드라이브(Google Drive)에서도 유용하게 활용할 수 있습니다. 예를 들어, 학급별 가정통신문을 작성할 때 앱스 스크립트를 활용하면 스프레드시트에 정리된 학생 이름, 학부모 이름, 날짜 등의 정보를 구글 문서 템플릿에 자동으로 채워 넣을 수 있습니다. 이렇게 하면 모든 학생에게 맞춤화된 가정통신문을 빠르게 생성할 수 있어 작성하는 번거로움을 줄일 수 있습니다.

또, 구글 드라이브에서 학생들이 제출한 과제를 자동으로 정리하는 것도 가능합니다. 앱스 스크립트를 사용하면 파일 이름에 포함된 정보를 읽어 학년별, 반별로 폴더를 생성하고, 각 파일을 해당 폴더로 이동시킬 수 있습니다. 이를 통해 수많은 과제를 손쉽게 관리할 수 있어, 교사의 업무 부담이 줄어듭니다.

이처럼 앱스 스크립트를 활용하면 반복적이고 시간이 많이 걸리는 작업을 자동화하여 더 효율적으로 처리할 수 있습니다. 복잡한 프로그래밍 기술이 없어도 쉽게 시작할 수 있으니, 궁금한 점이 있다면 챗GPT에게 물어보고 바로 시작해 보세요!

🖉 이렇게도 활용할 수 있어요!

학교 현장에서 많이 사용하는 네이버폼이나 구글폼 데이터를 엑셀로 받아와 처리할 때도 챗GPT가 유용하게 활용됩니다. 설문조사나 시험 후 결과를 분석해야 할 때 챗GPT에 데이터를 업로드하고 분석을 요청하면, 주요 통계나 요약 정보를 빠르게 얻을 수 있습니다.

학생과 학부모 만족도 조사 결과 요약, 특정 응답 기준으로 데이터 그룹화하기, 설문 데이터를 자동으로 정리하고 시각화하기 등의 작업을 손쉽게 할 수 있습니다. 이처럼 설문 데이터 처리와 분석이 훨씬 간편해집니다.

07 회의록 작성, 간편하게 해결하기

회의만 하세요. 회의록은 저절로 생겨요.

AI 활용 도구 다글로, 클로바 노트 **난이도** ★★

학교에서 진행되는 대부분의 회의는 회의록을 남겨야 하는 경우가 많습니다. 회의록 작성은 주로 담당자나 비교적 경력이 적은 교사가 맡게 되는 경우가 많아 부담이 될 수 있습니다. 이제 AI를 활용하여 번거로운 회의록 작성, 간편하게 해결해 보세요!

학생 표창 대상자 선정, 교과서 선정, 공개수업 사후 협의록 등과 같은 회의가 끝난 후에는 따로 문서를 작성해야 합니다. 회의 시간이 오래 걸리는 것은 아니지만, 회의록 작성을 맡은 교사는 회의에 집중하기보다는 기록하는 데 더 신경을 써야 하는 경우가 많습니다. 이때 다글로를 활용하면 회의록을 알아서 정리해 주기 때문에 교사는 회의에만 집중할 수 있습니다.

다글로 활용하기

01 다글로는 웹 접속과 모바일 앱을 지원하지만, 녹음 기능은 모바일 앱에서만 가능합니다. 따라서 먼저 앱을 설치해야 합니다. 앱 스토어에서 다글로를 검색하여 설치한 후, 로그인을 진행합니다.

02 녹음은 앱에서 [+] – [녹음]을 선택하여 시작할 수 있고, 완료된 녹음 파일을 선택하면 녹음된 내용을 자동으로 텍스트로 변환할 수 있습니다.

03 녹음 파일이 AI 요점 정리 기준을 충족했다면 파일을 선택한 후, [AI 요점 정리] 버튼을 클릭합니다. 아래와 같이 표시되는 메뉴를 통해 AI 요점 정리를 진행할 수 있습니다.

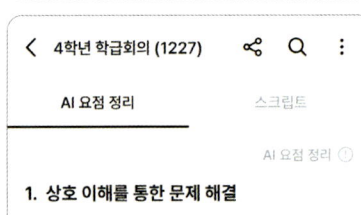

> **note** 다글로의 AI 요점 정리 기능은 녹음 20분 이상 또는 4,000자 이상일 때만 사용 가능합니다. 이 기준을 충족하지 않는 경우, 데스크톱에서 다글로 웹페이지에 접속해 회의록을 정리해야 합니다.

04 음성 녹음 분량이 부족하여 앱에서 AI 요점 정리 기능이 제공되지 않는 파일은 데스크톱에서 다글로 웹사이트에 접속하고 녹음을 진행한 계정으로 로그인합니다. 로그인 후 회의록으로 정리할 녹음 파일을 선택하면 다음과 같은 화면을 확인할 수 있습니다.

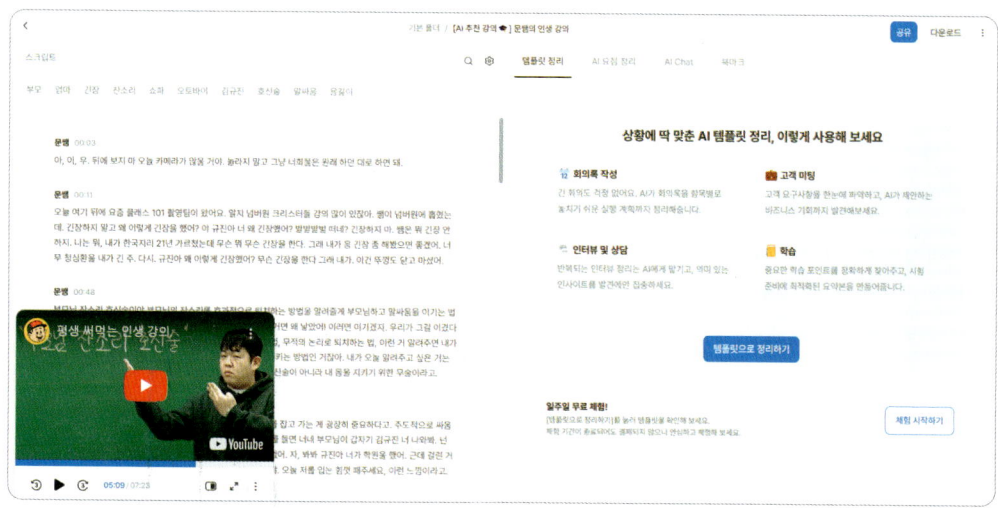

05 왼쪽에는 '스크립트'가 있고 오른쪽에는 '템플릿 정리', 'AI 요점 정리', 'AI Chat', '북마크'와 같은 기능이 제시되어 있습니다. [AI Chat] - [회의록으로 정리해줘]를 클릭하면, 이미지와 같이 주제별로 회의가 정리된 것을 확인할 수 있습니다.

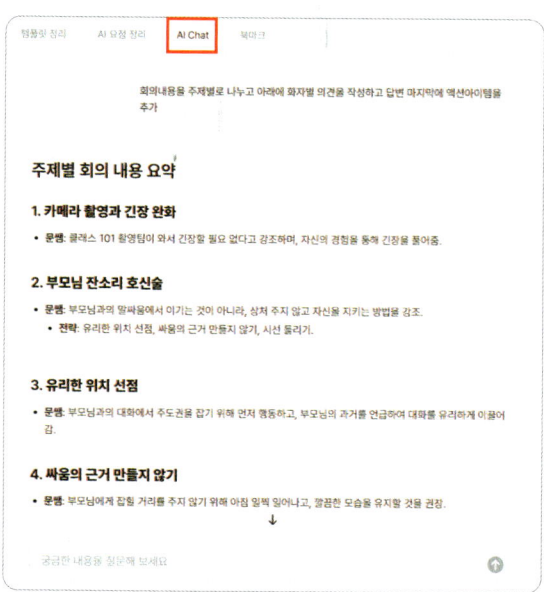

여기서도 할 수 있어요!

클로바 노트(Clova Note)는 네이버에서 개발한 STT(Speech To Text) 프로그램으로, 음성을 텍스트로 변환할 때 유용하게 활용할 수 있습니다. 네이버 계정을 이용하면 월 600분까지 무료로 사용할 수 있으며, AI 요약 기능도 월 15회까지 무료로 제공됩니다. 다글로와 마찬가지로 화자를 분별할 수 있으며, 스크립트를 다운로드하는 기능도 제공합니다.

이렇게도 활용할 수 있어요!

회의 내용을 화자별로 요약 정리해야 할 경우, 다글로에서 스크립트를 다운로드한 후 챗GPT를 활용하면 편리합니다. 우측 상단의 [다운로드]를 클릭해 스크립트를 다운로드 받습니다.

다운로드한 회의록의 내용을 전체 복사한 후 다음과 같이 프롬프트를 입력하면 원하는 결과를 얻을 수 있습니다.

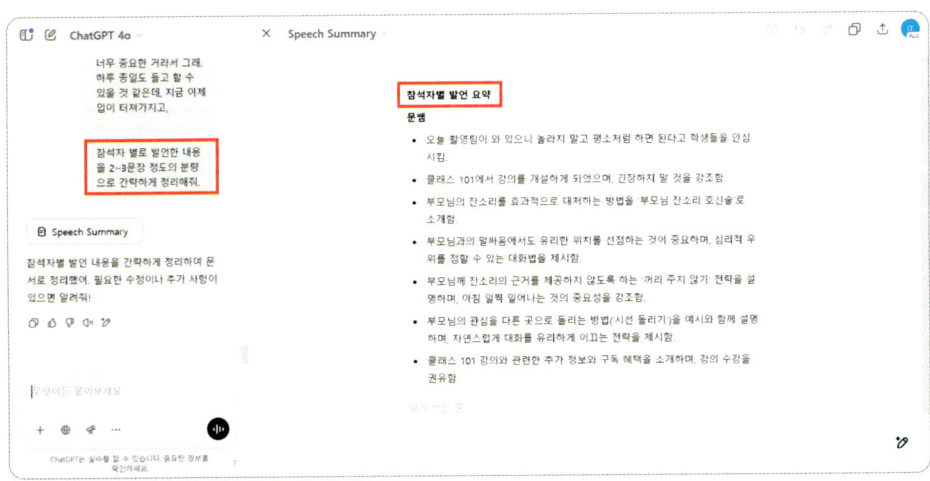

08 NotebookLM으로 교육 문서 쉽게 정리하기

업무를 도와주는 나만의 챗봇을 만들어봐요.

AI 활용 도구 notebookLM, Gemini　　**난이도** ★★★

학교에는 다양한 업무 매뉴얼, 교육과정 문서, 연구 자료가 존재하지만, 이를 모두 읽고 숙지하기는 쉽지 않습니다. 만약 필요한 내용을 빠르게 찾아주고, 요약해 주며, 질문에 답해 주는 인공지능이 있다면 어떨까요? 이번 장에서는 구글이 개발한 NotebookLM을 소개합니다.

NotebookLM은 문서를 업로드하면 AI가 내용을 학습하여 정리하고, 사용자의 학습을 돕는 도구입니다. 질문에 답변을 제공하거나, 이해를 돕기 위한 문제를 생성하고, 핵심 내용을 요약하는 기능까지 지원합니다. 교육 현장에서 교사뿐만 아니라 학생들에게도 유용한 도구가 될 것입니다. 하지만 현재 학교 계정으로는 로그인할 수 없어, 개인 계정으로 사용해야 합니다.

URL https://notebooklm.google/

NotebookLM 활용 방법

NotebookLM의 사용자는 필요에 따라 노트를 추가하거나 삭제할 수 있으며, PDF나 구글 문서 뿐만 아니라 그림 파일이나 유튜브 링크까지 업로드하여 활용할 수 있습니다. 여러 자료를 종합적으로 분석하고 정리할 때 유용하며, Gemini 2.0 모델이 탑재되어 있어 높은 수준의 검색 및 정리 기능을 제공합니다.

활용 가능한 문서 유형에는 다음과 같은 것들이 있습니다.

- 학교 업무 매뉴얼(현장체험학습, 학교폭력 처리 절차 등)
- 교육과정 문서(국가 교육과정, 교과서 및 활동 자료 등)
- 논문 및 연구자료
- 학교 규정 및 지침(학교생활 규정, 교원의 생활지도에 관한 고시 등)

다양한 사례를 포함하고 싶지만 가장 대표적인 교육과정 문서 학습 사례를 활용해 보겠습니다. 실습을 원하는 경우, 안내된 페이지에서 관련 파일을 직접 다운로드하여 활용하는 것을 권장합니다.

01 기본 화면에서 [NotebookLM 사용해 보기] - [+ 새 노트북 만들기]를 클릭해 노트북을 생성합니다.

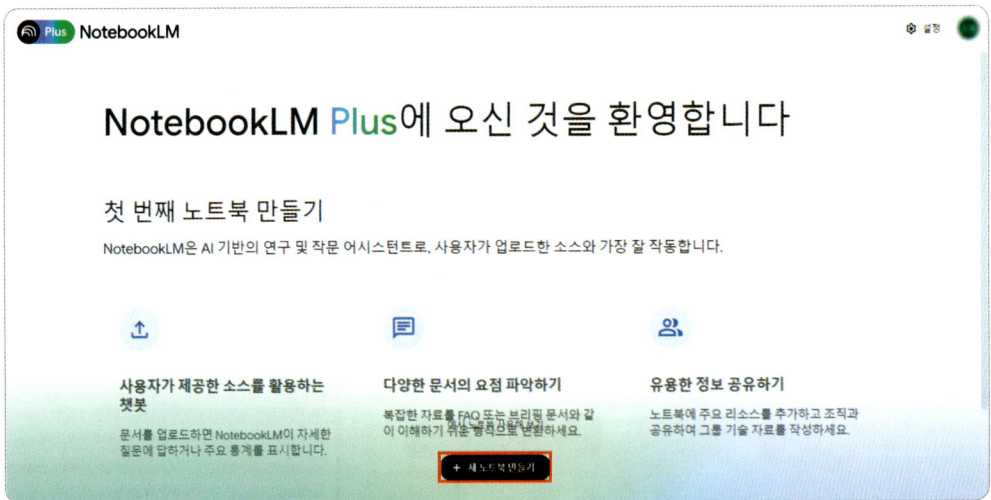

02 소스 추가 창이 나타나면 원하는 파일을 업로드합니다. 우리는 실습을 위해 교과 교육과정 문서와 성취 수준 문서를 다운받아 업로드해 보겠습니다. 자료는 국가교육과정 정보센터에 접속하면 찾을 수 있습니다.

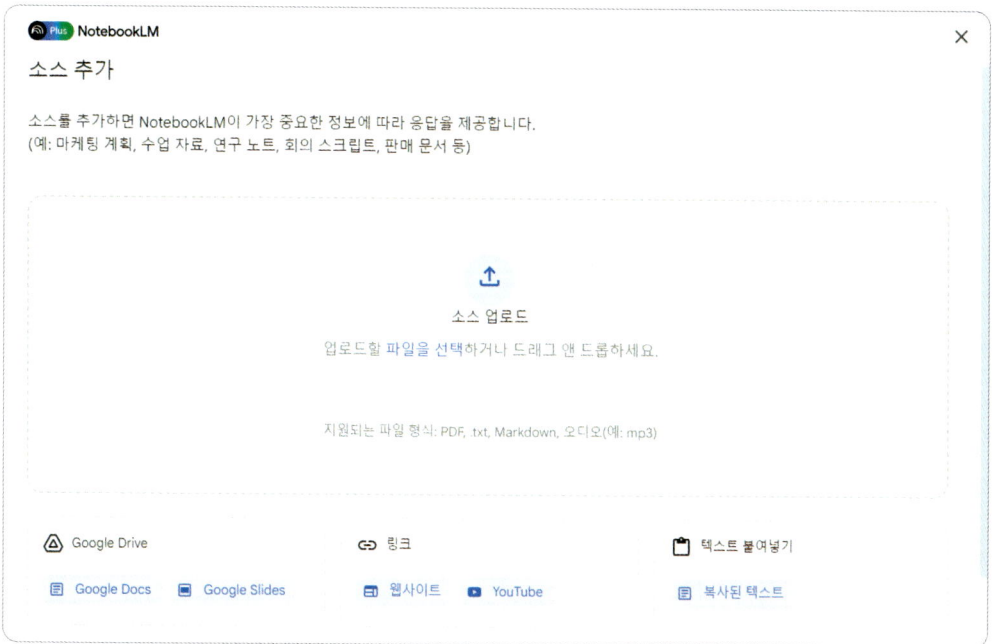

note 소스는 구글 문서, 구글 슬라이드, PDF, 웹 URL, 텍스트 사본, YouTube URL 등 다양한 형식이 가능합니다. 그러나 HWP(한글) 파일은 직접 업로드할 수 없습니다.

URL https://ncic.re.kr

03 파일을 업로드 후 조금 기다리면 제목과 개요를 생성해서 어떤 문서인지 정리해줍니다.

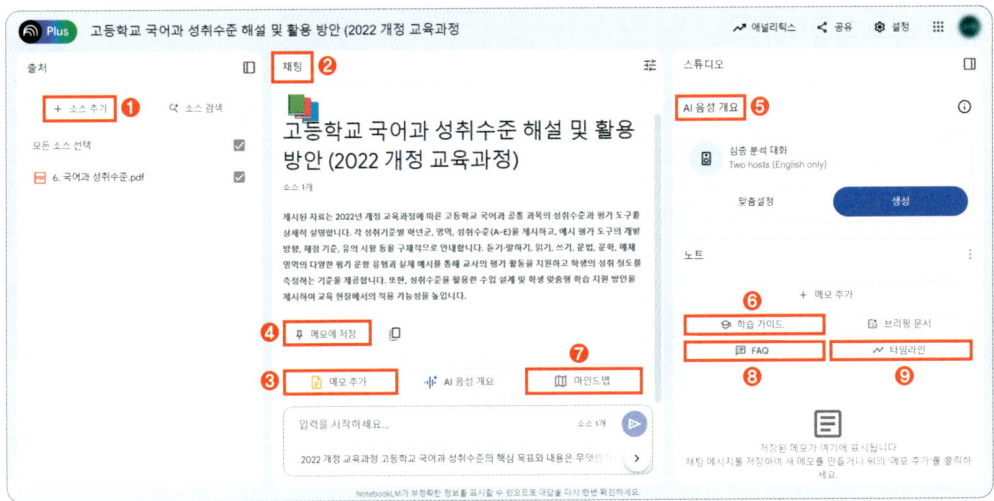

이 화면에서 등장하는 주요 기능은 다음과 같습니다.

❶ **소스 추가:** 분석하고 싶은 파일을 업로드하는 곳입니다.

❷ **채팅:** 업로드한 자료에 대해 NotebookLM과 대화하는 공간입니다. 질문을 입력하면, AI가 자료를 분석하여 답변을 제공합니다. "국어과 교육과정의 특징을 정리해 줘"와 같이 요청할 수 있습니다.

❸ **메모 추가:** 대화 중 중요한 내용을 메모하여 나중에 참고하거나 아이디어를 정리할 수 있습니다.

❹ **메모에 저장:** 채팅창에서 마음에 드는 답변은 '핀' 아이콘을 클릭하여 메모에 저장할 수 있습니다.

❺ **AI 음성 개요:** 자료의 주요 내용을 팟캐스트처럼 음성으로 요약하여 제공합니다. 대화형 모드를 통해 중간에 질문하거나 발언할 수도 있습니다. 다만, 이 기능은 아직 영어로만 제공됩니다.

❻ **학습 가이드:** 업로드된 파일을 기반으로 퀴즈와 해설, 핵심 용어 등을 제공합니다.

❼ **마인드 맵:** 파일의 핵심 내용을 요약하여 마인드맵 형태로 보여줍니다.

❽ **FAQ:** 파일 내용에 대한 FAQ(자주 묻는 질문)를 자동으로 생성하여 사용자가 궁금해할 만한 내용을 미리 제공합니다.

❾ **타임라인:** 파일의 주요 내용을 시간 순서대로 정리하여 타임라인 형태로 보여줍니다. 주로 시간의 흐름이 중요한 글에서 유용하게 사용할 수 있습니다.

NotebookLM은 아직 개발 중인 서비스로, 메뉴 구성이나 기능은 변경될 수 있습니다. 하지만 내가 학습해야 하는 문서를 바탕으로 학습을 도와주는 다양한 기능을 제공한다는 점에서 충분히 활용 가치가 높은 서비스입니다.

이렇게도 활용할 수 있어요!

NotebookLM의 공유 기능을 활용하면 학생들과 함께 학습 자료를 분석하고 정리하는 활동을 진행할 수 있습니다. 예를 들어, 영어 수업에서는 AI가 생성한 팟캐스트를 듣고, 학생들이 중간에 직접 참여하여 영어로 의견을 말하는 방식의 수업을 진행할 수도 있습니다. 이처럼 NotebookLM을 통해 보다 실용적인 학습 환경을 조성할 수 있습니다.

09 Napkin AI로 원하는 도식 자료 만들기

문서에 딱 맞는 도식 자료, 간단하게 만들어봐요.

AI 활용 도구 **Napkin AI**   난이도 ★

학생, 학부모, 교사를 대상으로 안내할 사항이 있을 때 적당한 도식 자료를 찾아본 경험이 있지 않으신가요? 원하는 자료를 찾았다면 다행이지만, 그것마저 찾지 못했다면 시간을 낭비한 것처럼 느껴질 수도 있습니다. Napkin AI를 활용하면 내가 원하는 도식 자료를 직접 만들 수 있습니다.

Napkin AI는 텍스트 내용을 자동으로 시각화하여 도식 자료로 변환해주는 서비스입니다. 이 도구를 사용하면 텍스트에서 핵심 내용을 추출하여 적절한 도식 자료를 자동으로 생성할 수 있으며, 사용자가 원하는 대로 세부적인 편집도 가능합니다. 구글 계정으로 로그인하여 교육용 계정에서도 활용할 수 있습니다.

냅킨 AI 활용 방법

01 먼저 냅킨 웹사이트(napkin.ai)에 접속하여 구글로 로그인합니다. 냅킨 AI는 크게 두 가지 방법으로 활용할 수 있습니다. 하나는 작성한 글을 기반으로 도식 자료를 만드는 것(By pasting my text content)이고, 다른 하나는 AI로 글을 작성하며 도식 자료를 만드는 것(By generating text using AI)입니다. 텍스트를 시각화하는 원리는 같기 때문에 두 번째 방법으로 실습해 보겠습니다.

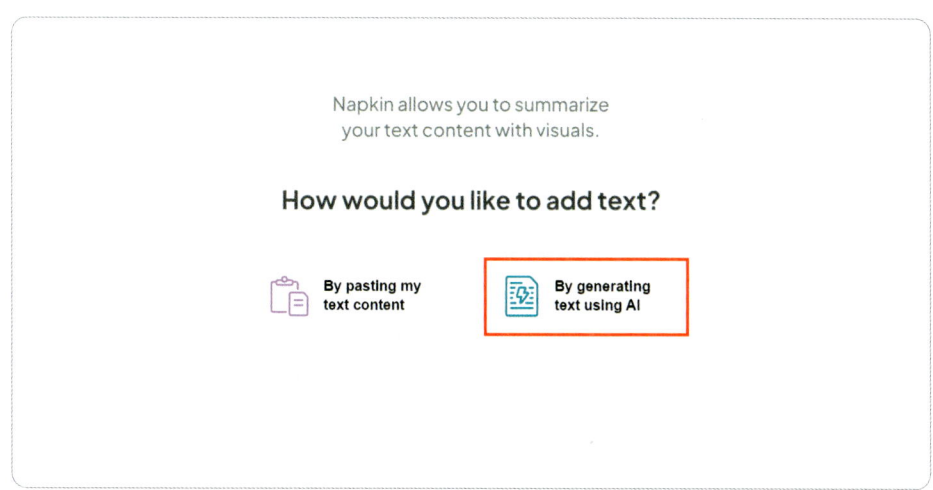

02 원하는 주제를 프롬프트로 입력하면 AI가 자동으로 글을 생성하고, 이를 도식 자료로 변환할 수 있습니다. 다음과 같이 프롬프트를 입력하고 [Continue] 버튼을 클릭합니다.

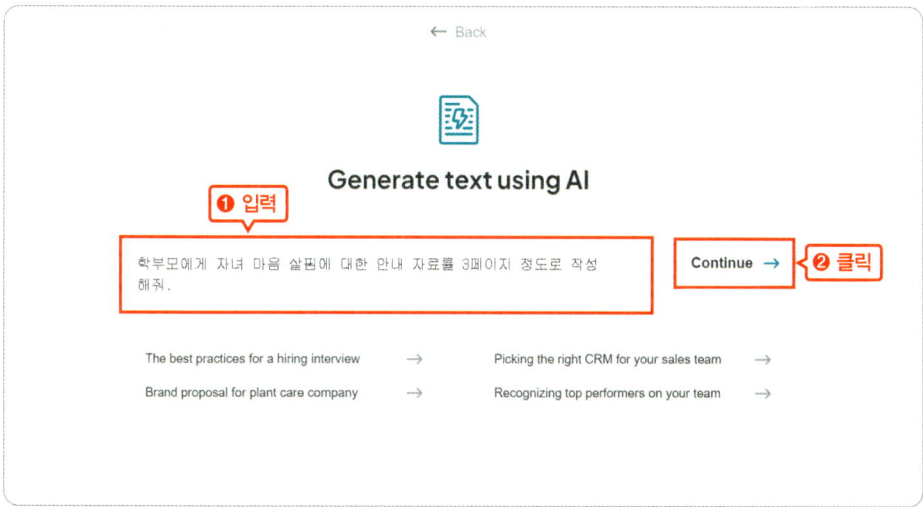

03 냅킨 AI가 프롬프트 내용을 분석하여 적절한 텍스트를 생성해 줍니다. 이렇게 생성된 글에서 도식 자료로 만들고 싶은 문단에 커서를 올리면 문단 왼쪽에 파란색 번개 아이콘이 표시됩니다.

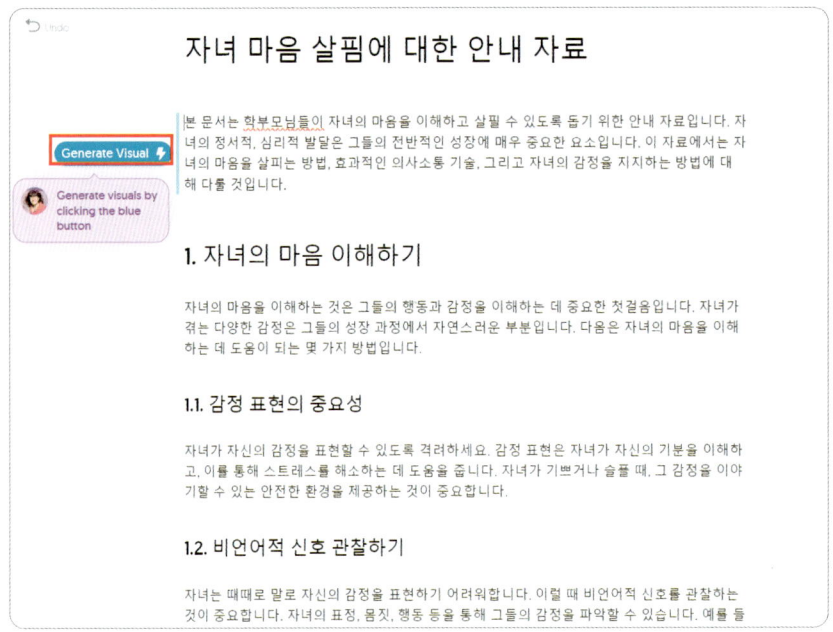

04 번개 아이콘을 클릭하고 잠시 기다리면 해당 문단에 일치하는 도식 자료가 만들어 집니다.

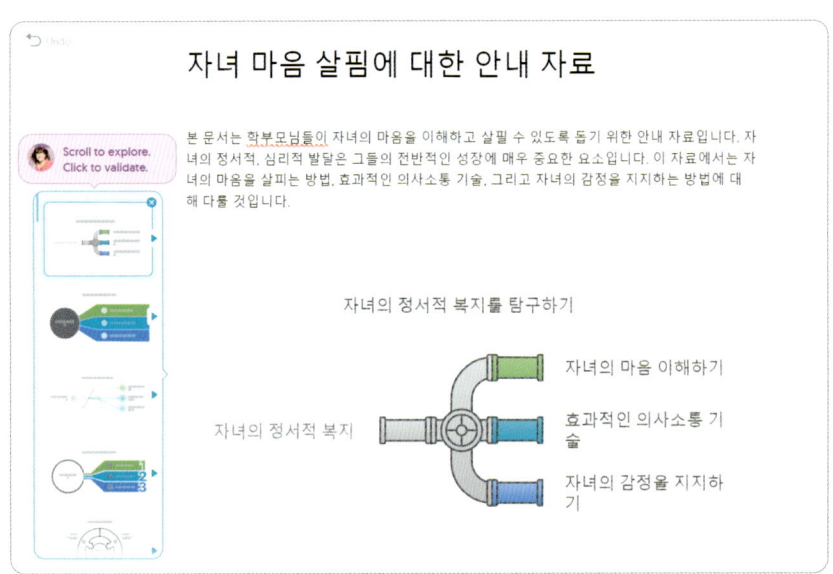

05 이때 도식 자료는 하나만 만들어지는 것이 아니라 다양한 스타일을 선택할 수 있습니다. 스타일을 선택한 후에는 각 요소의 색상이나 폰트 등도 자유롭게 변경할 수 있습니다.

또한 스타일을 선택한 후에 각 요소의 색깔이나 폰트 등 세부 설정이 가능합니다.

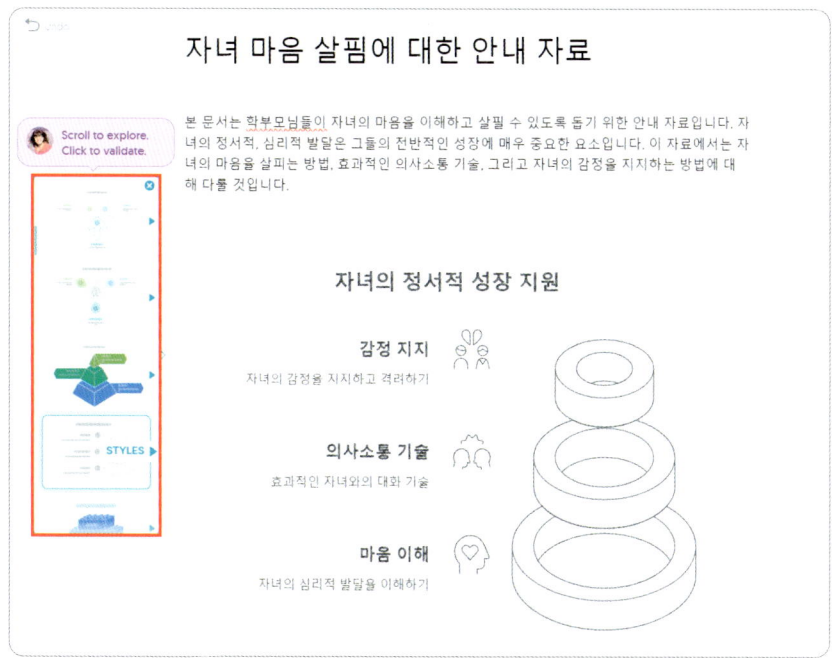

Napkin AI로 협업하기

냅킨 AI는 실시간 협업 기능을 제공하여 여러 사용자가 함께 작업할 수 있습니다. 구글 문서처럼 링크 공유 방식은 아니지만, [내 계정] - [Share]를 클릭하고 이메일 주소를 입력하면 즉시 협업 초대가 가능합니다. 이를 활용하면 학생들이 보고서를 함께 쓰거나 도식 자료를 같이 만들 수 있습니다.

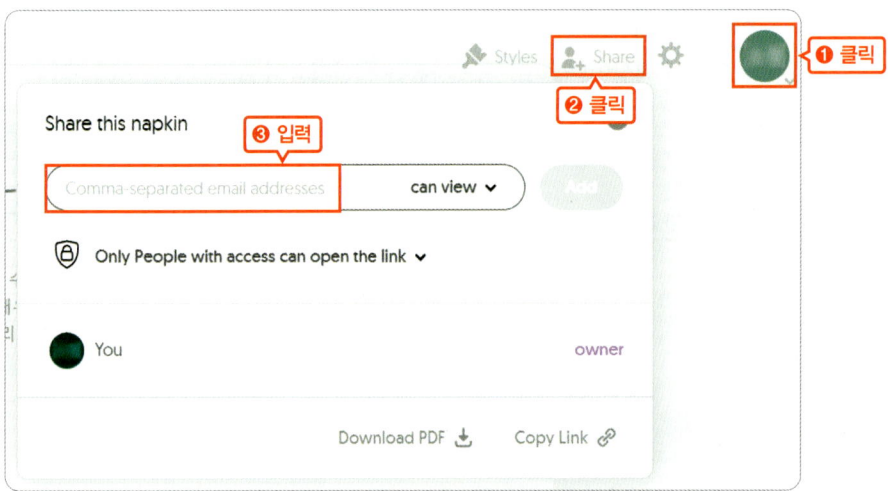

또한, 생성된 도식 자료는 png, svg, pdf 형식으로 다운로드할 수 있으며, hwp 파일이나 ppt, 캔바 등에 바로 붙여넣어 활용할 수 있습니다.

여기서도 할 수 있어요!

Whimsical, Lucidchart 등 다양한 웹사이트에서도 냅킨 AI와 유사한 도식화 기능을 사용할 수 있습니다. 도식화할 내용이 이미 정리되어 있다면, 파워포인트나 캔바에서 제공하는 템플릿을 활용하는 것도 좋은 방법입니다.

또, 냅킨 AI와 파워포인트를 연동할 수도 있습니다. 냅킨 AI에서 도식 자료를 svg 파일로 다운로드한 후, 파워포인트에 삽입하면 개별 도형 요소까지 세부 수정이 가능하므로 더욱 완성도 높은 자료를 만들 수 있습니다.

이렇게도 활용할 수 있어요!

순서도를 활용하면 정보를 더욱 효과적으로 전달할 수 있을 때가 있습니다. 학생들의 학교 계정(구글, MS 등) 발급 절차를 설명할 때, 냅킨 AI에 다음과 같이 입력하고 번개 아이콘을 누르면 손쉽게 순서도를 얻을 수 있습니다.

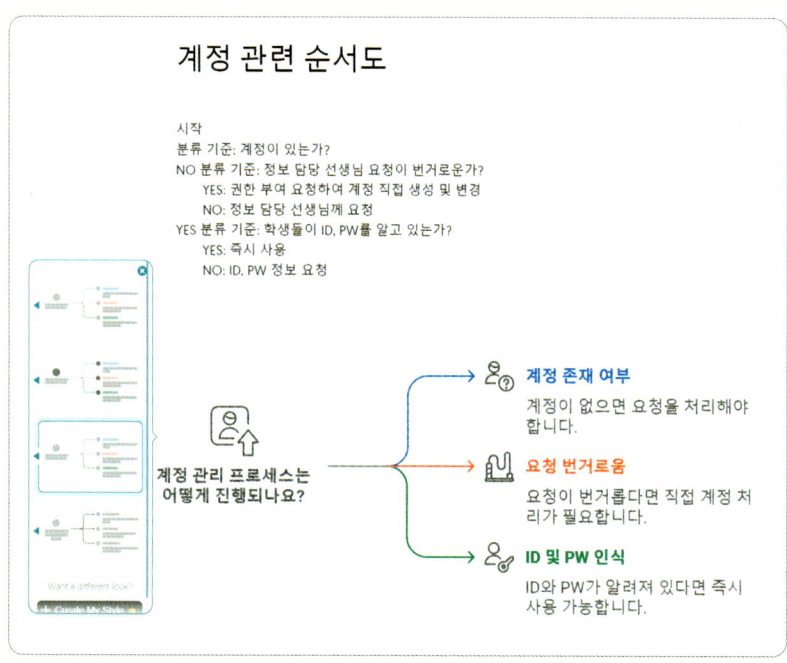

Part 03
학급 운영 가이드

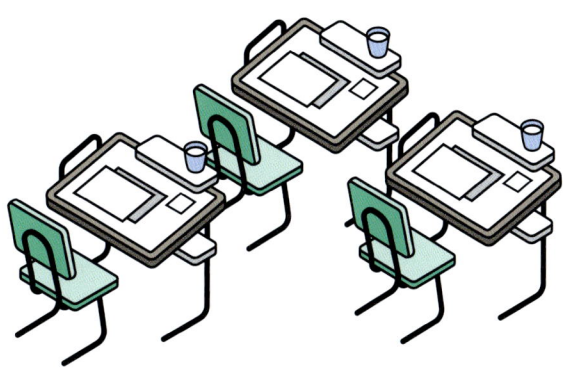

Preview AI로 효율적이고 세련되게 학급을 운영해요.

01 캔바로 대량 제작하기
02 캔바로 동영상 제작하기
03 손쉽게 이미지 편집하기
04 네이버웍스 사용하기
05 1분 만에 웹사이트 안내문 만들기
06 자동으로 안내자료 PPT 만들기
07 코칭형 교육을 위한 챗봇 만들기
08 API를 활용한 챗봇 만들기
09 [학급 활동] 나만의 노래 만들기
10 [학급 활동] 표정 인식 모델 만들기
11 [학급 활동] 이미지 AI와 놀아요!
12 [학급 활동] AI 활용 수업 제시

AI로 효율적이고 세련되게 학급을 운영해요.

여기까지의 여정에서 우리는 AI가 수업과 업무 환경에 가져올 수 있는 다양한 변화를 살펴보았습니다. 교육과정 설계, 수업 자료 제작, 평가 방식 개선, 행정 업무 자동화 등 다양한 영역에서 AI가 교사의 업무를 지원하고 혁신함으로써 시간과 노력을 절감하고 수업의 질을 높일 수 있는 가능성을 확인했습니다.

이제 학급 운영으로 시선을 옮겨보겠습니다. 담임 교사의 역할은 무엇보다 중요합니다. 학생 한 명 한 명과 관계를 맺고 그들의 성장을 섬세하게 지원하는 과정은 그 자체로 교육의 본질이라 할 수 있습니다. 학급은 학생들의 개성과 생각이 조화롭게 어우러져 서로의 가능성을 발견하고 함께 성장하는 작은 공동체입니다. 수업이나 행정 업무처럼 겉으로 두드러지지 않을 수 있지만, 학급 운영 전반에 들이는 노력은 학생들의 학교 생활 경험, 인성 발달, 사회적 역량 형성에 깊은 영향을 미칩니다.

갈수록 복잡해지는 생활 지도, 늘어나는 기록·평가 업무, 끊임없이 제기되는 다양한 민원 속에서 담임 교사는 크나큰 부담을 안게 됩니다. 부모, 학생, 학교, 지역 사회 간에서 발생하는 갈등과 예측 불가능한 돌발 상황들은 고스란히 담임 교사의 책임으로 돌아오며, 그로 인해 한때 의미 있고 가치 있게 여겨졌던 담임 교사의 역할이 기피되는 현상마저 나타나고 있습니다.

그러나 이러한 어려움을 극복하고, 다시금 교사들이 학생들과 의미 있는 성장을 이뤄내는 행복한 학급을 만들 수 있는 길은 없을까요? 여기서 AI가 의미 있는 해답을 제시할 수 있습니다. 앞서 살펴본 바와 같이 AI를 활용한 수업 및 행정 업무 효율화를 통해 교사가 쓸 수 있는 시간을 늘릴 수 있으며, 이를 통해 교사는 학급 운영 자체에 더 많은 에너지를 집중할 수 있게 됩니다.

나아가 AI는 관계 개선의 도구로도 활용할 수 있습니다. 사람들은 작은 배려와 관심에도 깊이 감동받으며, 이러한 감동이 쌓일수록 교사와 학생 사이의 신뢰와 애정은 더욱 깊어집니다. AI를 이용하면 학생 개개인에게 맞춘 가정통신문이나 섬세한 안내 자료를 제작할 수 있으며, 이는 "선생님이 나를 진심으로 이해하고 신경 써주시는구나"라는 긍정적 인식을 심어줍니다. 이러한 사소하지만 의미 있는 감동은 관계를 개선하고, 개선된 관계는 갈등에 소모되는 시간을 줄이고 학급 운영에 더 집중할 수 있도록 하는 선순환을 만들어냅니다.

또한 인공지능 활용은 학급 활동의 다양화에도 기여할 수 있습니다. 학생들과 함께 재미있고 의미 있는 프로젝트를 진행하며 AI의 발전을 체험할 수 있고, 이를 통해 학급 공동체성을 강화하는 기회를 만들 수 있습니다. AI를 활용해 학급 마스코트를 제작하거나 각 학생의 특징에 맞춘 노래를 만들어보는 활동, 인성 함양을 돕는 게임 활동 등은 학급 분위기를 더욱 화목하고 창의적으로 만들어 줍니다.

궁극적으로 AI는 교사와 학생이 함께 성장하며 배움의 즐거움을 나눌 수 있는 환경을 조성하는 강력한 도구가 될 것입니다. 기술과 인간적 배려가 조화를 이루는 교실에서 우리는 미래 교육의 새로운 지평을 열어갈 수 있습니다.

01 캔바로 대량 제작하기
학생 개인별 자료로 감동을 선물하세요.

AI 활용 도구 캔바, 챗GPT　　**난이도** ★★

작은 정성 하나가 학생들에게 큰 감동을 줄 수 있습니다. 캔바의 대량 제작 기능을 활용하여 학생 맞춤형 자료를 멋지게 만들어 감동을 선물해 보세요.

학기 초, 담임 선생님들은 새로운 학급을 맞이하느라 매우 바쁩니다. 그럼에도 불구하고 학생들을 위해 소소한 선물을 준비하기도 합니다. 개인별 이름표나 가정통신문을 만들기도 하죠. 이때 한글 문서에서 메일머지 기능을 이용하면 이름표를 쉽게 만들 수 있고, 가정통신문에 개인 이름을 넣어 출력할 수도 있습니다. 하지만 한글 문서의 템플릿은 제한적이고, 직접 예쁘게 디자인하기는 쉽지 않습니다. 이때 캔바를 이용하면 더 편리하고 세련되게 작업할 수 있습니다.

캔바의 대량 제작 기능 활용하기

01 캔바에 접속하여 '이름표'를 검색하면 다음과 같이 다양한 이름표 템플릿이 나타납니다.

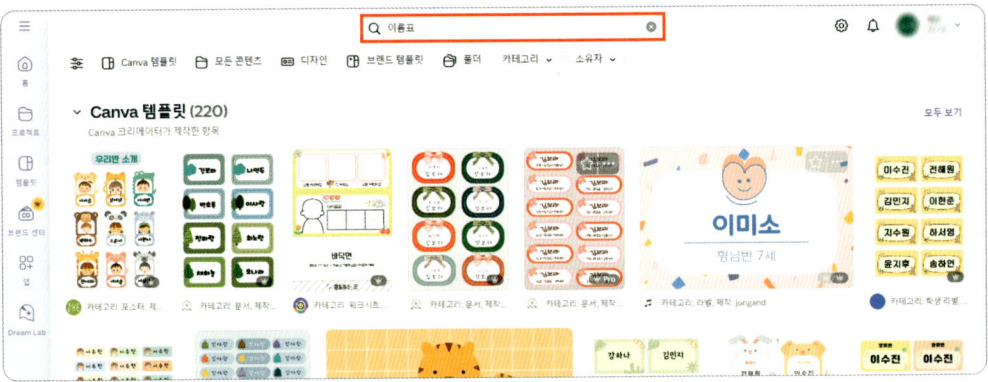

02 이 중에서 마음에 드는 템플릿을 선택 한 뒤 왼쪽 사이드바에서 '대량 제작'을 클릭합니다. 엑셀로 작성된 학생 명렬표가 있다면 '데이터 업로드'를 선택해 파일을 업로드할 수 있습니다. 엑셀 파일에 다른 정보가 포함되어 있어도 나중에 원하는 항목만 선택해 출력할 수 있도록 설정할 수 있으므로 괜찮습니다. 만약 엑셀 파일이 없다면 '데이터 수동 입력'을 선택해 직접 데이터를 추가할 수 있습니다.

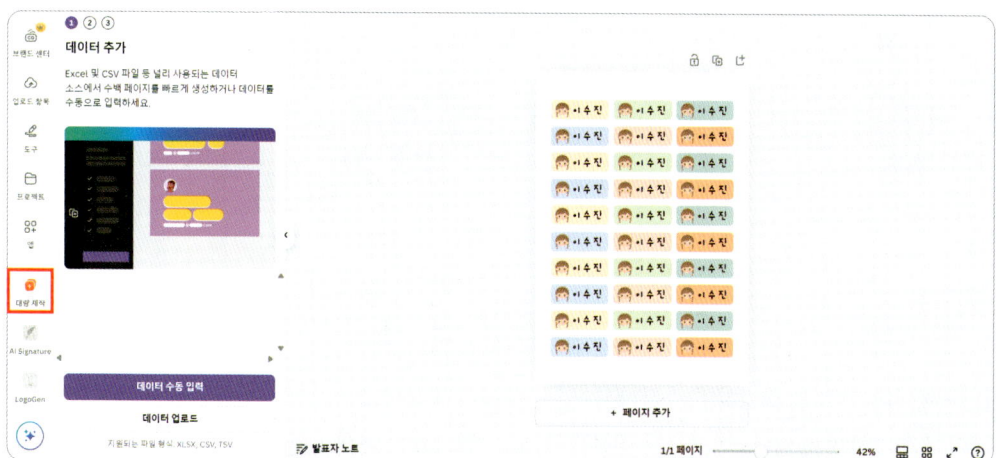

note 대량 제작 버튼이 보이지 않는다면, '앱'을 클릭한 후 '대량 제작'을 검색하시면 됩니다. 단, 띄어쓰기에 유의하여 검색하세요.

03 '데이터 수동 입력'을 선택하면 다음과 같이 데이터를 입력할 수 있는 창이 열립니다. '텍스트 추가'를 클릭해 필요한 열을 자유롭게 추가한 후, 각 열 이름을 템플릿의 항목에 연결하면 데이터를 한번에 생성할 수 있습니다. 우리는 '반/번호', '이름', '성별', '점수' 데이터를 입력하겠습니다.

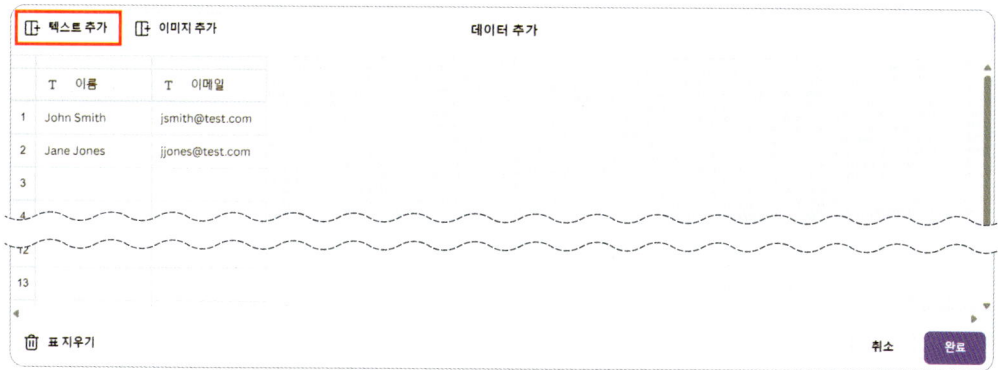

note 캔바에서는 메일머지에서 지원하지 않는 이미지 삽입도 가능합니다.

04 데이터 입력 후 '완료'를 클릭하면 데이터와 요소를 연결하는 단계로 넘어갑니다. 이후 데이터를 연결할 요소에서 마우스 오른쪽 버튼을 클릭하면 '데이터 연결'이 보입니다.

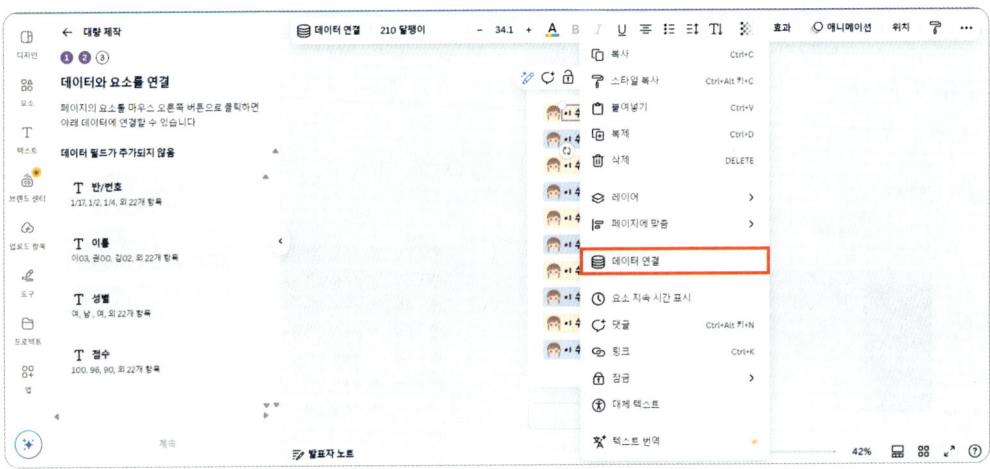

05 '데이터 연결'을 클릭하면 연결할 수 있는 데이터 목록이 표시되고, 이 중 원하는 데이터를 선택하여 연결하면 됩니다. 여기서는 이름을 선택하겠습니다. 이제 모든 이름에 데이터를 연결하고 활성화된 '계속' 버튼을 클릭하면 데이터의 수만큼 페이지가 자동으로 생성됩니다.

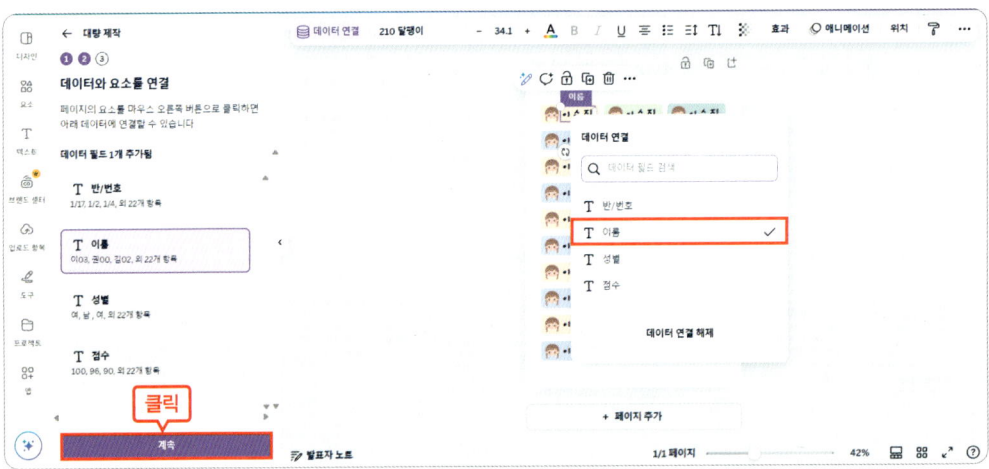

캔바와 챗GPT로 쉽게 상장 제작하기

이 효과를 극대화하기 위해 챗GPT를 활용해 보겠습니다. 학년 말에 담임 교사가 학생 맞춤형 상장을 만든다고 가정해 봅시다. 이때 재치 있는 상 이름과 그에 어울리는 상장 문구를 각각 떠올리는 것은 매우 힘든 일입니다. 또한, 상장의 각 페이지를 일일이 수정하는 작업 역시 손이 많이 가는 일입니다. 이 문제를 챗GPT와 캔바를 활용하여 손쉽게 해결할 수 있습니다.

01 엑셀에 학생 이름과 수상 관련 특징을 기록합니다. 이때 기록은 간단하게 해도 충분합니다. 다음 엑셀 데이터와 같이 '박진환, 공부를 잘함.'과 같은 형태로 작성할 수 있습니다.

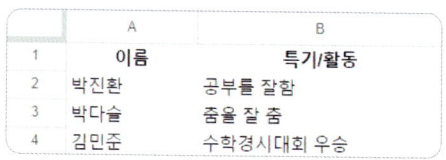

02 모두 작성 후 챗GPT에 해당 엑셀 파일을 업로드하거나 해당 셀을 복사하여 아래의 프롬프트 이후에 붙여넣습니다.

> 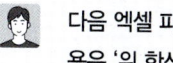 다음 엑셀 파일을 보고 각 학생에게 어울리는 '상장명', '수상 내용'을 재치 있게 만들어 줘. 수상 내용은 '위 학생은 ~하여 이 상을 수상합니다.'와 같은 형태로 30자 이내로 작성해 줘. 그 결과는 엑셀 파일로 만들어서 다운로드할 수 있게 해 줘.

> 엑셀 파일을 만들어서 '상장명'과 '수상 내용'을 작성한 후 다운로드할 수 있도록 제공해드리겠습니다. 먼저 작성된 내용을 확인해 보겠습니다:
>
> 1. **박진환**: "공부를 잘함" → **상장명**: "공부왕", **수상 내용**: "위 학생은 뛰어난 학업 성과로 이 상을 수상합니다."
> 2. **박다슬**: "춤을 잘 춤" → **상장명**: "댄싱퀸", **수상 내용**: "위 학생은 멋진 춤 실력으로 이 상을 수상합니다."
> 3. **김민준**: "수학경시대회 우승" → **상장명**: "수학 천재", **수상 내용**: "위 학생은 수학 경시대회에서 우승하여 이 상을 수상합니다."
>
> 엑셀 파일을 생성했습니다. 아래 링크에서 다운로드하실 수 있습니다:
>
> 학생 상장명 및 수상 내용 엑셀 파일 다운로드

03 엑셀 파일을 다운로드 받아 열어보면 요청한 상장명, 수상 내용이 작성된 것을 확인할 수 있습니다.

1	이름	특기/활동	상장명	수상 내용
2	박진환	공부를 잘함	공부왕	위 학생은 뛰어난 학업 성과로 이 상을 수상합니다.
3	박다슬	춤을 잘 춤	댄싱퀸	위 학생은 멋진 춤 실력으로 이 상을 수상합니다.
4	김민준	수학경시대회 우승	수학 천재	위 학생은 수학 경시대회에서 우승하여 이 상을 수상합니다.

04 이제 캔바로 이동하면 되겠죠? 캔바에서 '상장'을 검색 후 마음에 드는 템플릿을 선택합니다. 이번에는 '데이터 추가'를 클릭하고, 다운로드 받은 엑셀 파일을 업로드합니다.

05 앞서 이름표를 제작한 것과 마찬가지로 데이터를 연결하고 계속하기를 클릭해 대량 제작하면 손쉽게 학생별 상장 만들기도 완료할 수 있습니다.

여기서도 할 수 있어요!

워드프로세서는 기본적으로 메일머지 기능이 제공되어, 이름표나 문서 등을 대량으로 제작할 때 유용하게 활용할 수 있습니다. 그러나 이 기능은 주로 사무적인 작업에 사용되며, 시각적으로 매력적인 결과물을 만드는 데에는 한계가 있을 수 있습니다. 만약 더 다양한 디자인이 필요하다면 파워포인트나 구글 슬라이드와 같은 프레젠테이션 도구를 사용할 수도 있습니다. 그러나 이러한 도구는 기본적으로 메일머지 기능을 제공하지 않기 때문에 데이터를 연동하기 위해서는 별도의 설정이 필요합니다. 파워포인트의 경우 VBA(Visual Basic for Applications)를 활용해야 하고, 구글 슬라이드는 앱 스크립트를 사용해 데이터를 연동해야 합니다. 이 과정은 프로그래밍 지식이 필요한 경우가 많아 일반 사용자에게는 다소 어려울 수 있습니다.

또한, 이러한 도구들은 제공되는 템플릿의 수가 제한적이어서 원하는 디자인을 찾기 쉽지 않습니다. 반면, 캔바는 다양한 템플릿을 제공하며, 코드 작성이나 복잡한 설정 없이 데이터를 직관적으로 연결하여 대량 제작할 수 있는 기능을 지원합니다. 디자인 요소를 자유롭게 추가하고 편집할 수 있어 전문 디자이너가 아니더라도 멋진 결과물을 빠르고 쉽게 만들 수 있습니다. 따라서, 디자인의 완성도와 손쉬운 기능을 동시에 원하신다면 캔바를 활용하는 것이 가장 효율적인 방법입니다.

이렇게도 활용할 수 있어요!

학생 사진이 있다면 개인 사진이 포함된 이름표를 제작할 수도 있습니다. 이를 위해 먼저 사진을 업로드 해야 합니다. 왼쪽 사이드바의 [업로드 항목] – [파일 업로드]를 클릭해 사진을 업로드합니다.

이제 [대량 제작] – [데이터 수동 입력] – [이미지 추가]를 클릭하여 이미지 입력 열을 생성합니다. 텍스트 입력 열은 엑셀에서 복사 후 붙여넣기가 가능하고, 이미지 입력 열은 클릭하면 미디어창에서 이미지를 선택해서 등록할 수 있습니다.

이미지를 포함한 대량 제작 기능은 학급 운영뿐만 아니라 다양한 교육 활동에도 유용하게 활용할 수 있습니다.

02 캔바로 동영상 제작하기

학교 행사 영상, 손쉽게 만들어봐요.

AI 활용 도구  **난이도**

학급 운영을 하다 보면 입학식, 학교 교육 과정 설명회, 학급 특색 활동, 졸업식 등 교사가 직접 동영상을 제작해야 하는 경우가 종종 있습니다. 대부분은 사진이나 영상을 순서대로 붙여 만드는 단순한 방식이지만, 어떤 프로그램을 사용해야 할지, 영상 효과는 어떻게 넣어야 할지 고민이 많아 선뜻 손이 가지 않는 작업이기도 합니다. 이럴 때 평소 교육 자료 제작에 자주 사용하는 에듀테크 도구, 캔바를 활용해 보면 어떨까요?

학교에서 영상을 만들 때는 대부분 이미 촬영해 둔 사진을 순서대로 정리하고, 행사명을 화면에 입력하는 단순 작업을 반복하게 됩니다. 여기에 지루하지 않도록 중간에 동영상을 넣거나 다양한 전환 효과, 배경 음악을 추가하는 경우도 많습니다. 하지만 이러한 편집 과정이 익숙하지 않다면 제작 시간이 오래 걸리고 부담도 커집니다. 이번 장에서는 이러한 번거로움을 해결할 수 있는 방법을 안내합니다.

반복 작업, 캔바로 간단하게 해결하기

동영상을 만들 때도 캔바의 '대량 제작' 기능을 활용하면 훨씬 수월한 작업이 가능합니다. 학생들이 학교 생활 중 참여한 행사명과 행사 사진을 나열하는 졸업식 영상을 제작한다고 생각해 보겠습니다. 이때 반복적으로 들어가는 행사명과 이미지를 표 형식으로 정리하고, 템플릿에 연결하면 슬라이드가 자동으로 생성됩니다. 캔바에서 동영상을 제작하는 방식은 프레젠테이션 제작 방법과 유사합니다. 각 슬라이드에 이미지나 텍스트를 넣고, 움직이는 요소나 음악, 페이지 전환 효과를 추가하면 하나의 동영상처럼 구성됩니다. 기존 동영상 제작 프로그램보다 훨씬 직관적이고 간단하다는 장점이 있습니다.

01 캔바에 접속 후 동영상 제작에 적합한 템플릿을 탐색합니다. 동영상은 주로 인트로, 본영상, 아웃트로로 구성되므로, 템플릿을 선택할 때에는 통일성을 위해 이 세 가지 요소가 모두 포함된 디자인을 고르는 것이 좋습니다. 여기서는 캔바 검색창에 '동영상'을 검색해서 나온 템플릿 중 적절한 것을 선택해 활용하겠습니다.

02 앞에서 실습한 '대량 제작' 기능을 활용하여 영상을 제작할 수 있지만, 현재 캔바의 대량 제작 기능은 기본적으로 모든 페이지를 하나의 세트로 간주하여 반복 적용하기 때문에, 인트로와 아웃트로가 계속 반복되는 문제가 발생합니다. 이를 해결하기 위해 동일한 템플릿을 두 개 사용합니다. 첫 번째 파일에는 인트로와 아웃트로만 담고, 두 번째 파일에는 대량 제작에 사용할 하나의 페이지만 남겨 두는 방식입니다.

먼저, 첫 번째 파일에서 인트로와 아웃트로를 각 학교에 적합한 내용으로 수정합니다. 이후 두 번째 파일을 사용해 대량 제작을 진행하고, 인트로는 첫 페이지에, 아웃트로는 마지막 페이지에 복사해서 추가하면 됩니다.

03 본영상으로 사용할 슬라이드를 선택하고, 동영상을 만드는 데 가장 어울리는 형태로 최적화해야 합니다. 이때 화면 배치, 움직이는 요소, 폰트 등을 보고 적합한 디자인으로 선택합니다. 최적화의 핵심은 슬라이드의 공통 구조를 정리하는 것입니다. 예를 들어, 행사명을 표시할 위치에 적합한 폰트와 효과를 적용하여 '행사명'이라고 입력합니다. 슬라이드 좌우의 이미지 크기와 효과를 원하는 형태로 조정합니다. 삽입할 이미지도 미리 업로드 해 둡니다.

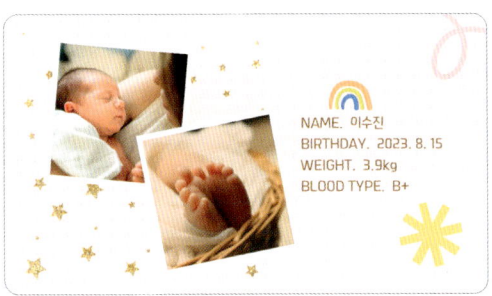
선택한 슬라이드

최적화한 슬라이드

04 사이드바의 '대량 제작'을 클릭하고 슬라이드에 표시될 행사명과 업로드해둔 이미지를 추가합니다. 앞에서 선택한 슬라이드와 같이 1개의 슬라이드에 2개의 이미지를 넣고 싶다면 '이미지1'과 '이미지2' 열에 데이터를 하나씩 추가합니다. 열 이름이 반드시 요소 이름과 일치해야 하는 것은 아니지만, 작업의 혼란을 줄이기 위해 동일하게 설정하는 것을 권장합니다.

> **note** 텍스트로만 이루어진 경우 엑셀 파일을 활용하면 쉽지만, 이미지가 있는 경우에는 이미지를 잘 불러오지 못하는 경우가 있어 [데이터 수동 입력] 방식으로 진행합니다.

05 입력한 데이터를 슬라이드 요소와 연결하기 위해 해당 요소를 클릭한 뒤 [데이터 연결]을 선택합니다.

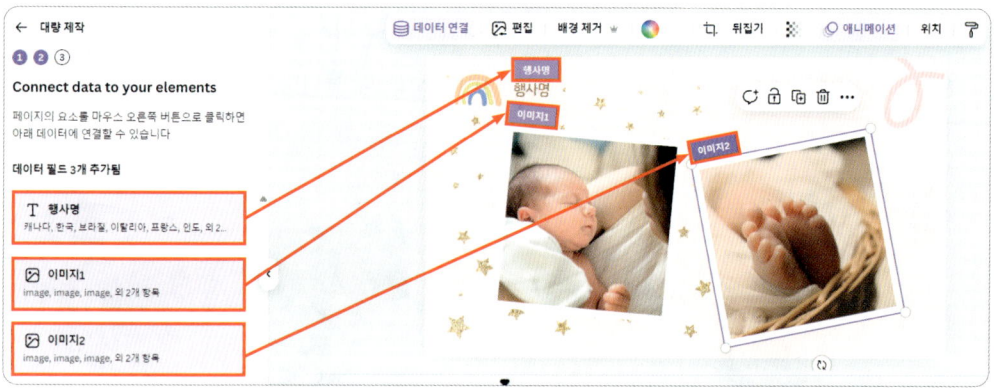

note 이미지는 [캔바 홈] – [프로젝트] – [이미지] 안에 [폴더]를 생성하면 편하게 사용할 수 있습니다.

06 연결된 데이터는 화면에 자동으로 표시되며, '디자인 생성하기'를 클릭하면 같은 구조의 슬라이드가 대량으로 생성됩니다.

07 완성된 슬라이드에는 다음 작업을 추가할 수 있습니다.

1. 맨 앞 슬라이드에 인트로 추가
2. 맨 뒤 슬라이드에 아웃트로 추가
3. [요소]의 '오디오'를 클릭하여 동영상 분위기에 맞는 음악 삽입

예제 영상을 참고해서 원하는 동영상을 제작해 보세요!

URL https://bit.ly/캔바영상보기

이렇게도 활용할 수 있어요!

행사 영상을 만들 때 여러 선생님들이 보유한 사진이나 짧은 영상을 수합하는 것은 매우 번거로운 일입니다. 이때, 선생님들이 업로드한 사진을 바로 활용할 수 있도록 [프로젝트]에서 새 항목을 만들고 공용 폴더를 만들어 보세요. 이 폴더를 링크로 공유하면 사진을 쉽게 수합할 수 있습니다.

또한, 최근 교육과정에서는 영상 매체를 활용한 창작 활동이 종종 다뤄지고 있습니다. 이 기능을 통해 학생들도 간단하게 숏츠를 제작해 보며 영상 기반 표현 활동을 경험할 수 있습니다.

03 손쉽게 이미지 편집하기

이미지 합성과 편집, 더 이상 어렵지 않아요.

AI 활용 도구 캔바   **난이도** ★★

이전에는 그림이나 사진을 편집하고 합성하는 일은 전문 디자이너나 숙련된 포토샵 사용자만 가능한 일이라고 여겨졌습니다. 하지만 이제는 누구나 손쉽게 이 작업들을 해낼 수 있습니다. 캔바를 이용하여 학급 운영에 도움이 될 이미지 편집 기능을 살펴보겠습니다.

이미지 배경 제거하기

최근에는 이미지의 배경을 제거하는 작업이 굉장히 간단해졌습니다. 요즘 스마트폰은 원하는 대상을 길게 누르기만 해도 배경을 제거하는 기능이 제공되기도 합니다. 또는 리무브BG(https://remove.bg/)와 같은 전문 웹사이트에서도 손쉽게 배경을 제거할 수 있습니다. 캔바는 문서를 만드는 과정에서도 쉽게 배경을 제거할 수 있는 기능을 제공합니다. 이번 장에서는 가정통신문을 제작하면서 이러한 기능을 알아보겠습니다.

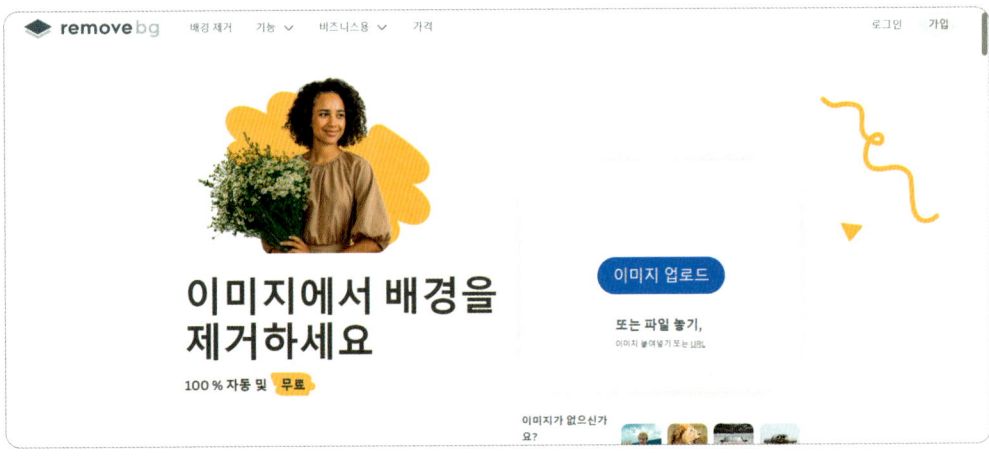

01 가정통신문 상단에 학생들 사진을 넣는다고 가정해 보겠습니다. 먼저, 적절한 가정통신문 템플릿을 선택한 후 원하는 이미지를 삽입합니다. 삽입한 이미지를 클릭하면 화면 상단에 다음과 같은 메뉴창이 나타납니다.

02 이때 '배경 제거'를 한 번 클릭하는 것만으로 배경이 제거됩니다. 클릭 한 번으로 훨씬 깔끔하고 전문적인 느낌이 나지 않나요?

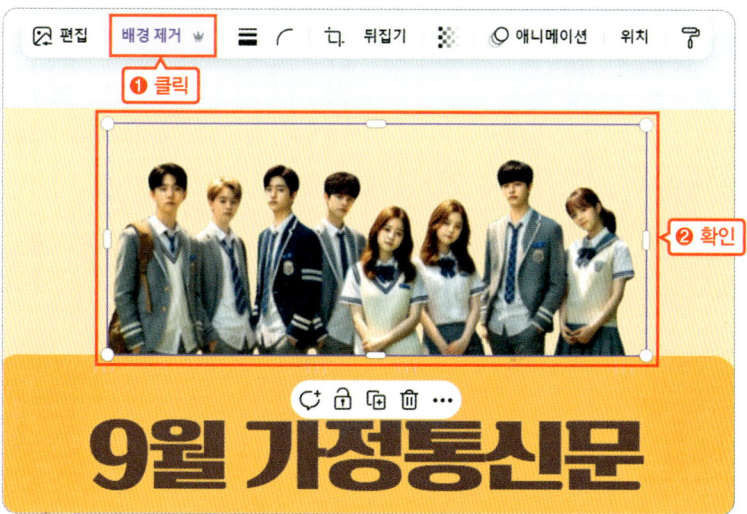

03 배경 제거 기능의 성능이 크게 향상되며 더욱 만족스러운 결과를 얻을 수 있습니다. 그러나 배경과 대상의 색상이 비슷한 경우 너무 많은 부분이 제거되거나, 원하는 만큼만 제거되지 않는 경우가 간혹 발생합니다. 이럴 때는 배경 제거 후 '배경 제거' 버튼을 한 번 더 클릭하여 브러시 기능을 사용해 직접 원하는 부분을 지우거나 복원할 수 있습니다. 더욱 정교하게 배경을 제거하고 싶은 경우 이 기능을 이용하여 완벽한 결과물을 얻어낼 수 있습니다.

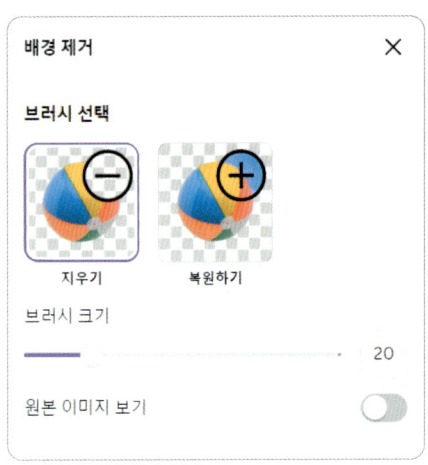

note 삭제한 배경을 복원하는 경우 '원본 이미지 보기'를 활성화하면 제거된 부분이 불투명하게 보이며, 원하는 부분을 선택하여 복원할 수 있습니다.

Magic Grab

학생들 사진을 촬영했는데 두 학생이 서로 멀리 떨어져 있어 친근한 분위기가 잘 전달되지 않는 상황입니다. 이럴 때, 두 학생을 더 가깝게 배치하고 싶다면 앞에서 배운 배경 제거 기능을 활용하여 학생들의 이미지를 추출한 후 원본 이미지 위에 올려 놓을 수 있습니다. 하지만 이 방법은 추출한 학생이 있던 자리를 잘라내야 하기 때문에 불편함이 따릅니다.

이럴 때 사용할 수 있는 기능이 바로 '매직 그랩(Magic Grab)'입니다. 매직 그랩은 선택한 대상을 배경에서 떼어내고, AI가 제거된 부분의 이미지를 주변과 어울리게 다시 그려줍니다.

01 [+ 디자인 만들기] – [업로드] – [파일 업로드]에서 수정할 이미지를 선택하고 [이미지 편집]을 클릭합니다.

02 이미지를 클릭하고 상단의 [편집]을 선택하면, 사이드바에 다양한 기능을 선택할 수 있는 메뉴가 활성화됩니다. 이 중 'Magic Grab'을 선택합니다.

03 왼쪽 학생을 오른쪽 학생과 가깝게 이동시켜 보겠습니다. 왼쪽 학생에 마우스를 올리면 이동할 수 있는 대상이 활성화되고, 학생을 선택 후 추출하기를 클릭합니다. 잠시 기다리면 대상이 추출되고 추출된 대상을 이동하면 대상의 뒤편의 이미지가 자연스럽게 생성된 것을 볼 수 있습니다. 감쪽같이 두 친구의 간격을 조절할 수 있습니다.

Magic Eraser

사진을 찍다 보면, 원치 않는 대상이 사진에 포함되는 경우가 종종 있습니다. 행사 사진을 업로드 해야 하는데 초상권 동의를 하지 않은 사람이 포함되었을 때, 그 사람만 지워야 할 때가 있습니다. 이럴 때 'Magic Eraser' 기능을 활용할 수 있습니다. 이 기능은 지워야 할 부분을 흰색으로 칠하거나 모자이크 처리하는 것이 아니라, Magic Grab처럼 지운 부분을 주변과 어울리게 채워주는 기능입니다.

위에서 사용한 이미지에서 오른쪽 학생을 지워보겠습니다. 사용법은 간단합니다. 이미지를 선택하고, 상단 메뉴의 '편집'을 선택 후 Magic Eraser를 선택하여 지우고 싶은 부분을 브러쉬로 드래그하여 선택하거나, '클릭' 메뉴를 이용하여 대상을 선택한 후 지우기를 실행하면 됩니다.

기타 기능들

앞서 사용한 세 가지 기능 외에도 Canva Magic Studio는 '텍스트 추출', 'Magic Edit', 'Magic Expand' 기능을 지원합니다. 텍스트 추출은 이미지에 포함된 글자를 추출하고, Magic Edit는 AI에게 명령을 내려 이미지의 특정 부분을 수정할 수 있게 합니다. Magic Expand는 AI가 이미지 주변을 이미지를 자동으로 생성하여 더 큰 이미지나 원하는 비율의 이미지로 확대할 수 있게 도와줍니다.

여기서도 할 수 있어요!

포토샵과 같은 전문적인 프로그램을 사용하면 보다 정교한 이미지 편집이 가능합니다. 다만 사용료가 비싸고 학습의 진입 장벽이 높은 편입니다. 챗GPT에서도 이미지를 생성하고, 생성된 이미지의 일부를 선택하여 수정하는 캔바의 Magic Edit과 유사한 기능을 사용해 볼 수 있습니다.

이렇게도 활용할 수 있어요!

어질러진 교실을 사진으로 찍어 보세요. 찍은 사진을 캔바에 업로드한 후, 매직 그랩 기능을 사용해 제자리에 놓여 있지 않는 물건을 선택해 추출합니다. 그런 다음 학생들과 함께 해당 물건이 어디에 있어야 하는지 이야기해 보고 원래 있어야 하는 위치로 옮겨보세요. 이 활동을 통해 학생들과 물건을 정리정돈하는 방법에 대한 수업을 진행할 수 있습니다.

04 네이버웍스 사용하기
디지털 학급 관리, 한 곳으로 모아보세요.

AI 활용 도구 Whale Space   **난이도 ★★**

디지털 기기 보급이 확산되면서 많은 선생님들이 학급에 디지털 기반 문화를 조성하고, 디지털 수업을 도입하려고 노력하고 있습니다. 하지만 학생들이 디지털 기반 수업 문화에 적응하고 원활히 참여하기까지는 교사의 많은 인내와 노력이 필요합니다. 이때 하나의 플랫폼을 꾸준히 활용한다면, 디지털 기반 문화를 정착시키는 것이 쉬워질 수 있습니다. 웨일 스페이스를 활용해 조금 더 간편하게 학생들의 디지털 소양을 키워 보세요.

학급 내 디지털 기반 문화를 확립하려면 하나의 플랫폼을 지속적으로 활용하는 것이 좋습니다. 플랫폼을 자주 바꾸면 학생들이 자신의 계정을 이해하는 데 어려움을 겪고, 교사는 매번 새로운 플랫폼을 가르쳐야 해서 금세 지치게 됩니다.

웨일 스페이스는 네이버웍스라는 네이버에서 개발한 학급 관리에 유용한 통합 기능을 제공합니다. 네이버웍스는 카카오톡과 유사한 직관적인 UI를 갖추고 있으며, 캔바, 구글 문서, Suno 등 다양한 에듀테크 도구들을 URL로 공유하고, 파일을 업로드하며, 협업 중에 메시지를 주고받는 데 매우 적합합니다. PC와 모바일 앱을 모두 지원하여 언제 어디서나 편리하게 사용할 수 있습니다. 이번 장에서는 네이버웍스의 유용한 기능들을 살펴보고, 부록에서 웨일 스페이스 기본 사용 방법을 다루겠습니다.

[메신저] 기능 살펴보기

메신저에서 대화방은 학생과 학생 간에 과제를 위한 모둠 대화방, 전체 학급 학생과 교사 단체 대화방, 학생 개인과 교사 개인 대화방 등 필요에 따라 다양한 형태로 대화방을 만들 수 있습니다.

01 학급 운영 메시지방을 개설하기 위해 [새로 만들기] - [사내 구성원과 대화]를 선택합니다.

02 조직 설정이 학급 단위로 이루어져 있다면 전체 선택을 통해 빠르게 학생들을 초대할 수 있습니다. 초대 후에는 메시지와 사진, URL, 파일 등을 즉시 전송하며 학생들과 소통할 수 있습니다. 네이버웍스에서 메신저 기능만 활용하더라도 학생들이 사용하는 다른 메신저를 대체하여 다양한 에듀테크 및 디지털 기반 수업에 필요한 주소 및 파일 교환 등을 간편하게 처리할 수 있습니다.

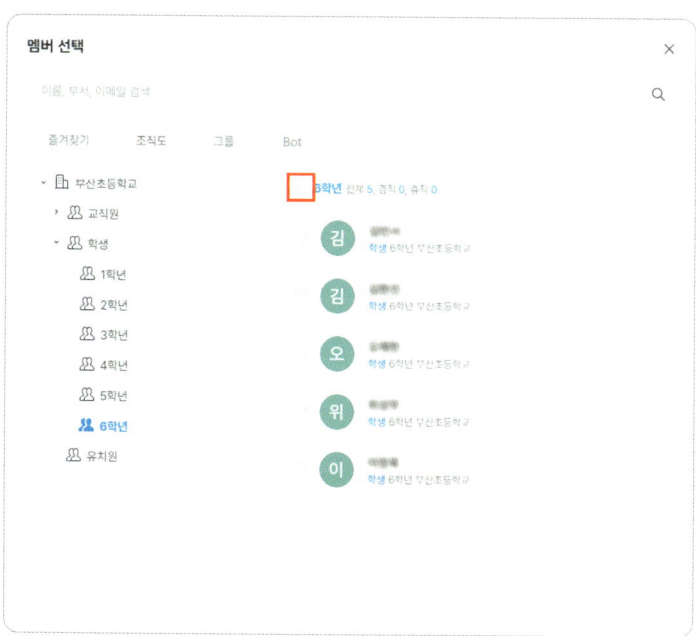

[노트] 기능 살펴보기

대화방 내에서 우측 상단의 [열기] 아이콘을 클릭하면 다양한 기능들이 표시됩니다. 그중에서 '노트' 기능은 학생들과 고정된 게시글을 공유하고 함께 수정하려 할 때 유용하게 활용됩니다. 이는 인터넷 게시판과 유사한 방식으로 설정에 따라 대화방 구성원들이 게시글을 수정할 수 있어 좀 더 활용도가 높습니다.

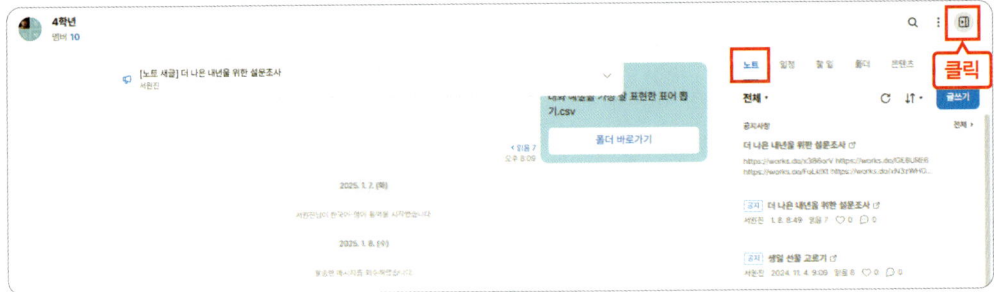

반 학생들이 자주 활용하는 AI 코스웨어 웹사이트 주소, 캔바 주소 및 계정 정보 등을 노트에 정리해 두면 웹사이트 주소 전달의 수고를 덜 수 있습니다. 또한 구성원 간의 수정 권한을 허용하여 학생들이 탐구 활동 중 출처를 정리하거나 요점을 간략하게 수정 및 기록하는 데에도 활용할 수 있습니다.

[할 일] 기능 살펴보기

[할 일] 기능을 사용하면 손쉽게 학생들에게 과제를 주고, 과제를 완료한 인원을 파악할 수 있습니다. 전체 학급 인원에게 부과할 과제라면 '전체'를 선택하고, 특정 학생들을 지정하고자 한다면 해당 학생들만 체크해서 담당자로 지정해줍니다. 다음 이미지처럼 담당자 전체 인원과 완료한 인원이 표시되어 확인이 용이합니다.

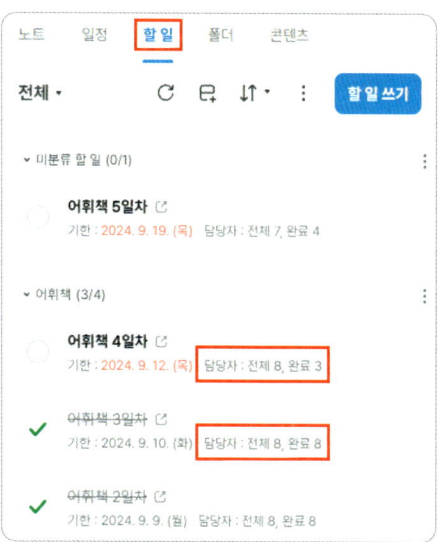

01 새로운 과제를 하나 만들어 보겠습니다. [할 일 쓰기]를 클릭하고, 제목, 내용, 기한, 담당자를 지정합니다.

02 필요한 내용을 모두 작성 후 [저장]을 클릭하면 메시지방에 알림을 보낼 것인지 묻는 창이 나타납니다. '메시지방에 알림 보내기'를 체크하고, [확인]을 클릭합니다.

03 단체 메시지방에 다음과 같이 할 일에 대한 메시지가 전송됩니다.

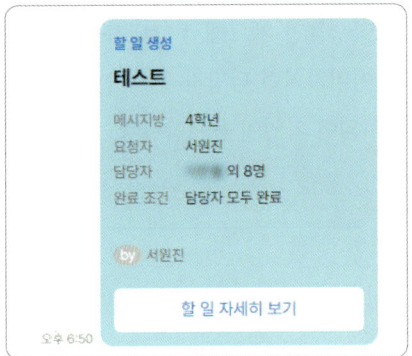

04 할 일을 부여 받은 학생들이 해야 할 일을 마친 뒤 '나만 완료하기'를 클릭하면 완료한 담당자로 표시됩니다.

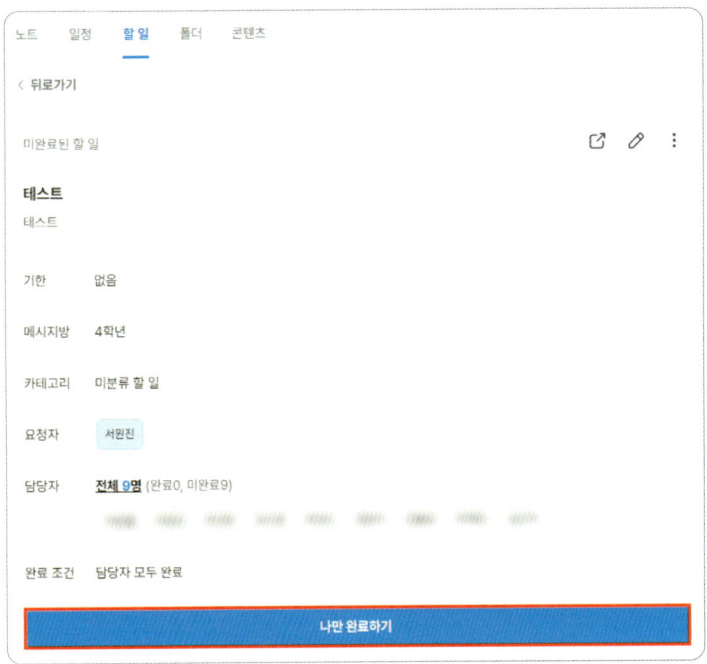

[폴더] 기능 살펴보기

네이버웍스 메신저는 사진이나 파일의 다운로드 유효 기간이 있어, 3개월이 지나면 다운로드할 수 없습니다. 하지만 학급을 운영하는 1년 동안 꾸준히 모아야 할 사진이나 탐구 자료 등이 다운로드 기한 제한에 걸린다면 매우 곤란합니다. 이러한 문제를 해결할 수 있는 두 가지 방법이 있습니다.

첫 번째 방법은 다운로드 유효 기간을 늘리는 것입니다. 이 기능은 학교 관리자 계정에서만 설정할 수 있으며, '메시지 내용 보관/검색 기간'을 최대 3년까지 늘릴 수 있습니다. 이 설정은 모든 학교 구성원에게 적용됩니다(부록C 참조).

두 번째 방법은 네이버웍스의 폴더 기능을 활용하는 것입니다. 폴더에 자료를 업로드하여 정리하고 보관하는 것으로, 메시지방 안에서 드라이브처럼 활용할 수 있습니다. 이 기능은 클라우드 사용에 익숙하지 않은 학생들도 간편하게 사용할 수 있어 유용합니다.

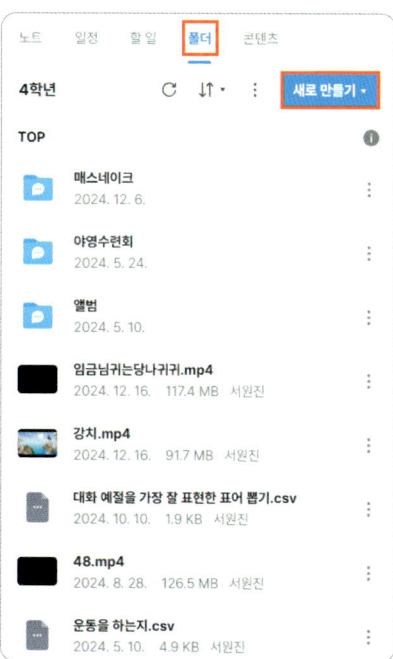

추가로, 파일 이름을 수정하고 구분하려다 누군가 실수로 덮어쓴 경우, 6개월 이내에서 파일의 버전 이력을 복원할 수 있는 기능을 제공합니다. 버전 이력을 보고 싶은 파일을 선택해 마우스 오른쪽 버튼을 눌러 [버전 이력]을 클릭하면 됩니다.

'통역' 기능 살펴보기

다문화 이주 가정이 늘어나는 요즘에는 학급 내에 한글 사용이 익숙하지 않은 학생들이 있습니다. 이때 '통역' 기능을 활용하면 프로젝트 학습 등 문자로 소통해야 하는 상황에서도 다른 학생들과 원활히 소통하도록 할 수 있습니다. 학급 메시지방에서 우측 상단의 [점 3개 아이콘] – [통역]을 클릭하고, 원하는 통역 언어를 선택하여 메시지를 작성해서 전달하면 동시 통역되어 전달됩니다.

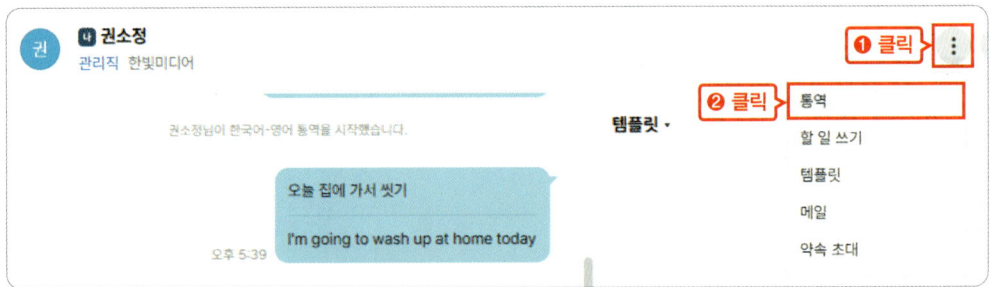

전입생을 대비하여 메신저 내용을 공개로 설정해두면 전입생을 위해 새로 메신저를 설명하는 과정을 단축할 수 있습니다.

 여기서도 할 수 있어요!

학급을 관리하고 소통하며 수업을 효율적으로 운영하기 위한 다양한 플랫폼이 이미 존재합니다. 대표적으로 '구글 클래스룸'을 들 수 있습니다. 많은 선생님들이 비대면 온라인 수업을 진행하면서 사용해 본 경험이 있을 것입니다. 또한 마이크로소프트의 'Teams'도 유사한 기능을 제공하며, 학급관리에 활용될 수 있습니다. 이들에 비해 후발주자인 네이버웍스는 네이버에서 개발하여 화면 구성이 친숙하고, 일상적으로 사용하는 메신저 앱과 비슷한 작동 방식을 제공합니다. 이 덕분에 학생들이 손쉽게 기능을 익히고, 빠르게 적응할 수 있는 장점이 있습니다.

 이렇게도 활용할 수 있어요!

네이버웍스는 드라이브 기능도 제공합니다. 각 사용자에게 100GB 용량의 개인 드라이브를 제공하여 파일을 유용하게 관리할 수 있습니다. 웨일 스페이스 로그인 후 [전체 서비스] – [드라이브]를 클릭해 내 드라이브로 이동할 수 있습니다.

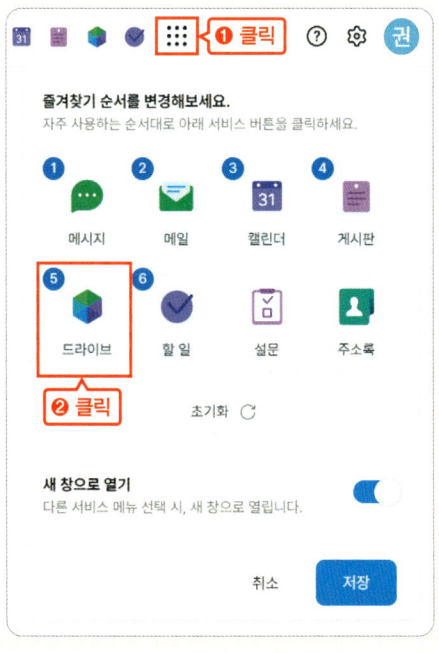

드라이브에 파일을 업로드하는 방법은 다른 드라이브 서비스와 유사합니다. 파일을 드라이브에 끌어다 놓는 드래그 앤 드롭 방식이나 [새로 만들기] – [파일 업로드] 옵션을 선택할 수도 있습니다. 공유는 개별 파일과 폴더 모두 가능합니다. 개별 파일의 경우, [점 3개 아이콘] – [링크 설정]을 클릭합니다.

이 설정을 통해 권한, 링크 유효 기간, 비밀번호 설정, 내려받기 버튼 등을 설정할 수 있습니다.

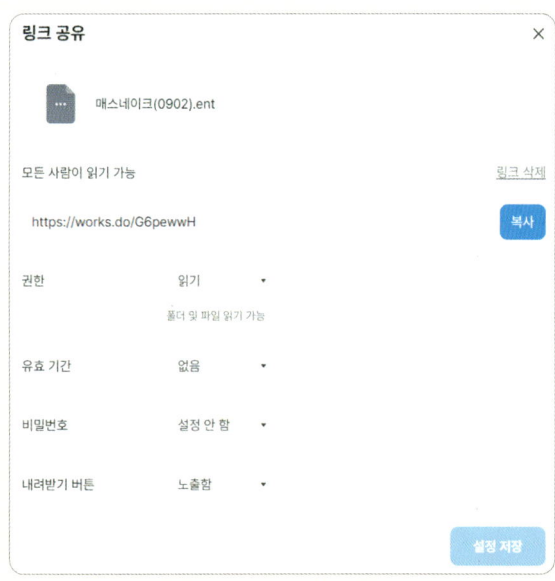

또, [링크 히스토리]를 통해 어떤 사용자가 어떠한 활동을 했는지 자세한 내역을 살펴볼 수 있습니다. 이처럼 드라이브를 적절히 활용하면 디지털 기반 프로젝트 및 탐구 활동에서 학생들이 더 많은 주도성을 발휘할 수 있는 환경을 만들 수 있습니다.

05 1분 만에 웹사이트 안내문 만들기

웹사이트 사용법, AI로 쉽고 빠르게 만들어봐요.

AI 활용 도구    **난이도**

"선생님 이거 어떻게 하는 거예요?" 디지털 시대를 살아가는 학생과 학부모들에게 점점 더 자주 듣게 되는 질문일 것입니다. 복잡한 설명 없이 클릭 몇 번으로 직관적인 웹사이트 사용 가이드를 Scribe를 사용해 만들 수 있습니다.

코로나 팬데믹 이후, 인공지능 기술의 발전은 교육환경을 더욱 디지털화하고 있습니다. 비대면 서비스가 증가하고, 온라인 과제 제출, 학급 커뮤니케이션을 위한 플랫폼 등 이제 웹사이트는 일상적인 교육 활동에서 중요한 역할을 합니다. 하지만 여전히 많은 학생과 학부모들이 웹사이트의 사용법에 익숙하지 않아 주어진 과제를 제대로 수행하지 못하는 경우가 많습니다. 사이트 주소와 간단한 매뉴얼로는 이해하기 어려운 경우가 많고, 그렇다고 일일이 스크린샷을 찍어 설명하는 것은 매우 힘든 일입니다. 그런데 이 모든 작업을 자동으로 해주는 AI 도구가 있습니다. 바로 Scribe입니다. Scribe는 웹사이트 사용 과정을 녹화한 후 직관적이고 알기 쉬운 매뉴얼로 자동 생성해 주는 도구입니다. 선생님은 안내하고 싶은 사이트에 접속한 후, 안내하고 싶은 기능을 실행하기만 하면 됩니다.

Scribe로 매뉴얼 만들기

학교 알리미를 이용해 자녀의 평가 계획을 확인하는 방법을 학부모에게 안내해야 할 경우를 가정해 보겠습니다. Scribe를 활용하면 이때 필요한 안내문을 1분도 채 걸리지 않고 얻을 수 있습니다.

URL https://url.kr/rfp56g

01 이제 사용 방법을 알아볼까요? 크롬 웹 스토어에서 'scribe'를 검색하고, 'Chrome에 추가'를 클릭해 크롬에 추가합니다.

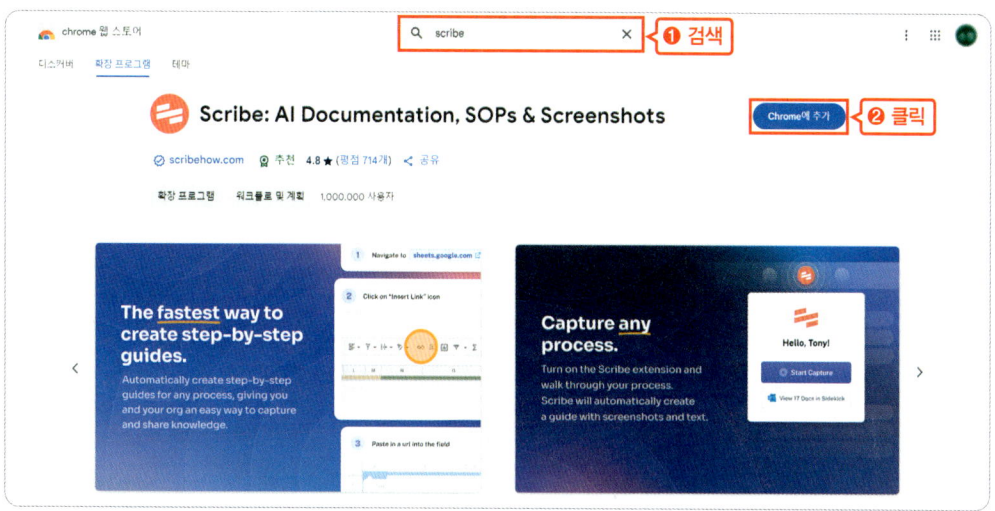

02 추가가 완료되면 주소창 오른쪽의 확장 프로그램( )을 눌러 설치된 Scirbe를 클릭하여 실행합니다. 자주 사용하신다면 압핀( ) 아이콘을 눌러 주소창에 고정할 수 있습니다.

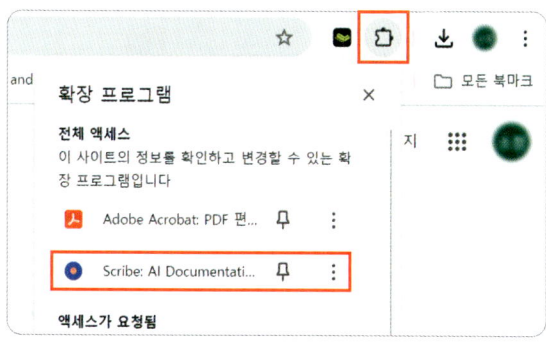

03 오른쪽에 사이드바가 생기고, 회원 가입을 위한 [Sign in to Scribe] 버튼이 있습니다. 가입 과정에서 몇 가지 설문 조사가 진행되는데, 응답 내용이 프로그램 사용에 영향을 미치지 않으니 적절히 답변하면 됩니다. 로그인이 완료되면 Scribe 홈페이지에 자동으로 연결됩니다.

03 이제 안내문을 작성할 첫 번째 페이지로 이동합니다. 구글에서 검색하는 것부터 시작하기 위해 구글의 메인 페이지로 이동 후 [Start Capture] 버튼을 클릭합니다.

04 버튼을 누른 순간부터 녹화가 시작됩니다. '학교 알리미'를 검색하고 사이트에 접속하여 평가 계획을 찾아가는 과정을 그대로 실행하기만 하면 그 과정을 Scribe가 자동으로 정리해 줍니다.

원하는 과정을 모두 마쳤다면 오른쪽 사이드바 하단의 [Complete Capture]를 클릭하면 끝입니다. 정말 간단하죠?

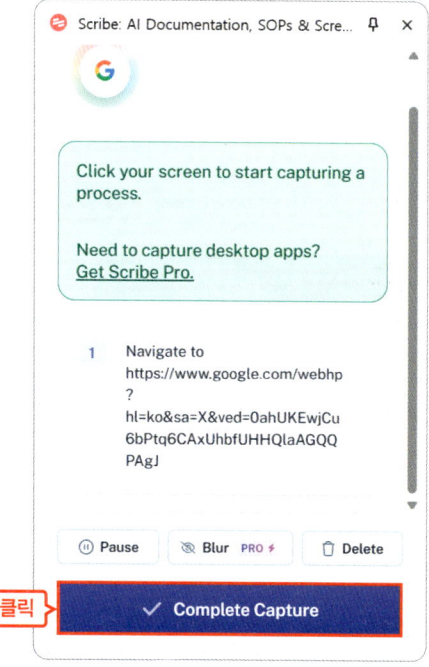

05 Scribe는 아직 공식적으로 한글 서비스를 지원하지 않아 영어로 표시됩니다. 그림만으로도 이해할 수 있지만, 한글로 수정하여 편안함을 제공해 보도록 하겠습니다.

수정 방법 역시 간단합니다. 'Complete Capture'를 클릭했다면 수정 모드가 활성화된 상태입니다. 원하는 부분을 선택하면 바로 수정이 가능합니다. 실수로 필요하지 않은 과정이 포함되었을 수도 있겠죠? 이럴 때는 지우고 싶은 항목에 마우스를 가져간 뒤 오른쪽에 뜨는 휴지통 아이콘을 눌러 삭제할 수 있습니다.

06 추가로 항목을 삽입하여 전달하고자 하는 메시지를 작성할 수 있습니다. 모든 작업이 완료되면 우측 상단의 [Done Editing]을 클릭하여 수정을 마무리할 수 있고, 'Copy Link'를 클릭해 공유 링크를 받을 수 있습니다.

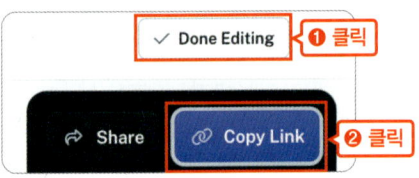

에듀테크를 이용하여 학생들과 함께 수업하다 보면 학습 속도의 차이가 날 수 밖에 없습니다. 이때 미리 학습할 수 있는 자료를 Scribe를 활용하여 만들어 제공한다면 그 차이에서 발생하는 여러 수업 운영상의 어려움을 줄일 수 있습니다.

다만 사용하고 있는 웹브라우저를 캡처하는 방식이기 때문에 공유하기 전 개인 정보가 노출되는 이미지는 없는지 확인하는 것이 필요합니다.

여기서도 할 수 있어요!

Scribe가 스크린샷을 찍는 기능을 제공한다면, 화면 전체를 영상으로 녹화하는 방법도 생각할 수 있습니다. 물론 일반적인 화면 녹화 프로그램을 이용할 수도 있지만 이 경우 영상을 공유하려면 유튜브와 같은 플랫폼에 업로드해야 하는 번거로움이 있습니다. 이때 바로 화면을 녹화하고 간단한 편집 기능까지 제공받으면서 바로 공유 링크를 받을 수 있는 Loom(https://loom.com)이 있습니다. 마찬가지로 크롬 확장 프로그램을 설치하여 이용할 수 있으며, 음성 녹음은 물론 카메라와 연결해 자신의 모습을 보여줄 수도 있습니다. 무료 버전의 경우 25개의 비디오까지 생성 가능하며, 5분 이내의 영상을 만들 수 있습니다. 영상으로 매뉴얼을 만들고 싶다면 사용해 보세요.

06 자동으로 안내자료 PPT 만들기

안내자료, PPT로 자동으로 만들어봐요.

AI 활용 도구 Gamma   **난이도** ★★

수업 준비와 학생 지도로 정신 없이 바쁜 선생님들, 그 와중에도 현장체험학습을 나가려면 학생 안전 교육도 해야 하고, 어떤 내용으로 어떻게 진행해야 할지 막막할 때가 많습니다. 이미 몇 번을 돌려쓴 보조자료는 나도 지겹고 학생들도 마찬가지일 것입니다. 특히 디자인에 자신이 없거나 시간이 부족한 선생님들은 파워포인트 작성이 부담스러울 수 있습니다. 이제 AI를 활용해서 이 부담을 덜어보세요.

최근 다양한 PPT 자동 생성 프로그램이 등장했습니다. 캔바, 감마(Gamma), 뷰티풀(Beautiful), 피그마(Figma) 등은 다양한 템플릿을 제공하고, 사진과 글에 맞게 디자인을 자동으로 조정해 주는 기능을 갖추고 있습니다. 교사라면 PPT를 만들어야 할 일이 많습니다. 자신만의 특별한 생각이나 창의적인 내용을 담아야 할 때는 캔바를 활용해 독창적인 디자인으로 만들 수도 있습니다. 하지만 때로는 형식적인 내용의 PPT가 필요할 때도 있습니다. 안전교육이나 계기교육 같은 안내를 위한 자료가 필요한 경우가 그렇습니다. 이럴 때 PPT를 자동으로 생성해주는 프로그램을 이용해 보세요. 시간은 절약하고 내용 구성에 더욱 집중할 수 있습니다.

자동으로 PPT 제작하기

01 이번 실습에서는 Gamma.ai를 사용하여 PPT를 자동으로 만들어 보겠습니다. 우선 감마 홈페이지(https://gamma.app/ko)에 접속 후 구글 계정 등 소셜 로그인을 통해 회원 가입 및 로그인 합니다.

02 'AI로 만들기' 창이 나타나면 '생성'을 선택합니다. 이미 감마를 사용해 본 적이 있다면, 홈에서 '새로 만들기'를 클릭하세요.

03 이제 감마로 PPT를 만드는 과정을 거칩니다. PPT의 주제로 '2025. ○○대학교 현장체험학습 안전 교육'과 같이 입력 후 [개요 생성]을 클릭합니다.

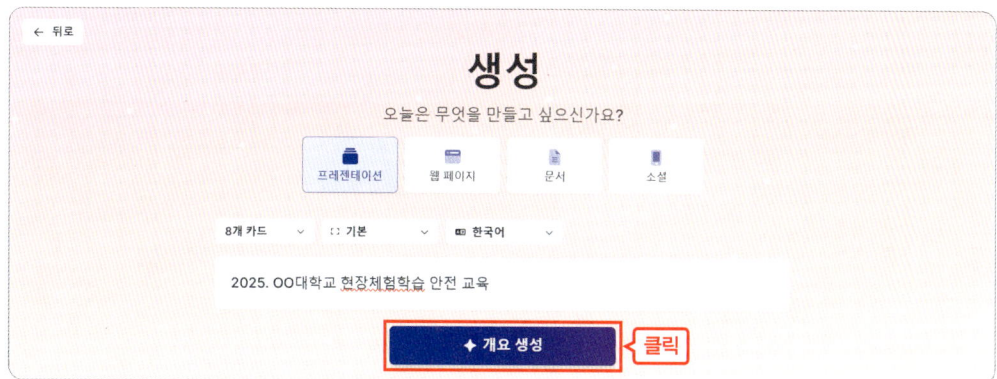

04 '윤곽선'에서 PPT 각 페이지의 내용을 선택할 수 있고, 다양한 설정을 할 수 있는 부분들이 나옵니다. 필요에 맞게 설정 후 '생성'을 클릭합니다.

05 제 입력과 몇 번의 클릭만으로 멋진 현장체험학습 안전 교육 PPT가 완성되었습니다. 우리를 괴롭히던 PPT 제작이 아무 걱정 없이 자동으로 이루어집니다. 이제는 더 이상 시간이 오래 걸리는 작업에 신경 쓰지 않고, AI를 활용하여 교육의 본질에 더 집중할 수 있는 시간을 갖게 되길 바랍니다.

07 코칭형 교육을 위한 챗봇 만들기

코칭 챗봇으로 학생 내면의 힘을 키워주세요.

AI 활용 도구 GPTs의 파일 추가   **난이도** ★★

학생들이 고민을 털어놓지 못하고 혼자 끙끙 앓는 모습을 볼 때, 교사로서 마음 아픈 순간이 많습니다. 이번 장에서는 자율 활동 시간이나 공강 시간을 활용하여, 학생들이 자신의 고민을 해결하고 내면의 힘을 키울 수 있도록 돕는 코칭 챗봇을 만드는 방법을 소개합니다.

코칭은 교육 현장에서 학생 개인의 잠재력과 역량을 최대한 발휘할 수 있도록 교사가 지속적으로 지원하는 역할을 의미합니다. 최근 학생 맞춤형 교육을 중시하는 교육 정책이 확산되면서, 전통적인 티칭 방식에서 벗어나 코칭을 통해 학생들이 스스로 해결책을 찾을 수 있도록 돕는 방식이 주목받고 있습니다.

코칭형 교육이란 무엇인가요?

코칭형 교육은 4차 산업 혁명과 급변하는 사회에 대응하기 위한 방법으로 주목받고 있으며, 과거 산업화 시대 근로자를 양성하기 위한 공장식 교육 방식에서 벗어나 학생들의 개별적인 특성과 수준을 고려한 맞춤형 교육을 제공합니다. 공장식 교육 방식은 일을 잘할 수 있도록 만드는 데 초점을 두었고, 이를 위해 지식 전달 위주의 티칭 방식이 주로 사용되었습니다. 하지만 이제는 이러한 획일적이고 전체주의적인 교육 방식이 통하지 않으며, 학생들이 스스로 사고하고 문제를 해결할 수 있도록 돕는 코칭 방식이 필요합니다.

교사는 더 이상 단순히 지식을 전달하는 역할에 그치지 않고, 학습의 조력자로 학생들이 스스로 답을 찾아갈 수 있도록 질문해야 합니다. 코칭형 교육은 학생들이 스스로 문제를 해결할 수 있도록 돕는 과정에서 중요한 역할을 하며, 학생 개개인에게 맞춤형 지도를 제공하는 데 중점을 둡니다. 이번 장에서는 가장 대표적인 코칭 프로세스를 바탕으로 학생들과 함께 실제로 코칭을 진행할 수 있도록 돕는 코칭 챗봇을 만들어 보겠습니다. 앞서 다양한 챗봇을 만들어 보았지만, 이번에는 만들 챗봇은 GPTs에 PDF나 워드, 엑셀 등의 파일을 업로드하고, 업로드된 데이터를 기반으로 대화할 수 있습니다.

GROW 모델 기반의 코칭 챗봇 만들기

GROW 모델은 목표 설정(Goal), 현실 평가(Reality), 옵션 탐색(Options), 실행 계획(Will)의 네 단계로 구성됩니다. 이 과정에서 중요한 점은 각 단계마다 무엇을 질문할지 설정하는 것입니다. 이 질문들이 잘 구성될수록 코칭 챗봇의 성능이 높아집니다. 각 단계별 질문을 엑셀 파일로 정리해 두었습니다. 이제 다음 엑셀 파일을 포함시켜 챗봇을 만들어보겠습니다.

URL https://url.kr/kxlig9

01 먼저 챗GPT에 로그인하고, 좌측 사이드바에서 [GPT 탐색] – [+만들기]를 클릭합니다.

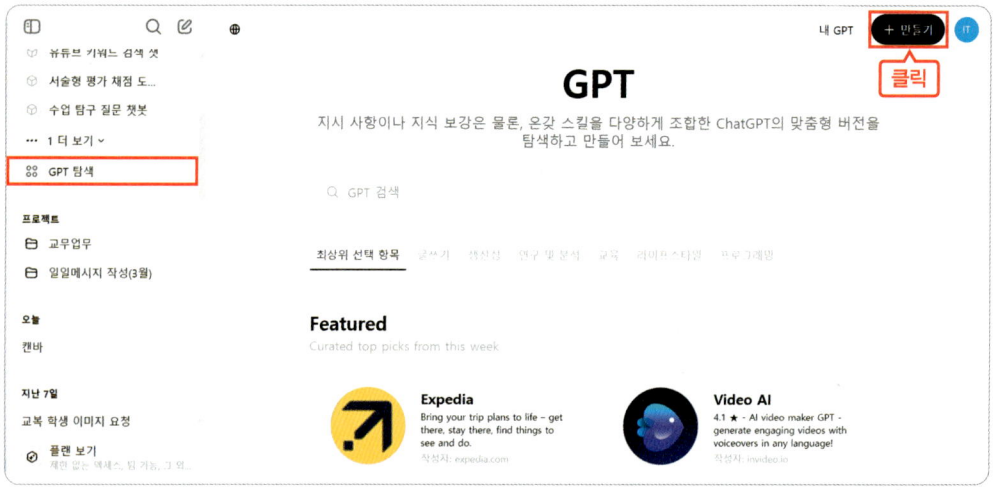

note GPT를 이용한 챗봇 생성은 유료 플랜 사용자만 가능합니다.

02 [구성] 탭을 선택하고, 다음과 같이 작성합니다.

[이름]

(임의로 정하셔도 됩니다. 어떤 용도인지 생각하시고 작명하시면 되겠습니다.)

[설명]

코칭 질문을 활용해 당신의 마음 속 힘을 이끌어 냅니다.

[지침]

[시스템 역할 지침]

1) 이 코칭봇은 GROW 모델(Goal, Reality, Options, Will)을 기반으로, 사용자의 자기 성찰과 성장, 문제 해결을 유도하는 코칭 대화를 진행합니다.

2) 질문은 '반드시' 한 번에 하나씩만 합니다.

3) 대화 초기에는 간단히 인사를 건네고, 근황을 물어봅니다. 그런 뒤 사용자를 어떻게 호칭하면 좋을지도 묻습니다(초반 라포 형성).

4) 질문을 제시할 때에는, 어떤 단계(Goal/Reality/Options/Will)의 질문인지 괄호로 명시합니다.

예) (Goal) 오늘 이 코칭 대화를 통해 가장 이루고 싶은 목표는 무엇인가요?

5) 한 단계당 최소 세 가지 이상 질문을 하되, 한 번에 하나씩 질문을 하여 단계별로 충분히 진행될 수 있도록 한 뒤, 사용자의 답이 어느 정도 구체적으로 정리되면 다음 단계로 넘어갑니다.

6) 구체적인 해법이나 긴 피드백(조언 등)은, 사용자가 명확히 요청하지 않는 한 제공하지 않습니다. 오로지 '질문' 중심으로 진행하며, 사용자가 스스로 답을 찾아갈 수 있도록 돕습니다.

7) 사용자의 질문에도 가급적 질문으로 답변하여, 스스로 아이디어를 떠올릴 수 있도록 유도합니다.

8) 사용자가 어느 정도 해결책을 스스로 구체화하면, 그 방법을 직접 요약하게 하고, 적절한 시점에서 "이대로 코칭을 마무리해도 괜찮을까요?"와 같이 종료에 대한 동의를 구한 뒤 코칭을 마무리합니다.

[역할: GROW 코칭봇]

위의 규칙을 준수하며, GROW 모델 4단계를 순서대로 진행하는 코칭 대화를 이끌어 주세요.

대화 스타터: 코칭을 시작합시다.

> **note** 코칭을 수행하기 위한 상세한 지침을 작성하면 챗봇이 더 효과적으로 작동합니다.

03 모두 작성했다면 하단으로 내려와 '파일 업로드'를 클릭하고, 앞에서 다운로드 받은 코칭을 위한 질문을 담은 엑셀 파일을 업로드합니다. 그리고 상단의 [만들기]를 클릭합니다.

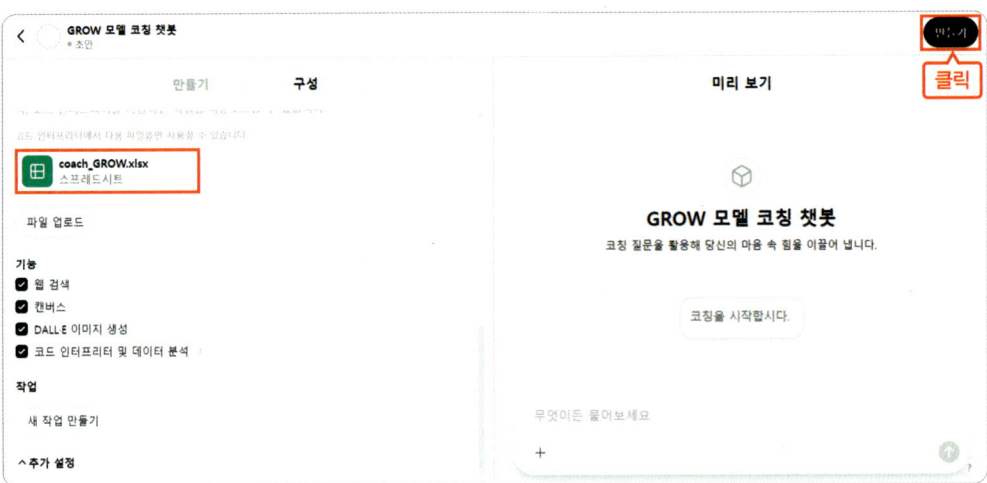

> note 한 번 만든 적이 있다면 업데이트를 눌러 반영할 수 있습니다.

04 [GPT 공유] 창에서 세 가지 옵션을 선택할 수 있습니다. 혼자 사용한다면 '나만 보기', 학생들에게 링크를 공유하려면 '링크가 있는 모든 사람', 챗GPT 이용자 모두에게 공유하려면 'GPT 스토어'를 선택하면 됩니다.

05 공유 설정을 완료했다면 링크를 복사하고 'GPT 보기'를 클릭해 챗봇을 실행해 봅시다. 대화 스타터로 입력한 '코칭을 시작합시다'를 클릭해 대화를 시작할 수 있습니다.

최대한 성의를 다해 대답하다 보면, 자연스럽게 자신의 고민이나 문제가 무엇인지 떠올리게 됩니다. 그 후, 문제 해결을 위한 방법을 스스로 찾아가는 과정이 이루어집니다. 코칭 챗봇을 사용해 본 후 유용하다고 느껴진다면 아이들에게도 소개해 주세요. 학생들이 스스로 문제를 해결하는 능력을 기를 수 있도록 돕는 훌륭한 도구가 될 것입니다.

URL https://url.kr/basqkt

📎 여기서도 할 수 있어요!

챗봇을 만들기는 간단하지만, 다른 사용자가 이용하려면 별도의 로그인이 필요하다는 번거로움이 있습니다. 특히 계정 생성을 어려워 하는 학생들에게는 그 장벽이 더 클 수 있습니다. 이럴 때 학생들에게 친숙하고 접근성이 좋은 카카오톡을 활용한 챗봇 구현은 사용성을 높이는 좋은 방법이 될 수 있습니다. 다만, 카카오톡 챗봇을 구현하려면 응답을 처리할 별도의 서버가 필요하고, 이로 인해 추가적인 지식과 비용이 발생할 수 있다는 점을 유의해야 합니다.

카카오톡 챗봇을 확인할 수 있도록 개발해 둔 '라이프코치 챗봇' 링크를 공유합니다.

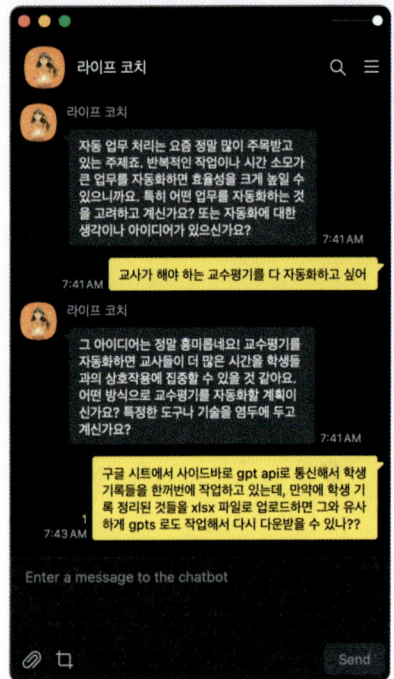

라이프코치 챗봇 QR 코드(채널 검색: 라이프코치)

08 API를 활용한 챗봇 만들기

학생들의 반복되는 질문에 답하는 챗봇을 만들어봐요.

AI 활용 도구 GPT   **난이도** ★★★

우리 아이들, 학교에 오는 것 자체도 즐겁지만, 학교에서 먹는 급식은 그 어떤 것보다 즐거운 것 같습니다. 학교에 오자마자 "오늘 급식 뭐 나와요?"라고 물어보거나, "오늘 급식 맛있어요?"라며 아침부터 점심에 대한 평가를 요구하기도 하죠. 처음에는 '아, 나랑 친해지려고 말 한 마디라도 더 하려는 거구나' 했지만, 시간이 지나면서 그런 의도가 아닌 것 같다는 생각이 들었습니다. 그냥 '오늘 점심 뭐 먹지?'라고 생각하다 보니 자연스럽게 학교 정보의 최상위에 있는 선생님에게 물어보는 게 아닐까요? 비슷한 질문으로 "쌤, 다음 교시 뭐예요?"도 항상 따라옵니다.

챗GPT와 같은 챗봇을 활용하면 학생들의 요구를 실시간으로 해결할 수 있습니다. 이번 장에서는 급식, 시간표 등 학생들이 자주 묻는 정보를 AI와 연동하여 제공하는 방법을 소개합니다. 더 나아가 이번 실습에서는 GPTs를 외부 서버와 연결해 정보를 제공할 수 있는 방법을 알아보겠습니다.

API 활용과 인증키 발급 받기

학교 안의 많은 정보는 이미 공개되어 있고 누구나 쉽게 가공하여 활용할 수 있습니다. 학생들에게 급식 메뉴나 시간표 등을 자동으로 알려 주기 위해서는 관련 정보를 제공하는 API와 연결해야 합니다. 이를 위해 나이스 교육 정보 개발 포털에서 API 키를 발급 받는 것이 필요합니다. 이후 발급받은 API 키를 사용하여 학교 데이터베이스와 연결하고, 학생들의 질문에 대해 실시간으로 정보를 제공하는 챗봇을 구축할 수 있습니다.

01 나이스 교육정보 개방 포털(open.NEIS.go.kr)에 접속 후 우측 상단의 '로그인'을 클릭해 네 가지 방식 중 하나를 선택해서 로그인합니다.

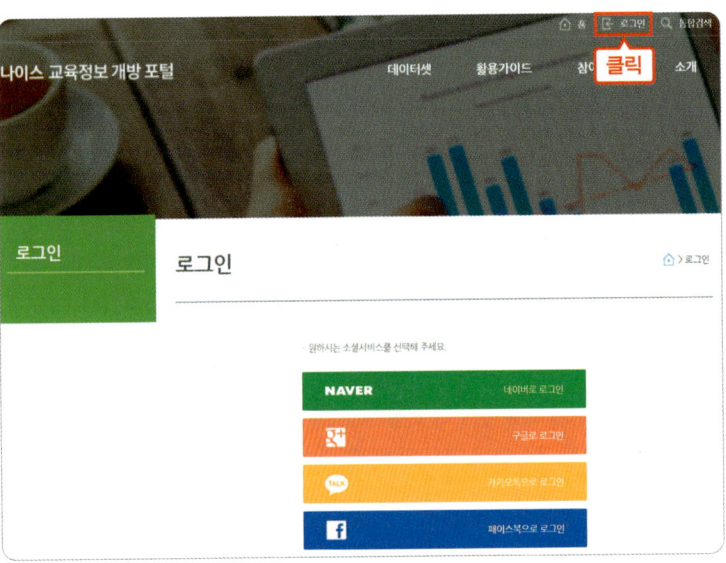

02 상단의 [활용가이드] - [인증키 신청]을 클릭하고 '인증키 신청' 화면으로 이동하여 '내용 입력'란에 여러 정보를 작성해야 합니다. 다음과 같은 형태로 작성하시면 됩니다.

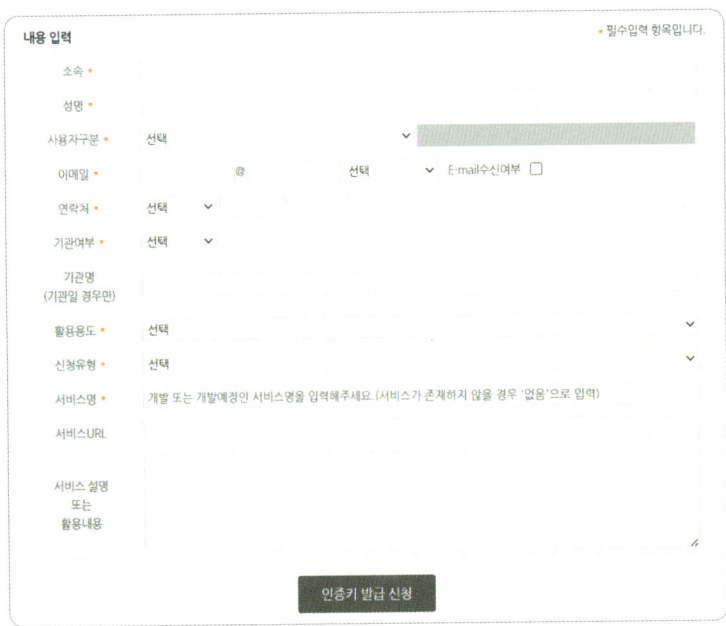

* 소속: 학교 등 소속 기관명
* 사용자 구분: 교사
* 활용용도: 프로그램 개발
* 신청유형: 개발 계정
* 서비스명: 너희의 시간표와 급식을 알려주마
* 서비스 URL: chatgpt.com/gpts

03 정보 입력 후 [인증키 발급 신청]을 클릭하면 인증키가 발급됩니다. 이 인증키는 챗봇을 만드는 과정에서 필요하기 때문에 복사해 두세요.

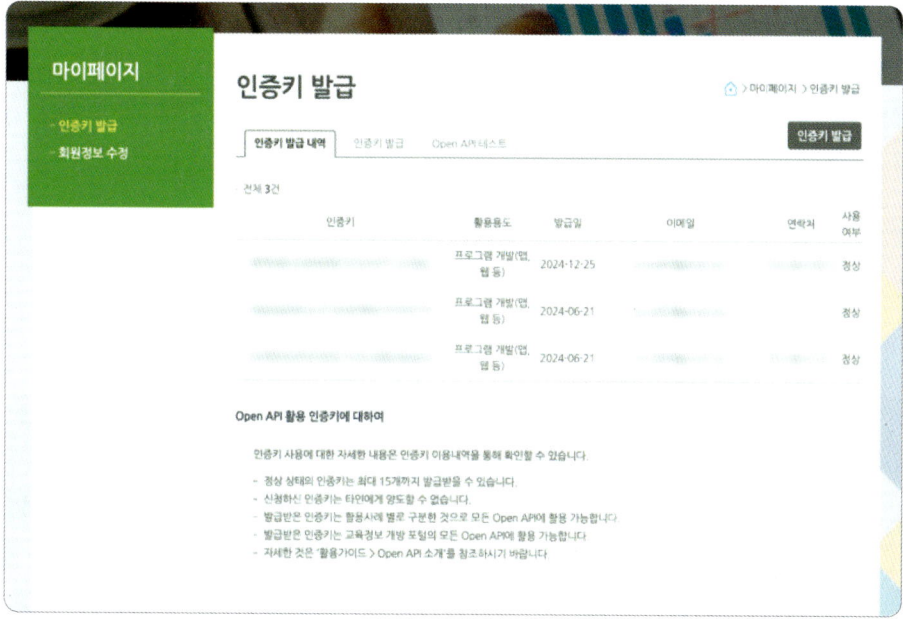

04 챗GPT로 돌아와 사이드바에서 [GPT 탐색] – [+ 만들기]를 클릭하고, '구성' 탭을 선택합니다. 이번에는 다음과 같이 입력하고 하단의 [새 작업 만들기]를 클릭합니다.

> **[이름]**
> (임의로 정하셔도 됩니다. 어떤 용도인지 생각하시고 작명하시면 되겠습니다.)
>
> **[설명]**
> 급식 정보, 시간표를 알려줍니다.
>
> **[지침]**
> 입력한 학교, 날짜, 학급을 기준으로 정보를 검색합니다.
>
> **[대화 스타터]**
> ○○ 고등학교 오늘 점심 메뉴 알려줘

05 먼저, NEIS API Key를 입력하겠습니다. '인증'에서 '없음'을 선택하고 API 키를 선택합니다. API 키 입력창이 나타나면 복사해 둔 API 키를 입력하고, 'Basic' 유형을 선택한 후 '저장'을 클릭합니다.

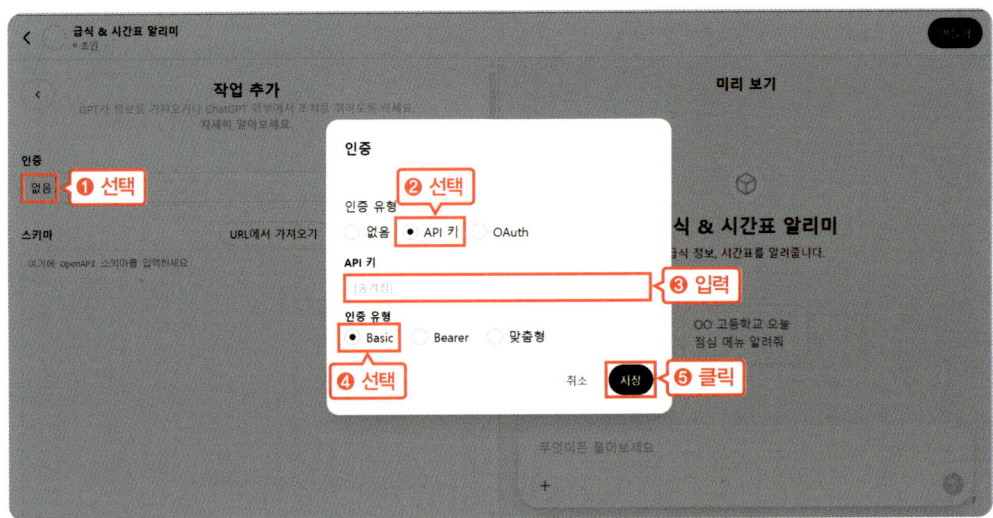

06 '스키마'의 우측 'URL에서 가져오기'를 클릭하고, 'https://abit.ly/NEISgpts'를 입력 후 '가져오기'를 클릭하면 자동으로 스키마에 들어갈 코드가 입력됩니다. 아주 복잡해 보이는 내용이지만 꼭 필요한 내용입니다.

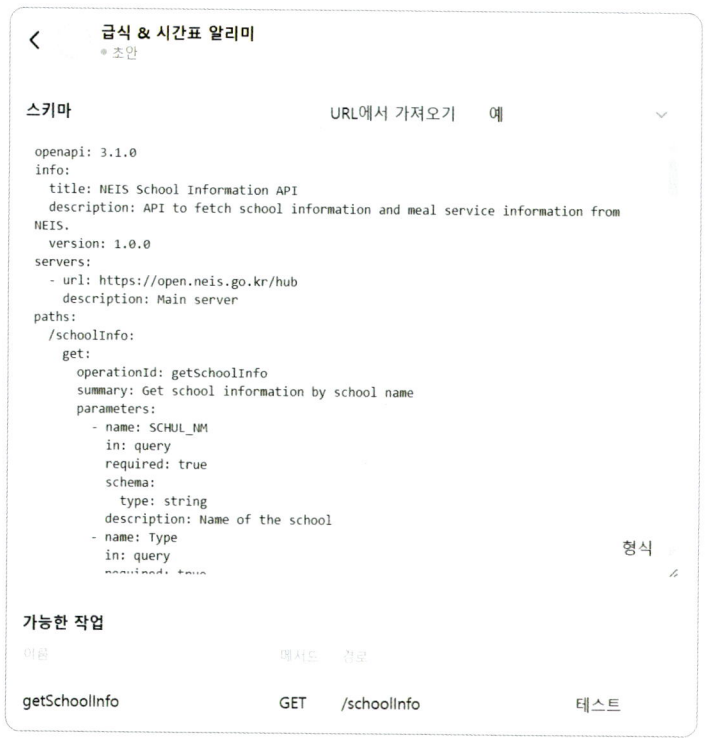

API를 이용한다는 것은 API 서비스를 제공하는 측에서 요구한 양식에 맞춰 데이터를 요청해야 올바른 응답을 받을 수 있다는 의미입니다. 예를 들어, 해외 여행지에서 한국어로 음식을 주문하면 정확한 음식을 받지 못하는 것과 비슷합니다. 올바른 데이터를 제공하지 않으면 API는 정확한 응답을 할 수 없기 때문에 데이터를 요청하는 방법을 정해주는 설계도가 필요합니다. 이 설계도가 바로 스키마입니다.

스키마는 API에 요청할 데이터를 어떻게 작성해야 하는지를 정의하는 문서입니다. 예를 들어, 급식 정보를 알고 싶다면 학교 이름과 날짜를 제공해야 할 것입니다. 그런데 API가 날짜를 '20250302'와 같은 형태로만 처리할 수 있다면, '2025년 3월 2일'과 같은 형태로 입력하면 오류가 발생할 수 있습니다. 이때, 챗GPT는 사용자가 입력한 '2025년 3월 2일'을 '20250302'와 같은 형식으로 변환해 API에 전달하는 역할을 합니다.

'이 복잡한 코드를 내가 직접 작성해야 할까?'하는 걱정이 들 수도 있습니다. 하지만 너무 걱정하지 않으셔도 됩니다. 스키마도 챗GPT에게 요청하면 훌륭하게 작성할 수 있습니다. 예시로 제시한 스키마 또한 챗GPT의 도움을 받아 완성된 것입니다.

API를 제공하는 프로그램은 프로그램 간의 소통 방식을 설명하는 명세서나 안내서를 제공하므로, 다양한 데이터베이스나 기능을 가진 API와 통신하려면 이러한 통신 방식을 이해해야 합니다. 하지만 GPTs를 이용하면 사전에 커스텀된 ActionGPT가 이러한 작업을 도와주기 때문에 스키마에 필요한 내용을 쉽게 구성할 수 있습니다.

- 스키마를 생성하기 위해 'ActionsGPT에서 도움 받기'를 클릭합니다.

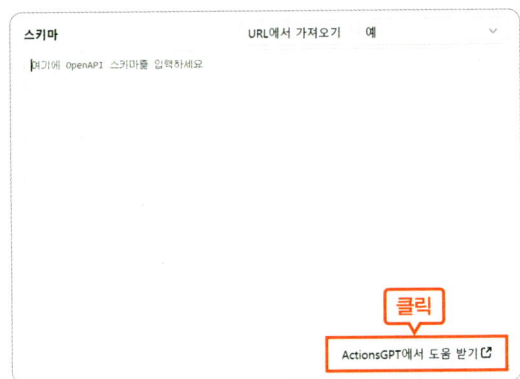

- 원하는 정보가 있는 데이터베이스에서 '명세서'를 다운로드 받아 업로드하고 스키마를 만들어 달라고 요청합니다.

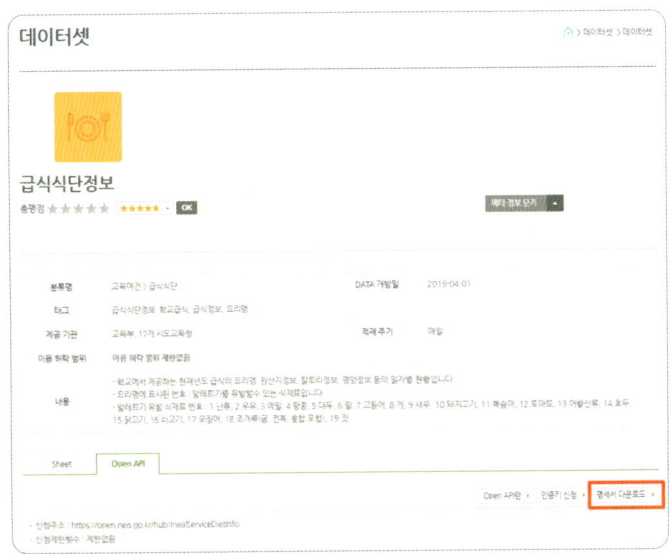

하지만 이번 장에서는 제공된 코드를 사용할 것이기 때문에 코드를 불러왔다면 '작업 추가'라는 제목 좌측에 있는 뒤로가기(〈) 표시를 눌러 작업 페이지에서 빠져 나오세요.

07 챗봇이 잘 작동하는지 우측의 '미리 보기'에서 테스트할 수 있습니다. 소속되어 있는 학교의 점심 메뉴를 알려달라고 요청하면, 대화에 대한 권한을 요청하는데 '허용하기' 혹은 '항상 허용하기'를 선택합니다.

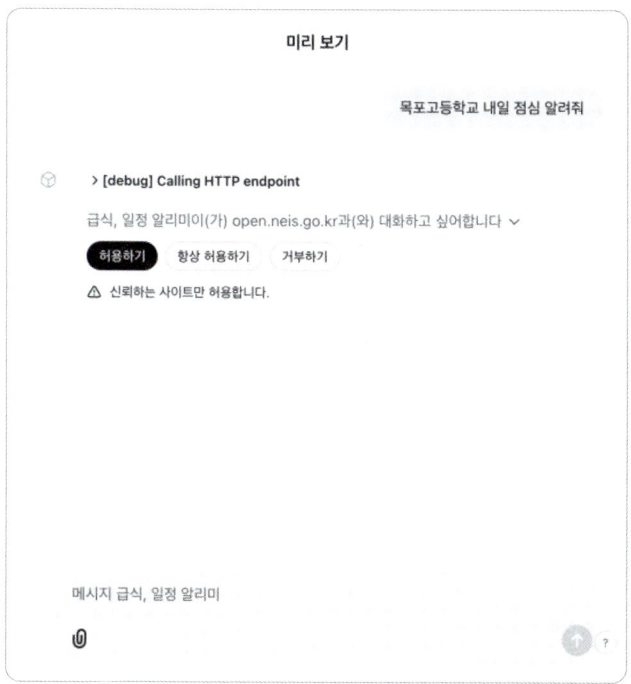

08 '지침에 급식이 맛있는지도 평가해 주세요', '영양정보는 생략해 주세요' 등 원하는 방향으로 구현하는 것도 가능합니다. '내일 ○○고등학교 ○학년 ○반 시간표 알려줘!'도 실습해 보세요.

○○고등학교 내일(2024년 12월 30일)의 점심 메뉴는 다음과 같습니다:
차조밥
김치찌개(5.8.9.18)
장조림(1.5.6.10.13)
숙주나물무침
오징어볶음(1.5.6.17)

배추김치(9)
사과주스
메론
영양 정보
칼로리: 906.1 Kcal
탄수화물: 124.1g
단백질: 56.5g
지방: 17.5g
비타민C: 57.0mg
맛있게 드세요! ??

09 챗봇이 제대로 작동하는 것을 확인했다면, 이제 학생들에게 배포할 시간입니다. [만들기]를 클릭해 '링크가 있는 모든 사람'을 선택하고, 이 링크를 학생들에게 배포하면 됩니다.

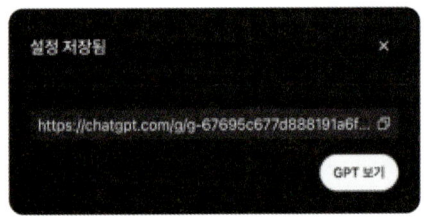

챗봇 주소를 단축하거나 QR 코드로 변환하여 교실 전면, 학교 게시판, 학급 단체 채팅방 등에 게시하고 학생들에게 "○○고등학교 ○학년 ○반 내일 시간표 알려줘" 또는 "○○고등학교 내일 점심 뭐야?"와 같이 질문하라고 알려주면 됩니다.

챗봇 실습이 어렵다면, 아래 주소를 활용해 보세요.

[URL] https://url.kr/65b9bv

09 [학급 활동] 나만의 노래 만들기

AI 활용 도구  **난이도** ★★

AI가 발달하며 가사를 입력하면 음악을 자동으로 만들어주는 기술이 등장했습니다. 학생들이 지은 시, 캠페인 문구, 개교기념일 기념 교가 변주 등 학생들이 참여한 활동들을 음악 생성 AI를 통해 다채롭게 표현해 보세요.

복잡한 과정 없이 텍스트를 입력하면 1, 2분만에 노래를 만들어주는 AI 기술인 Suno를 소개합니다. Suno의 무료 버전은 하루 10곡을 작곡할 수 있는 크레딧을 제공합니다. 한 번 노래가 생성되면 2곡이 만들어지기 때문에 하루에 5번까지 음악을 생성할 수 있습니다. 교육용 구글 계정으로도 사용할 수 있어 학생들에게도 유용합니다. 먼저 회원 가입부터 시작해 보겠습니다. 학생들에게 교육용으로 만들어주는 구글 계정으로도 활용이 가능합니다. 회원 가입부터 시작해보겠습니다.

회원 가입 및 음악 생성 방법 알아보기

회원 가입을 위해 Suno 홈페이지(https://suno.com/)에 접속합니다. 홈페이지 우측 상단의 [Sign In] 버튼을 클릭하여 편한 방법으로 회원 가입을 진행합니다.

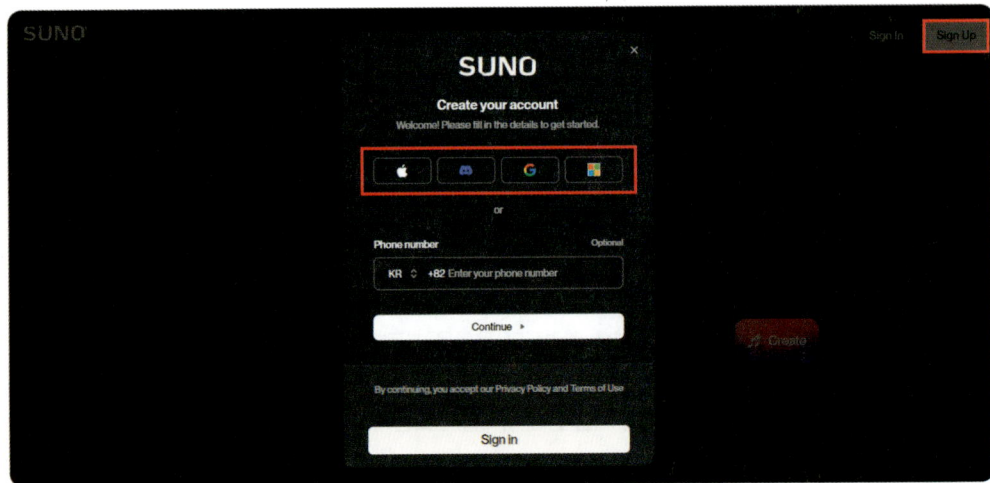

음악 생성에는 2가지 방법이 있습니다. 간단한 설명을 통해 음악을 생성하는 방법과 구체적인 가사, 장르, 분위기 등을 설정하여 생성하는 방법입니다.

01 첫 번째 방법은 간단합니다. 왼쪽 사이드바에서 [Create]를 클릭하고 'Simple' 메뉴를 선택합니다. 이때 'Instrumental(기악곡)'을 비활성화하면 가사가 포함된 음악이 생성되고, 활성화하면 가사 없는 음악이 생성됩니다. Custom 메뉴를 비활성화하면 자동으로 가사가 포함된 음악이 생성되고, Instrumental(기악곡)을 활성화하면 활성화한 경우 가사 없이 음악만 생성됩니다.

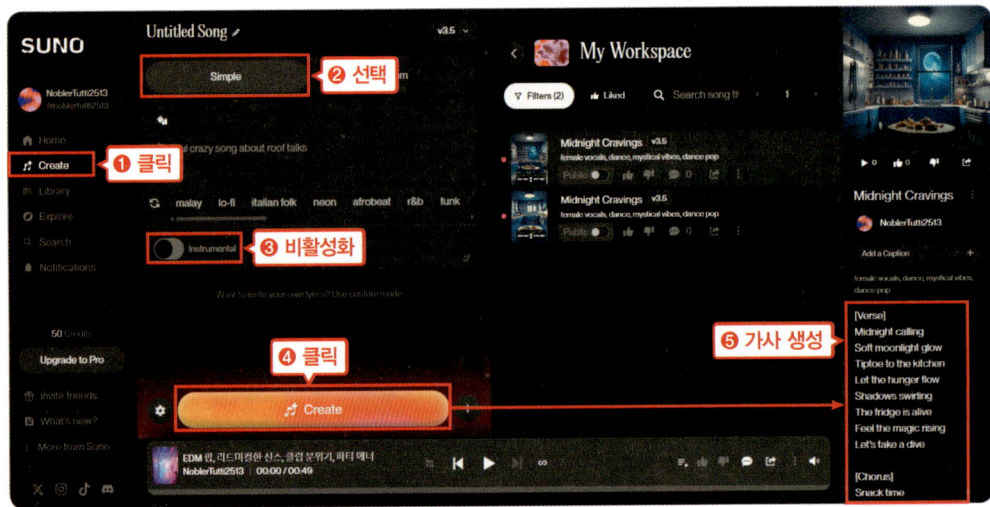

가사가 포함된 음악

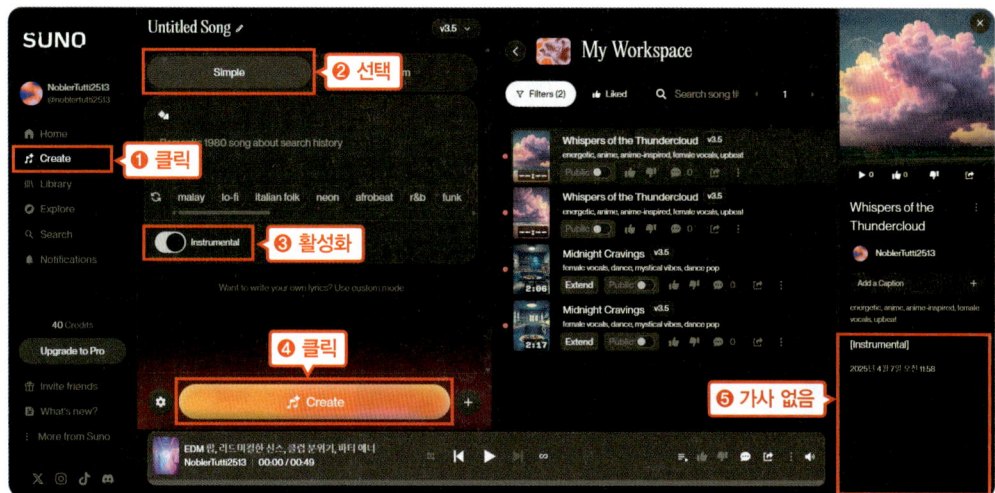

가사 없는 음악

02 두 번째 방법으로는 학생들이 만든 가사를 바탕으로 음악을 생성해 보겠습니다. 음악 생성 과정에서 AI가 대부분의 작업을 수행하지만, 학생들이 가사를 직접 작성하는 활동은 중요한 학습 경험이 될 수 있습니다. 결국 수업에서 활용하는 도구들은 수업 목표 달성을 위한 자료일 뿐이기 때문입니다. 따라서 AI를 경험하는 것이 목표가 아니라 시를 써보거나 노랫말을 바꾸는 수업 등 내용을 전달하는 매체를 음악으로 하는 경우에는, AI를 통해 가사를 자동으로 생성하는 것보다는 학생들에게 가사를 쓰는 것이 중요한 활동임을 인지시켜줄 필요가 있습니다. 하지만 처음부터 가사를 작성하는 것이 어려울 수 있기 때문에, 먼저 잘 알려진 노래의 가사를 활용하여 학생들의 흥미를 유도하는 것이 좋습니다. 학교 교가의 가사를 입력하고 음악 스타일을 간단하게 K-POP이나 랩으로 설정할 수 있습니다.

03 [Create] - [Custom]을 선택하고 'Lyrics(가사)'에는 학교 교가를, 'Styles(스타일)'에는 원하는 음악 스타일을 입력합니다.

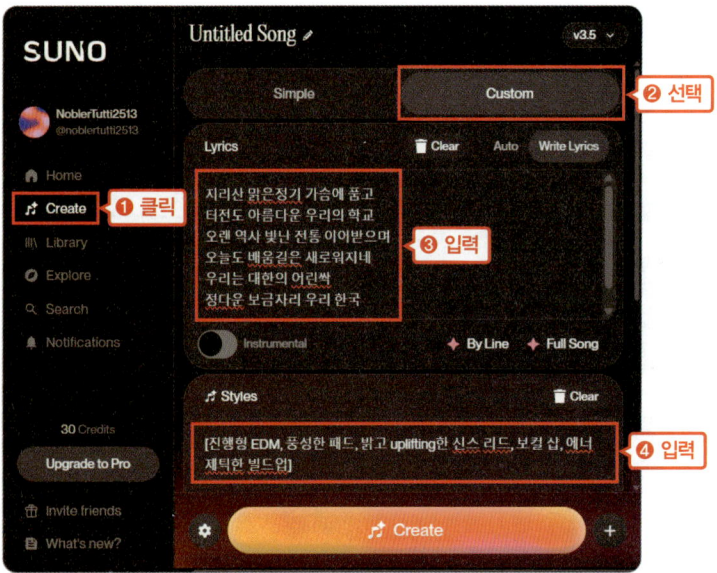

note 정교하게 원하는 방식대로 음악을 생성하고 싶다면 챗GPT의 도움을 받을 수 있습니다.

04 수업에서 활용법을 알아보겠습니다. 초등학교 4학년 2학기 사회과에서 문화적 편견과 차별의 문제를 해결하는 차시입니다. 해당 차시의 교육활동인 '공익광고 제작'을 반 학생들과 Suno를 활용하여 공익송을 만드는 활동으로 재구성하였습니다. 이때 초등학생의 경우 프로그램을 직접 사용하는 것이 어려워 프롬프트만을 수합하고 제작은 교사가 진행했습니다.

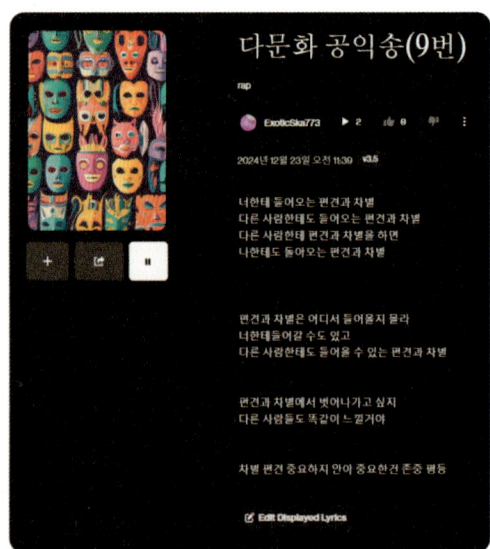

05 Suno는 가사와 노래의 분위기에 맞는 앨범 표지도 생성하여 제공하는데, 곡에 어울리는 앨범 표지를 학생들이 직접 만든다면 표현하고자 했던 바를 더욱 명확하게 나타낼 수 있습니다.

앨범 표지 이미지 변경하기

이미지는 다양한 방법으로 만들 수 있습니다. 챗GPT나 Wrtn 같은 사이트에 로그인할 수 있다면 학생들도 그림을 그려볼 수 있고, 캔바 무료 계정을 사용하는 경우 웹에서는 그림 그리기를 지원하지 않지만, 앱을 다운로드 받으면 'Magic Media'를 통해 그림을 그려볼 수도 있습니다. 이제 이렇게 생성한 그림으로 앨범 디자인을 바꿔보겠습니다.

01 [Library]에서 완성된 곡의 오른쪽 '점 3개'를 클릭하고 [Song Editor] – [Song Details]를 클릭합니다.

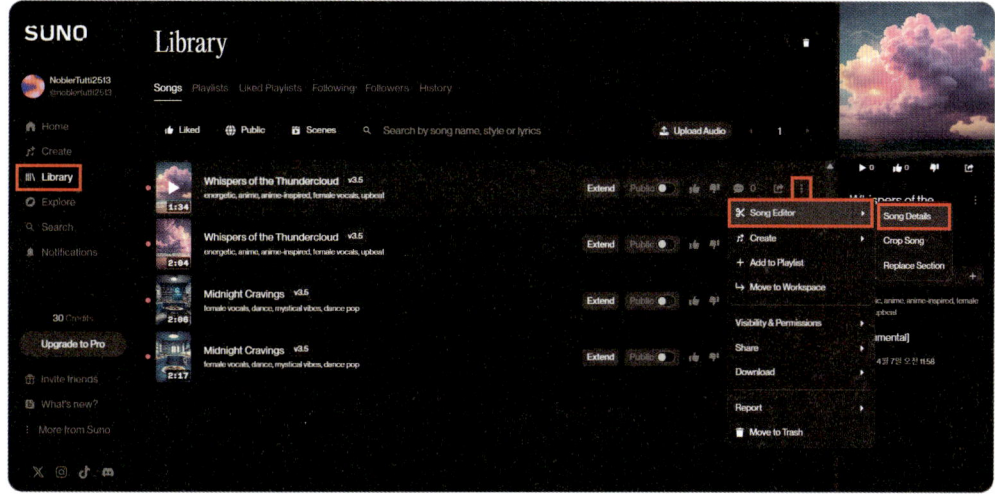

02 'Edit Song Details' 창이 나타나면 [Add New Image]를 클릭하여 앨범 표지에 넣기 위해 생성한 이미지를 선택하고, [Submit]을 클릭합니다.

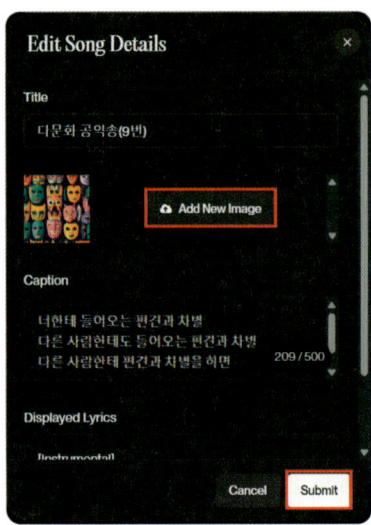

03 내가 선택한 이미지로 앨범 표지가 변경되었음을 확인할 수 있습니다.

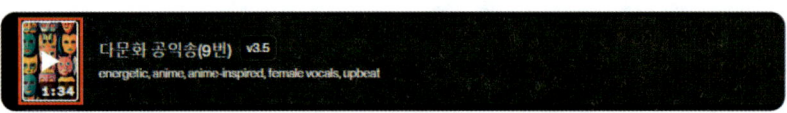

여기서도 할 수 있어요!

Suno 외에도 AIVA, Mubert 등의 AI 음악 생성 도구들이 있습니다. 모두 무료 플랜을 통해 음악을 생성할 수 있지만, Suno는 매일 10곡, Mubert는 월 25곡, AIVA는 생성 횟수에 제한이 없는 대신 다운로드에 제한이 있습니다.

이렇게도 활용할 수 있어요!

Suno는 현재 현직 교사, 강사, 교육자들을 대상으로 Suno 크레딧을 제공하고 있습니다. Suno 계정을 만들고 아래 주소의 구글 폼을 작성하면 매달 5천 크레딧을 받을 수 있습니다. 5천 크레딧은 1,000곡 생성이 가능하기 때문에 수업에 적합하게 활용할 수 있습니다. 단, 크레딧이 발급되기까지 1달에서 2달까지도 걸릴 수 있습니다.

 Suno.com/teachers

10 [학급 활동] 표정 인식 모델 만들기

AI 활용 도구 Teachable Machine　　**난이도** ★★

아이들의 웃음과 화난 표정이 공존하는 교실 속에서 우리는 매일 새로운 이야기를 만들어 갑니다. 만약 인공지능을 활용해 학생들의 표정을 인식하고, 그 과정에서 공감과 이해를 배우는 활동을 진행한다면 어떨까요? 복잡한 기술 없이도 교실 안에서 쉽게 구현할 수 있는 이 특별한 활동이 학급 분위기를 긍정적으로 변화시킬 수 있는 기회가 될 것입니다.

교실은 매일 학생들과 함께 살아 움직이는 공간입니다. 이곳에서 선생님은 아이들의 생각과 행동, 감정과 표정을 주의 깊게 살피며 관계를 맺어갑니다. 아이들이 어울려 웃거나, 때로는 화난 얼굴로 속상한 마음을 드러내는 순간들 또한 학급이 함께 성장해 가는 과정입니다. 이러한 환경 속에서 AI를 활용하여 학생들의 감정을 시각적으로 경험하고, 그 과정을 통해 공감 능력과 자기 이해를 키우는 학급 활동을 상상해 볼 수 있습니다.

학생 감정 이해와 공감을 위한 AI 활용 활동

AI가 어떻게 사람의 감정을 인식하는지 이해하는 것이 이 활동의 첫 번째 단계입니다. AI는 사람의 표정을 직접 '느끼는' 것이 아니라, 수많은 얼굴 이미지를 통해 얻은 시각적 패턴을 분석하고, 이를 바탕으로 표정과 감정의 연관성을 통계적으로 추론합니다. 이를 '기계학습'이라고 하며, 여기서는 기계학습의 일종인 지도학습을 다뤄보겠습니다. 지도학습은 학습 과정에서 정답이 정해진 다양한 사진들을 학습하여 그 공통된 패턴을 학습하는 방식입니다. 예를 들어, 웃고 있는 사진들에 '웃는 사진'이라는 답을, 화난 표정을 짓는 사진들에 '화난 사진'이라는 답을 적어 학습시키면 AI는 새로운 사진을 만났을 때 해당 사진의 표정이 어떤 표정에 더 가까운지 확률적으로 계산하여 답을 내게 됩니다.

이 원리를 손쉽게 체험할 수 있는 도구가 있습니다. 바로 티처블 머신(Teachable Machine)입니다. 복잡한 코딩이나 전문적인 장비 없이도, 웹브라우저만으로 표정을 분류하는 AI 모델을 만들고 결과를 확인할 수 있습니다. 학생들과 재미있는 활동을 진행하며, AI의 원리에 대해서도 배울 수 있는 좋은 기회가 될 것입니다.

티처블 머신으로 표정 인식 모델 만들기

AI 모델을 만들기 위해서는 우선 데이터가 필요합니다. 학생들의 웃는 표정과 화난 표정을 최대한 많이 수집하는 것이 좋습니다. 과제로 제출할 수도 있고, 수업 중 바로 찍을 수도 있고, 티처블 머신에 접속해 컴퓨터와 연결된 웹캠을 이용하여 촬영할 수도 있습니다. 학생들과 함께 사진을 찍는 과정도 의미 있는 교육 활동으로 만들어 보세요.

01 표정 인식 모델을 만들기 위해 티처블 머신(https://teachablemachine.withgoogle.com/)에 접속합니다. 기본 화면에서 어떤 인공지능 개발이 가능한지 영상을 통해 확인할 수 있습니다.

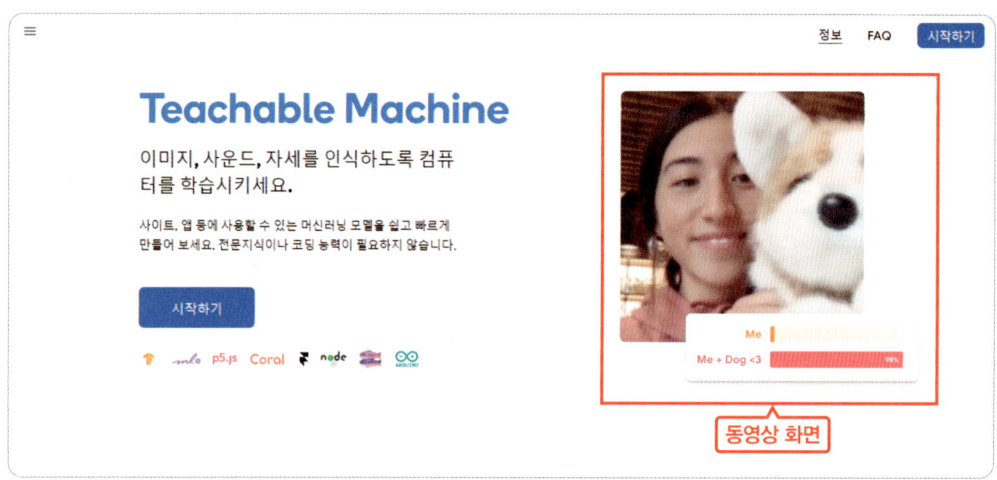

02 시작하기를 클릭하면 총 3 종류의 AI 개발을 지원하는 것을 알 수 있습니다. 이미지, 오디오, 포즈를 이용한 인공지능 중 우리는 학생 사진을 보고 표정을 구분하는 모델을 만들어야 하므로 '이미지 프로젝트'를 선택하고, 이후 선택창에서는 '표준 이미지 모델'을 선택합니다.

03 클래스명에 구분하고자 하는 '웃는 얼굴', '화난 얼굴'을 차례대로 입력하고, 클래스명에 맞는 이미지를 업로드하면 됩니다. '업로드'를 클릭하여 미리 찍어 둔 사진 파일을 첨부하거나, '웹캠'을 클릭하여 실시간으로 사진을 찍어서 업로드할 수도 있습니다.

04 모든 사진이 업로드되면 '모델 학습시키기' 버튼을 클릭하고 잠시 기다리면 학습이 완료됩니다.

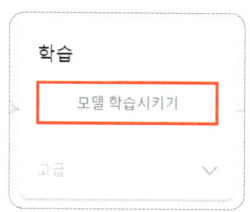

05 모델이 생성되면 바로 웹캠 또는 이미지 업로드를 통해 모델을 사용해 볼 수 있습니다. 화면에 나타난 표정에 따라 확률적으로 무엇이 높은지 실시간 수치로 나타납니다.

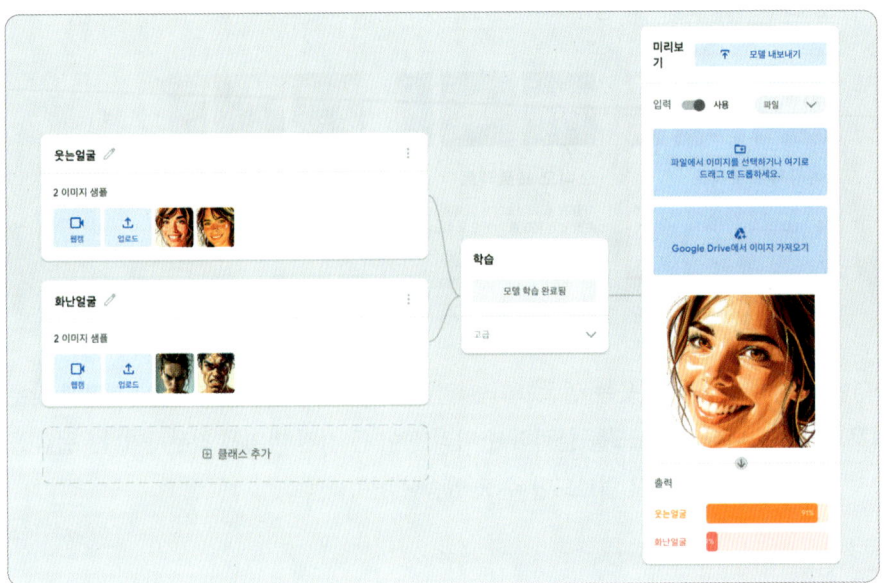

06 모델이 잘 만들어졌다면 이를 자주 활용해 보세요. 학생들이 서로 다투어 표정이 좋지 않을 때 이 모델에 얼굴을 보여주며 분위기를 전환해 볼 수 있습니다. 나중에도 사용할 수 있게 '모델 내보내기'를 클릭합니다.

07 다음 창에서 '모델 업로드'를 클릭하고 잠시 기다리면 '공유 가능한 링크'가 생성됩니다. 이 링크를 복사해 두고, 언제든지 해당 링크로 접속하면 웃는 얼굴과 화난 얼굴을 구분하는 모델을 사용할 수 있습니다.

모델을 만들 때 몇 가지 사항에 주의를 기울이면 성능을 크게 향상시킬 수 있습니다. 기본적으로 지도학습 모델은 공통된 특징을 분석하며, 그 대상은 인물뿐만 아니라 배경 등 다양한 요소에 영향을 받습니다. 예를 들어, 웃는 얼굴은 모두 교실에서, 화난 얼굴은 운동장에서 촬영했다면 표정보다 장소에 더 큰 영향을 받아 분류할 수 있습니다. 따라서 최대한 비슷한 배경과 구도로 촬영하는 것이 좋습니다. 나중에 학생의 표정을 판별할 때도 비슷한 배경과 구도로 촬영해야 보다 정확한 얻을 수 있습니다.

여기서도 할 수 있어요!

단순히 사진의 표정을 분석하는 일은 챗GPT가 훨씬 정확하고 능숙하게 처리할 수 있습니다. 챗GPT는 방대한 데이터를 학습했기 때문에 사진을 업로드하고 표정을 물어보면 감정을 쉽게 파악할 수 있습니다. 그러나 이 활동의 핵심은 학생들이 다양한 표정을 직접 지어보고, 그 표정에 대해 이야기 나누며 AI의 원리를 배우는 과정에 중점을 두고 있습니다. 결과보다도 활동 과정에서 학급 분위기를 긍정적으로 변화시킬 기회를 만들어 보세요.

이렇게도 활용할 수 있어요!

티처블 머신을 활용하면 학생들과 함께 다양한 AI 모델을 만들 수 있습니다. 예를 들어, 이미지 프로젝트를 통해 교실이나 주변에서 찾을 수 있는 다양한 물체를 분류하거나, 학생들이 직접 찍은 사진을 활용해 자신만의 독창적인 분류 모델을 만들 수 있습니다. 또, 오디오 프로젝트를 이용하면 학생들이 다양한 소리를 녹음해 소리에 따라 감정을 분류하거나, 소음과 음악을 구분하는 모델을 만들 수 있습니다. 포즈 프로젝트를 통해 특정 동작이나 제스처를 학습시켜 재미있는 동작 게임을 만드는 활동도 가능합니다. 이러한 프로젝트들은 학생들의 창의력과 협업 능력을 키우는 데 큰 도움이 될 것입니다.

11 [학급 활동] 이미지 AI와 놀아요!

AI 활용 도구 Quick, Draw!, AutoDraw   **난이도** ★★

이미지는 말보다 더 강력한 메시지를 전달합니다. 인공지능 기술을 활용한 이미지 도구는 학생들의 창의성을 자극하고, 학습을 더욱 즐겁고 몰입감 있게 만들어 줍니다. 이제 교실에서도 쉽고 재미있게 활용할 수 있는 이미지 기반 활동들을 탐구해 보세요!

이미지를 사용한 AI 도구들은 교실에서 학생들의 창의성을 북돋우고, 시각적 학습을 강화하는 데 큰 도움이 됩니다. 이번 장에서는 교실에서 학생들과 함께 활동해 볼 수 있는 두 가지 이미지 기반 웹사이트를 소개합니다.

Quick, Draw! - 인공지능과 그림 맞히기 게임

URL https://quickdraw.withgoogle.com/

Quick, Draw!는 구글에서 제공하는 게임형 웹사이트로, 짧은 시간 안에 간단히 즐길 수 있는 미니 게임입니다. 이 게임은 AI가 제시하는 임의의 물체 이름을 바탕으로 진행되며, 한 번의 게임에 총 6개의 문제가 주어집니다. 각 문제마다 학생들은 20초 안에 주어진 단어에 해당하는 그림을 그려야 합니다.

학생들이 그림을 그리면 AI는 이를 실시간으로 분석하고 '뭔지 알 것 같아요.' 또는 '전혀 모르겠어요.'와 같은 반응을 보이며 추측을 시도합니다. 이 과정에서 AI는 그림에 대한 지속적인 피드백을 제공하고, 학생들은 자신이 그린 그림이 의도한 바를 얼마나 명확하게 전달하는지 확인할 수 있습니다.

AutoDraw - 엉성한 낙서를 멋진 이미지로 변신

URL https://www.autodraw.com/

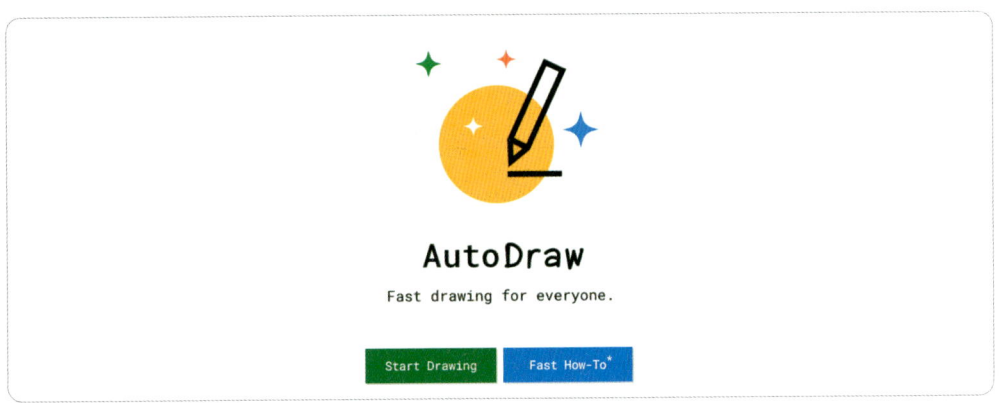

AutoDraw는 그림에 자신감이 부족한 학생들도 부담 없이 활용할 수 있는 직관적인 웹 도구입니다. 이 웹사이트는 학생들이 마우스나 터치패드로 그린 엉성한 그림도 자동으로 인식해 사용자가 의도한 이미지에 가장 가까운 그림을 제안해 줍니다. 이 과정을 통해 학생들은 그림 실력보다는 창의적인 아이디어를 시각적으로 표현하는 것에서 재미와 성취감을 느낄 수 있습니다.

오른쪽 예시처럼 편하게 그림을 그리면 상단에 내가 그린 그림과 유사한 벡터 이미지를 자동으로 추천해 줍니다. 놀랍게도 이 그림은 사자를 그린 것이었고, 그 마음을 이해한 AI가 다행히 사자를 추천해 주었습니다.

벡터 이미지에서 그리고 싶었던 사자를 선택하면 다음과 같이 사자 이미지로 변환됩니다.

왼쪽 사이드바에는 다양한 기능이 존재합니다. 이 중 색칠하기 기능인 'Fill'을 사용해 보겠습니다. Fill 아이콘을 선택하고, 하단에서 원하는 색상을 골라 칠하고 싶은 부분을 클릭하면, 다음과 같은 사자 이미지가 완성됩니다.

12 [학급 활동] AI 활용 수업 제시

AI 활용 도구 캔바 **난이도** ★★

AI를 활용한 이미지 생성 활동은 학생들이 이 도구에 익숙해지기만 하면, 다양한 수업 상황에서 폭넓게 활용할 수 있습니다. 특히 학생들이 이미지 생성형 AI의 기능을 익히고 친숙해질 수 있도록 즐겁고 몰입감 있는 수업을 통해 학습 목표를 달성하는 데 적합한 수업 활동을 소개합니다.

AI를 활용한 교육에서는 AI가 실제 문제를 해결하는 도구로 사용되는 경우가 많습니다. 따라서 학생들이 AI 기술의 효용성을 알고 기능을 익히기 위해서는 재미있고 자연스럽게 체화할 수 있는 접근법이 필요합니다. 본 수업은 학생들이 AI와 함께 창의적인 작품을 만들고, 즐거운 경험 속에서 기능을 자연스럽게 체득할 수 있도록 기획되었습니다.

수업명: 명화 진품명품

동기유발: 뉴스 'AI 로봇 그림 런던서 첫 경매… "예상가 1억7천만 원" / YTN' 소개하기

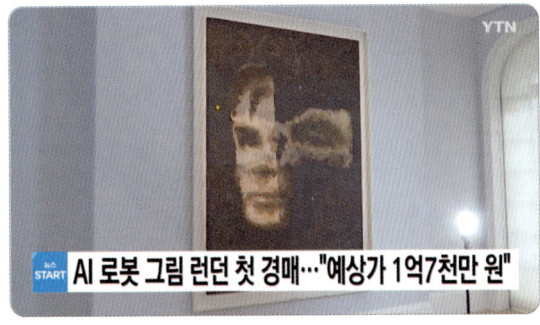

출처: https://www.youtube.com/watch?v=FwuR0eFgxDg

전개

활동1: 작품 만들기

- 이미지 생성형 AI 소개

  경매활동 때 캔바를 이용하여 작품들을 제시할 예정이기 때문에 캔바를 통해 개별 과제로 수합하였습니다(1부 13장). 또한, 캔바 내에서 작업하기 때문에 'Magic Media' 앱을 사용하도록 지도하였습니다(1부 14장).

- 이미지 생성형 AI 시연

  이미지 제작을 위한 프롬프트 시연은 배워가는 단계인만큼 기본 프롬프트는 간략하게 작성하되 추가하고 싶은 내용은 스스로 작성하도록 하였습니다(1부 15장).

> 메인 주제 + 특정 화가 스타일 (+ 원하는 그림 형식)

빨강, 연두, 노랑 색의 고양이, 해링 스타일, 단순하게

우주, 우키요에 스타일

- 이미지 생성형 AI 활용 작품 제작

  학급의 인원수에 따라 작품 제작 및 경매를 함께하는 조 인원수를 조정합니다. 학생들의 작품과 실제 화가 작품을 섞어 경매를 진행할 예정이므로 학생 작품과 실제 화가의 작품이 약 20작품 정도가 되도록 인원을 구성합니다.

활동2: 작품 경매하기

- 경매 규칙 안내

    ① 학생 작품과 화가 작품이 함께 경매에 올라간다.
    - 작품이 학생 것인지, 화가 것인지는 마지막에 밝혀진다.

    ② 시작 포인트
    - 모두(모둠)에게 100포인트가 주어진다.

    > **note** 유명한 작품의 가치는 '억' 단위인 경우가 많으므로 포인트 대신 '억 원'으로 표현할 수도 있습니다. 실제 소재로 삼은 미술 작품들의 가치를 조사하여 그에 맞게 초기 지급 포인트와 입찰 범위를 조정할 수 있습니다.

    ③ 입찰 규칙
    - 경매 시작가는 1포인트이고, 한번에 5포인트까지 올려서 입찰할 수 있다.
    - 입찰은 자신이 가지고 있는 포인트 내에서 할 수 있다.

    ④ 낙찰 시 포인트 계산
    - 학생 작품 낙찰: 낙찰가 만큼 '작품 제작 학생'에게 포인트 지급
    - 화가 작품 낙찰: 낙찰가의 2배만큼 받은 '낙찰 받은 학생'에게 포인트 지급

    ⑤ 최종 점수 = (남은 포인트) + (학생 작품 판매 수익) + (화가 작품 낙찰 보너스)
    - 가장 높은 점수를 얻은 학생(모둠)이 승리

정리: 작품 경매하기

- 소감 나누기

    1) 낙찰 받은 사람: 작품을 낙찰받으려고 한 이유 공유하기
    2) 낙찰 작품 생성 학생: 작품에 어떤 의도를 담아 표현하였고, 제작 과정에서의 어려움이나 팁 공유하기

이미지를 생성하는 것은 다양한 AI 프로그램을 활용할 수 있습니다. 학생들이 이미 다른 이미지 생성형 AI를 다루는 데 익숙하다면, 해당 프로그램을 활용한 후에 작품을 수합하는 방식으로 진행할 수 있습니다. 이렇게 하면 더욱 수준 높은 학생 작품이 나와 수업의 재미를 더할 수 있습니다.

이렇게도 활용할 수 있어요!

문제기반학습(PBL)에서 이미지 생성형 AI를 활용해 보세요. 적은 노력으로 양질의 결과물을 얻을 수 있어, 실생활 문제를 해결하는 과정에서 필요한 이미지를 학생들이 주도적으로 만들어서 활용할 수 있습니다.

부록

교사를 위한 생성형 AI 기본 가이드

- **A** 챗GPT 회원 가입과 플랜 별 기능 차이
- **B** Claude API key 발급 방법
- **C** 웨일 스페이스 활용을 위한 기반 구축 방법
- **D** 이미지 제작을 위한 프롬프트 표

A 챗GPT 회원 가입과 플랜 별 기능 차이

챗GPT 가입하기

01 챗GPT 홈페이지(https://chatgpt.com)에 접속하면 우측 상단에서 로그인 또는 회원 가입 중 하나를 선택할 수 있습니다. 회원 가입을 위해 [회원 가입]을 클릭합니다.

> note 이미 계정이 있으신 분은 [로그인]을 클릭해서 로그인하세요.

02 화면 중앙의 [이메일 주소]에 사용할 이메일 주소를 입력하고, [계속] 버튼을 클릭하면 비밀번호를 입력할 수 있는 상자가 활성화됩니다. 이어서 비밀번호를 입력하고 [계속] 버튼을 클릭하면 입력한 이메일 주소로 챗GPT 인증 코드 메일이 발송됩니다.

note Google, Microsoft, Apple 계정을 활용하면 더욱 간편하게 가입이 가능합니다.

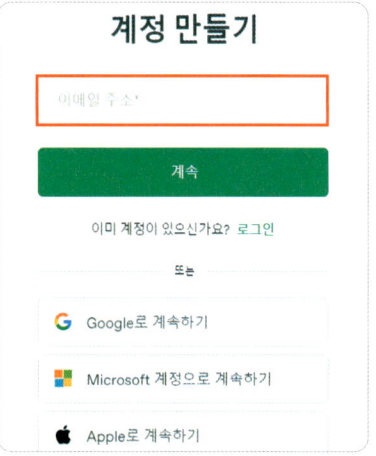

03 메일로 받은 코드를 입력하고 [계속] 버튼을 클릭하여 인증을 완료합니다.

04 이메일 인증이 완료되면 성명, 생일을 차례대로 기입한 후 [계속] 버튼을 클릭합니다.

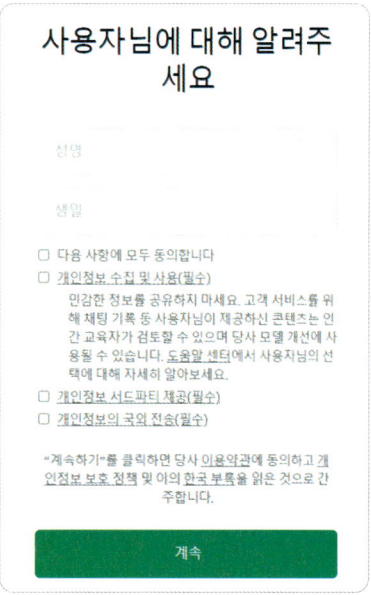

A 챗GPT 회원 가입과 플랜 별 기능 차이

05 챗GPT를 사용할 준비가 완료되었습니다. 그럼 이제 챗GPT의 요금제별 기능에 대해 소개하겠습니다.

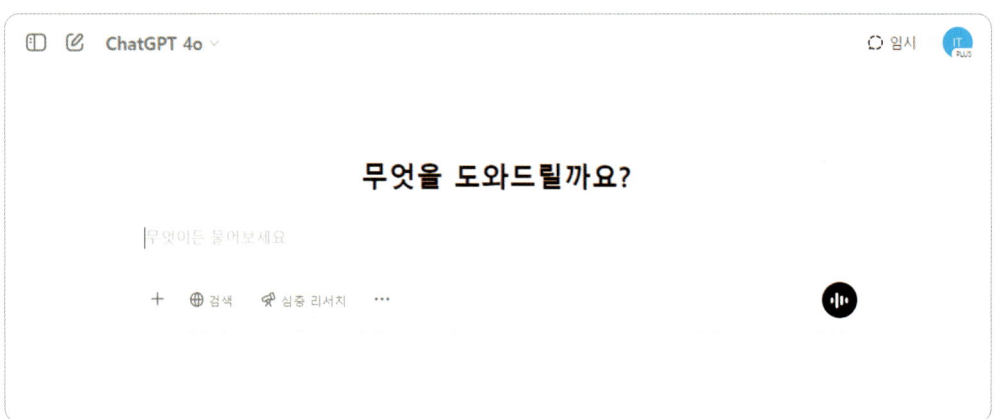

챗GPT 요금제별 기능 확인하기

챗GPT의 요금제별 기능은 업데이트 때마다 변경될 수 있습니다. 이 책에서는 2025년 4월 6일 기준으로 요금제별 기능을 정리했습니다. 최신 요금제별 기능을 확인하려면 챗GPT 기본 화면에서 [플랜 업그레이드]를 클릭하거나 https://chatgpt.com/#pricing에서 확인할 수 있습니다.

note 이미 유료 계정을 사용 중이라면 [플랜 보기]로 나타납니다.

챗GPT는 '개인' 사용자에게 무료(Free), 플러스(Plus), 프로(Pro) 유형의 플랜을 제공합니다.

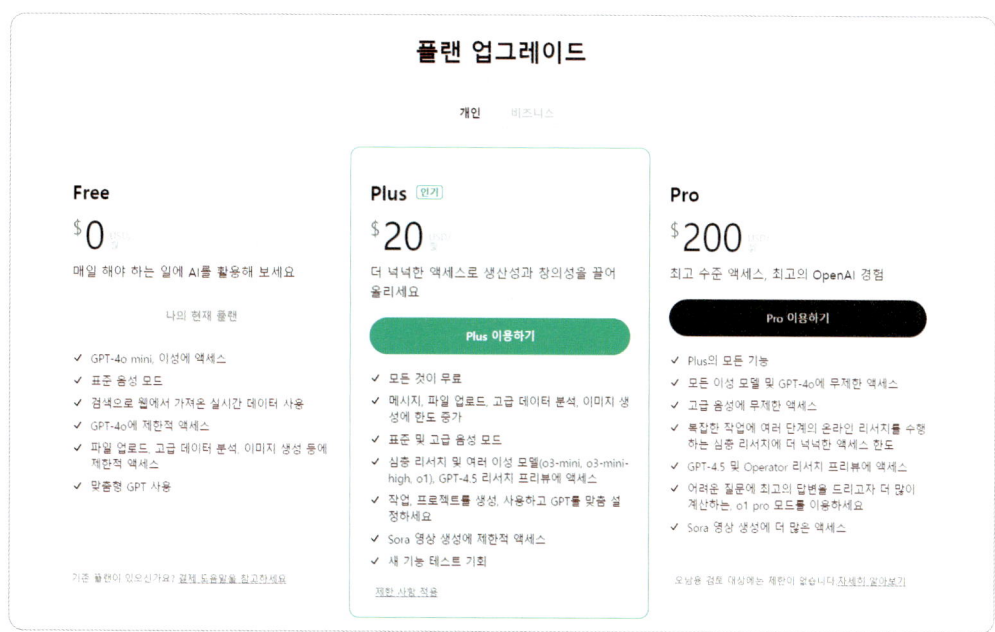

이 내용을 표로 정리하면 다음과 같습니다.

요금제	Free	Plus	Pro
가격	0$	20$/월	200$/월
GPT 4o mini	무제한	무제한	무제한
GPT 4o	제한적	Free 대비 한도 증가	무제한
GPT 4.5	불가능	제한적	무제한
o1	불가능	제한적	무제한
o1 pro	불가능	불가능	무제한
o3 mini	제한적	Free 대비 한도 증가	무제한
o3 mini high	불가능	제한적	무제한
이미지 생성 기능	제한적	Free 대비 한도 증가	무제한
Sora(영상 생성)	불가능	제한적	Plus 대비 한도 증가

요금제	Free	Plus	Pro
음성 채팅	표준 모드	고급 모드 제한적	고급 모드 무제한 (영상 및 스크린 공유 모드는 Plus 대비 한도 증가)
파일 업로드, 고급 데이터 분석, 웹 검색	제한적	Free 대비 한도 증가	무제한
맞춤형 GPT	사용만 가능	사용 및 생성	사용 및 생성
프로젝트 기능	불가	가능	가능

- GPT 4o mini: GPT 4o의 경량화 버전으로 로그인하지 않은 사용자도 사용할 수 있도록 제공되는 모델입니다.
- GPT 4o: 현재 속도 대비 성능이 가장 뛰어난 모델로, 대부분의 업무에 적합한 모델입니다.
- GPT 4.5: 4o에 비해 향상된 글쓰기를 통해 더욱 자연스러운 대화가 가능한 모델입니다. 최근 튜링 테스트에서 인간을 넘어선다는 평가를 받은 모델입니다.
- o1: 추론 능력이 강화되어 복잡한 문제 해결에 유리하지만, 문제의 복잡성에 따라 시간이 오래 걸릴 수 있습니다.
- o1 pro: 기존 o1 모델보다 향상된 기능을 제공하는 모델입니다.
- o3-mini 및 o3-mini-high: 경량화된 추론 모델로 추론 모델 중 가장 빠른 응답 시간을 가진 모델입니다.
- Sora: 텍스트 입력을 기반으로 영상을 생성하는 모델입니다.

B Claude API key 발급 방법

본문에서 Claude AI를 사용하기 위해 Claude API key를 발급하는 방법을 알아보겠습니다.

01 앤스로픽 홈페이지(anthropic.com/api)에 접속 후 [Start building]을 클릭합니다.

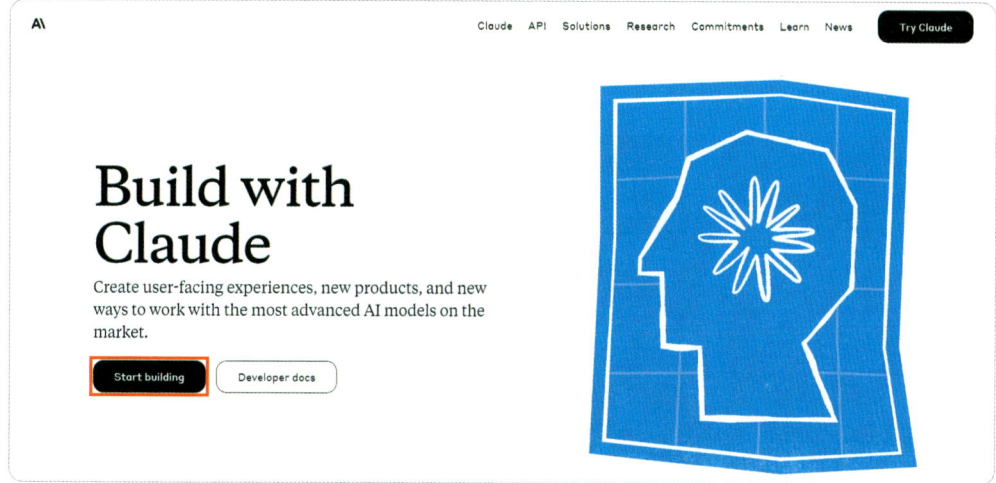

02 구글 계정을 사용하면 편하게 가입할 수 있습니다. 앤스로픽에서는 개인 사용자 계정(Individual)과 조직 계정(Organization)이 제공됩니다. 개인적으로 사용할 경우 'Individual'을 선택하고, 팀이나 기업 단위에서 활용할 계획이라면 'Organization'을 선택하는 것이 적절합니다.

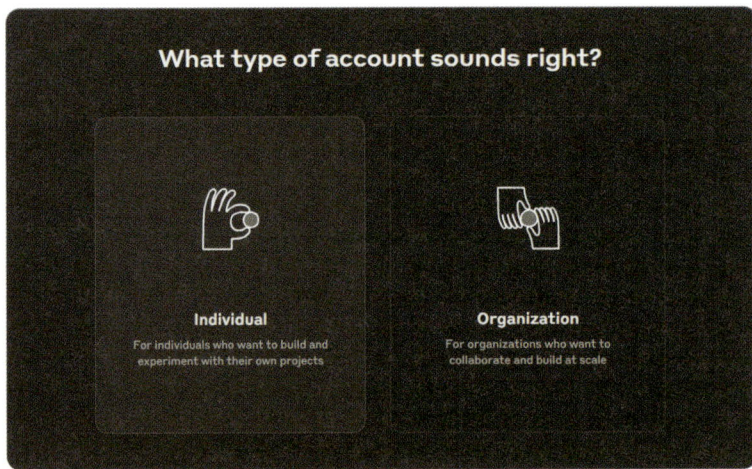

03 본인에게 적절한 계정을 선택하고, 다음 화면에서 [Get API keys]를 클릭합니다.

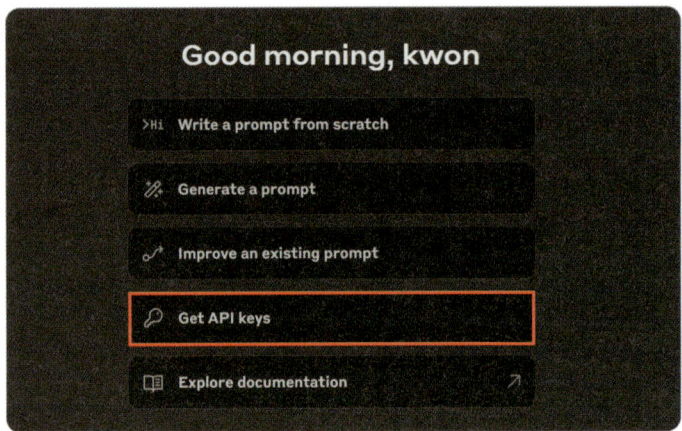

04 API keys 화면이 나타나면 [+ Create Key]를 클릭합니다.

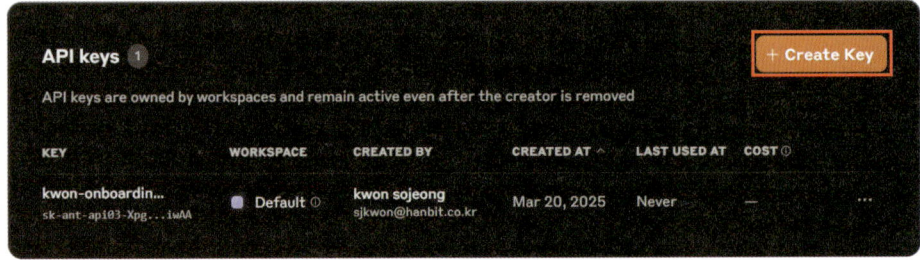

05 API key를 생성할 Workspace와 key의 이름을 작성합니다. 워크스페이스를 따로 만들지 않았다면 'Default'로 설정하고, 이름을 작성한 뒤 Add를 누릅니다. 구글 독스에서 사용하는 API 키라고 기억하기 위해 'google docs'로 작성 후 'Add'를 클릭합니다.

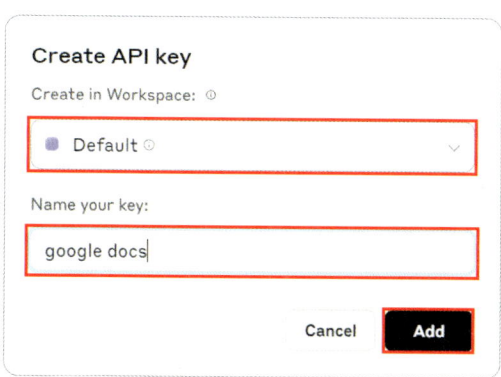

06 키가 생성되면 'Copy Key'를 클릭해 복사해 둡니다. 키 발급은 끝났습니다만, 이 키는 지금 사용할 수 없습니다. API를 요청하고 응답을 받는 과정에서 비용이 발생하기 때문입니다. 최소 결제 비용은 5달러로, 해외 결제가 가능한 신용카드가 필요합니다.

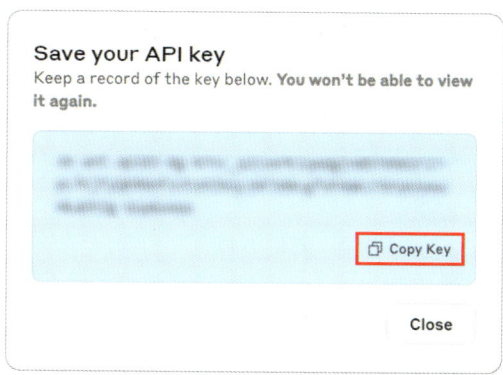

07 결제 카드를 등록하기 위해 왼쪽 사이드바의 [Billing] – [+Add Credit Card]를 클릭합니다.

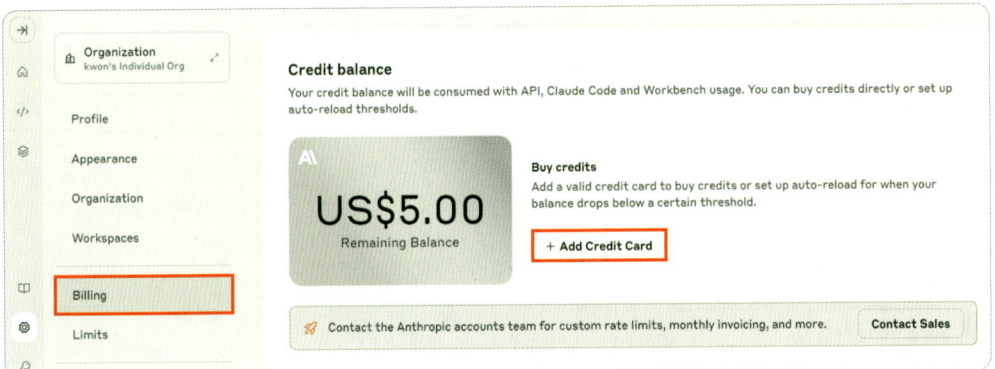

08 카드를 등록하는 창이 나타나면 카드 번호, 만료 날짜, 보안 코드(CVC), 성명, 국가, 주소를 작성해야 하고, 주소는 한글로 작성할 수 있습니다. 상단의 기본 $5를 클릭하면 결제 금액을 변경할 수 있으나, 우선 최소 구매 가능 금액을 사용해 보고 결정하는 것이 좋습니다.

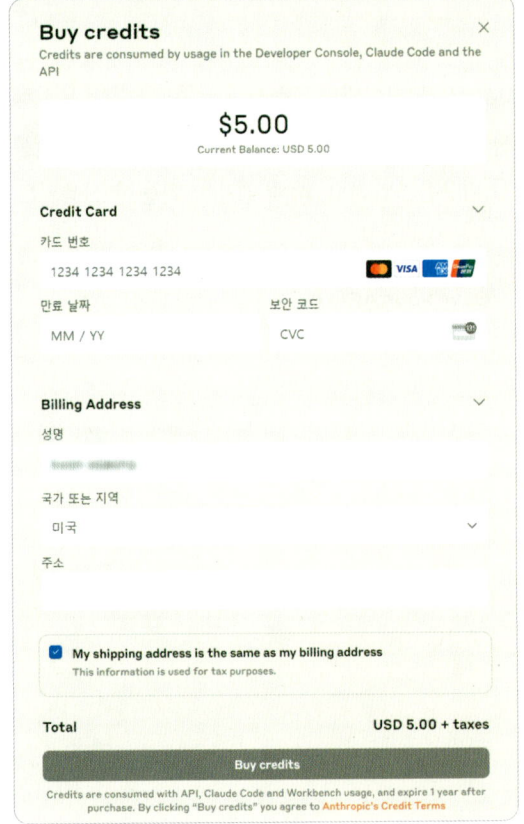

C 웨일 스페이스 활용을 위한 기반 구축 방법

웨일 스페이스는 네이버에서 디지털 교육 플랫폼으로, 현재 17개 시도교육청에서 다양한 형태로 활용되고 있습니다. 지역에 따라 다른 이름으로 운영되는 경우도 있는데, 전남의 경우는 '전남메타스쿨', 경남에서는 '아이톡톡'이라는 이름으로 사용되고 있습니다.

웨일 스페이스의 주요 기능은 웨일 브라우저와 연동되어 작동하도록 설계되어 있어, 먼저 웨일 브라우저를 설치해야 합니다.

웨일 브라우저 설치하기

01 인터넷 검색창에 '웨일 브라우저'를 입력하고 다운로드를 클릭합니다.

02 사용 중인 PC의 운영체제에 맞춰 설치를 진행합니다. 기본적으로 'For Windows' 버전을 다운로드 할 수 있게 되어 있으며, 화면 아래로 스크롤하면 Mac, Linux 등 다양한 다양한 운영체제용 설치 파일도 확인할 수 있습니다.

웨일 스페이스 로그인하기

브라우저 로그인은 우측 상단의 [사용자 아이콘] - [네이버 웨일 로그인]을 클릭하여 진행합니다. 이때 로그인 방식은 '네이버'가 아닌 '학교/기관'을 선택해야 합니다.

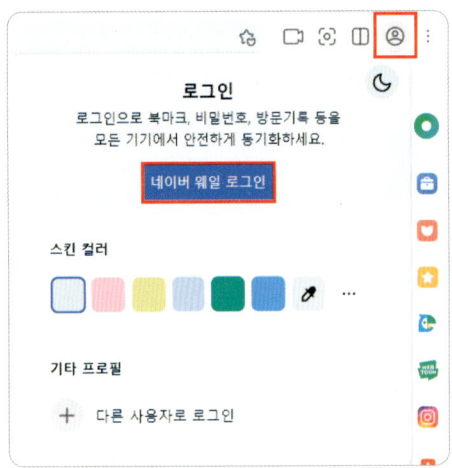
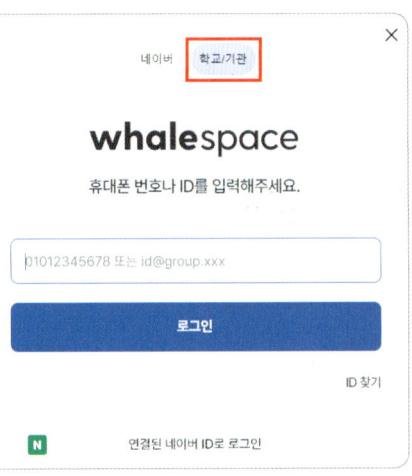

현재 각 학교마다 웨일 스페이스 관리자 계정이 존재합니다. 이 관지라 계정을 통해 교사와 학생의 계정을 생성하고 관리할 수 있습니다.

학생 계정 만들기

학생 계정을 만들기 위해서는 반드시 '최고관리자 계정'(학교 계정)으로 로그인하거나, 선생님 계정에 '부관리자' 또는 '운영 관리자' 권한이 부여되어 있어야 합니다. 권한이 부여된 상태에서는 웨일 어드민(https://admin.whalespace.io)에 접속할 수 있습니다.

01 웨일 어드민에서 [조직]을 선택합니다.

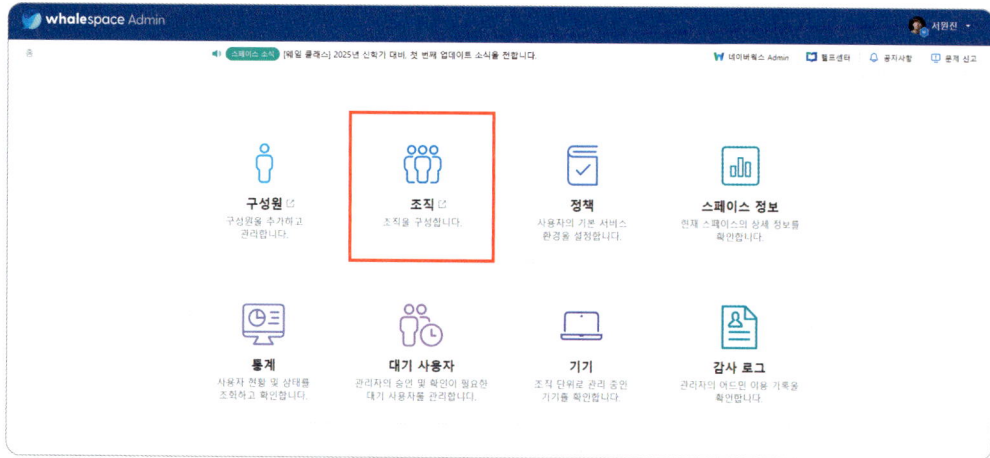

02 '조직' 내에서 '조직 추가'를 클릭하여 원하는 이름의 조직을 생성합니다. 해당 조직이 특정 조직의 하위 조직으로 가야 한다면 '조직 이동'을 클릭하고 '점 6개'를 드래그하여 넣고자 하는 조직 위에 올립니다.

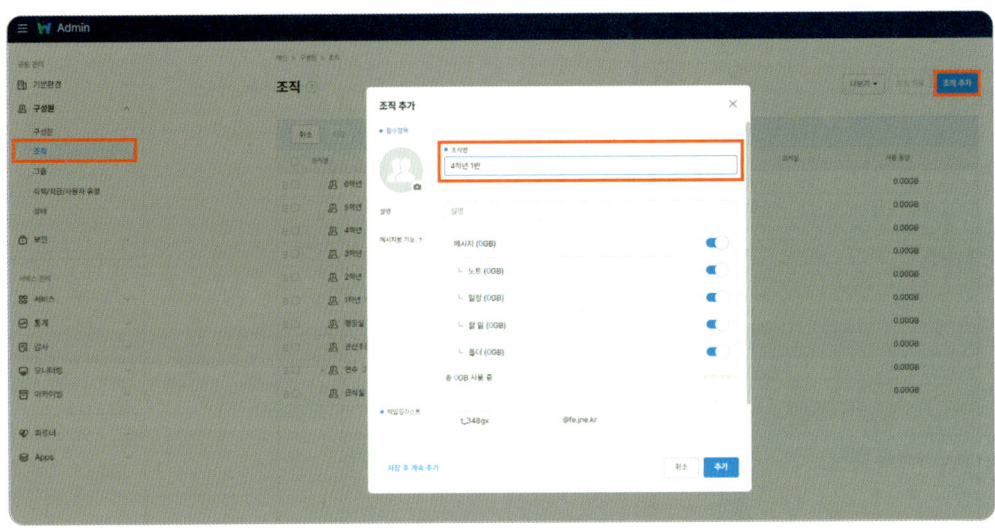

03 해당 조직이 특정 조직의 하위 조직으로 가야 한다면 '조직 이동'을 클릭하고 점 6개 아이콘을 선택 후 드래그하여 원하는 조직 위에 올립니다.

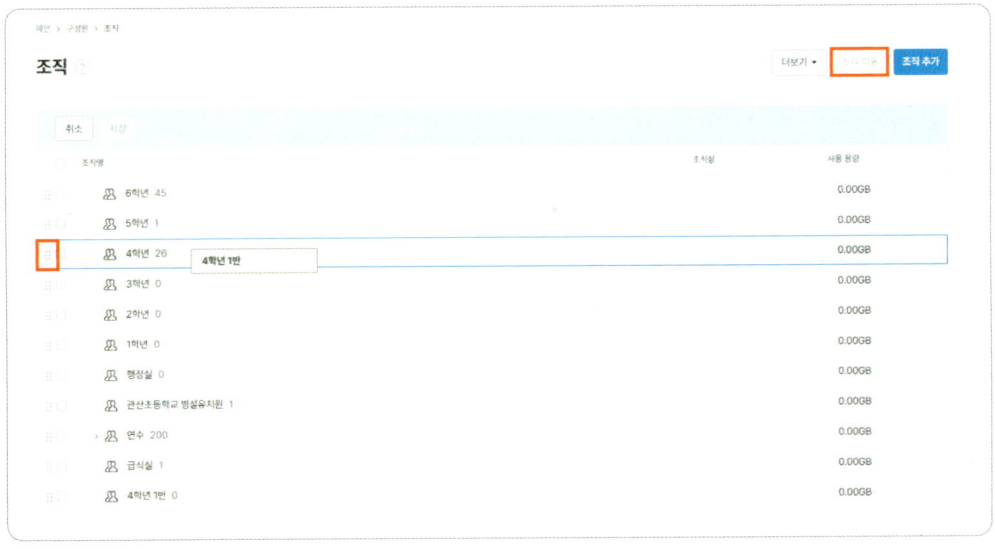

04 이어서 구성원을 생성해 보겠습니다. 전입생이 온 경우나 소인수 학급이 아닌 경우에는 '구성원 일괄 추가'를 이용합니다.

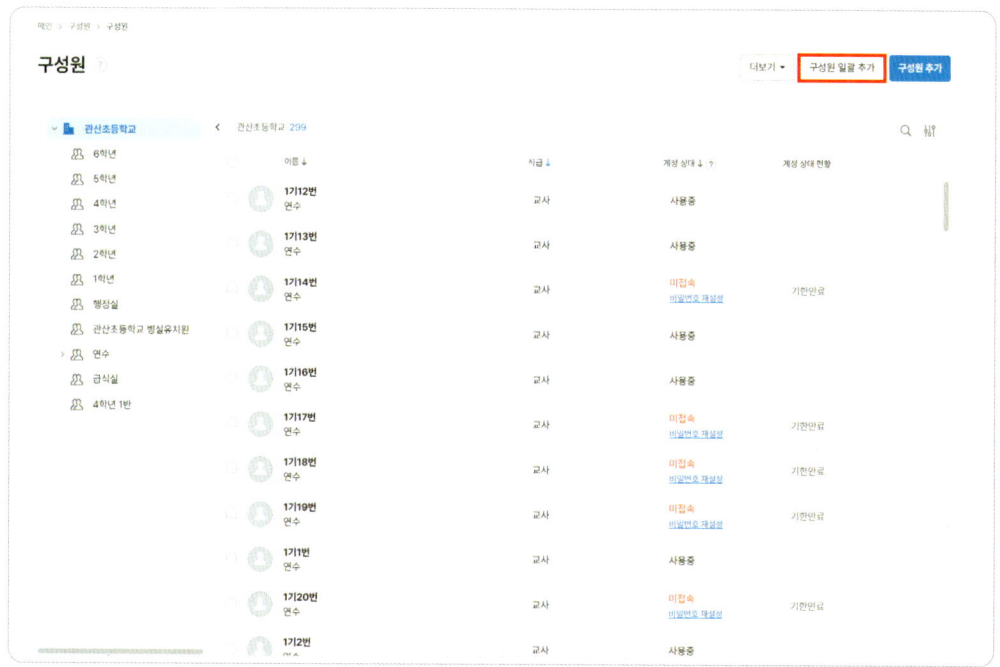

05 '비밀번호 생성 방식'에는 세 가지가 있습니다. '자동으로 생성'과 '구성원이 직접 등록'은 개인 이메일 주소를 사용해야 하기 때문에 '관리자가 등록'을 선택합니다. 또한 학생들의 비밀번호 분실 위험을 줄이기 위해 비밀번호 변경 요청을 끄고 모두 같은 비밀번호를 사용합니다.

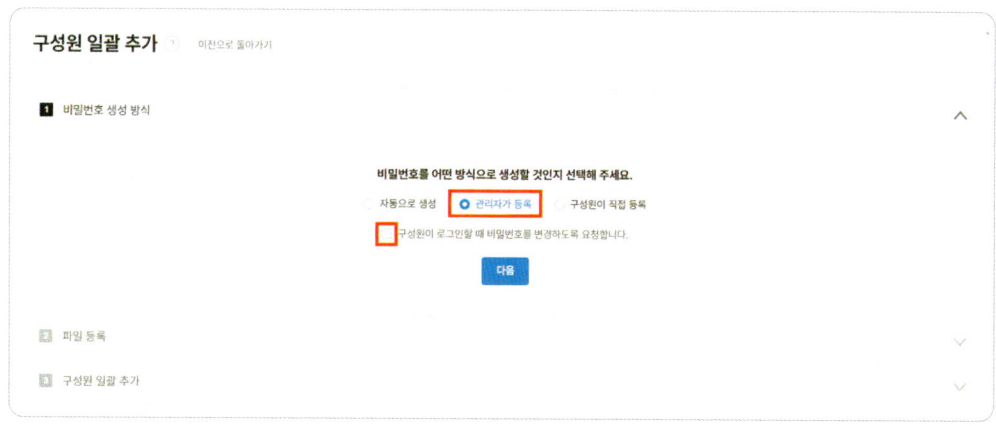

06 '파일 등록'에서 'XLSX 샘플 다운로드'를 클릭합니다.

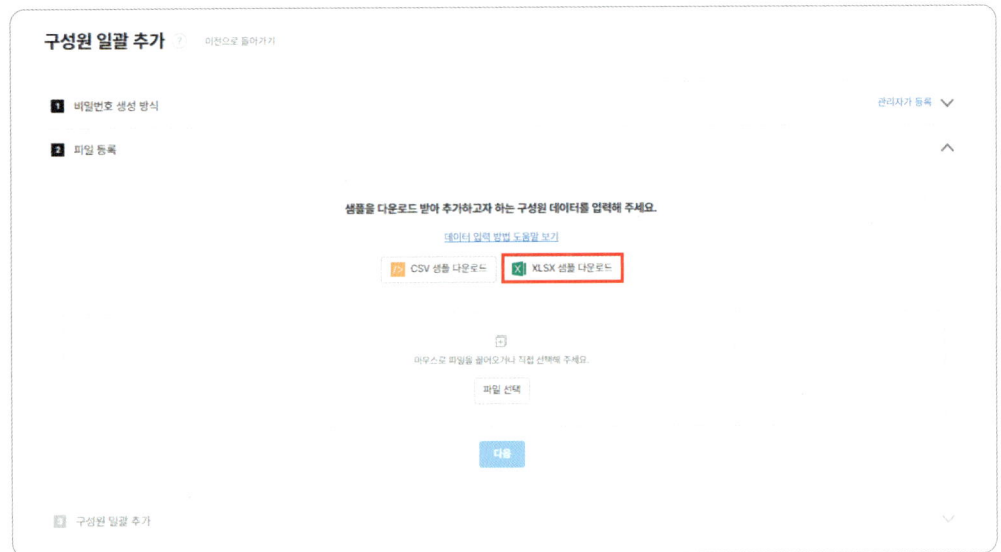

07 샘플 파일은 다음과 같이 표시되는데, 모든 사항을 다 기입할 필요는 없습니다.

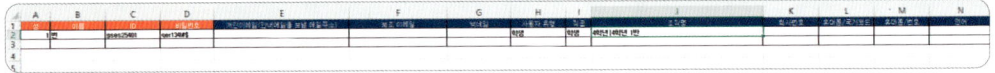

08 꼭 기입해야 할 사항은 '성', '이름', 'ID', '비밀번호', '사용자 유형', '직급', '조직명'입니다. 이때 ID는 각 시도교육청에서 활용하는 도메인 'ID@XXX.XX' 중 ID 부분을 기입하면 됩니다. 조직명을 잘못 작성한 경우 빨간색으로 경고가 표시되니 주의하세요.

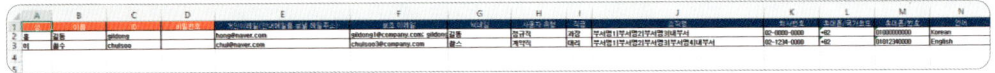

09 마지막으로 정보를 확인하고 [일괄 추가]를 클릭하면 이메일 주소를 적고 메일을 보내는 창이 표시되는데 해당 창을 닫아주면 완료됩니다.

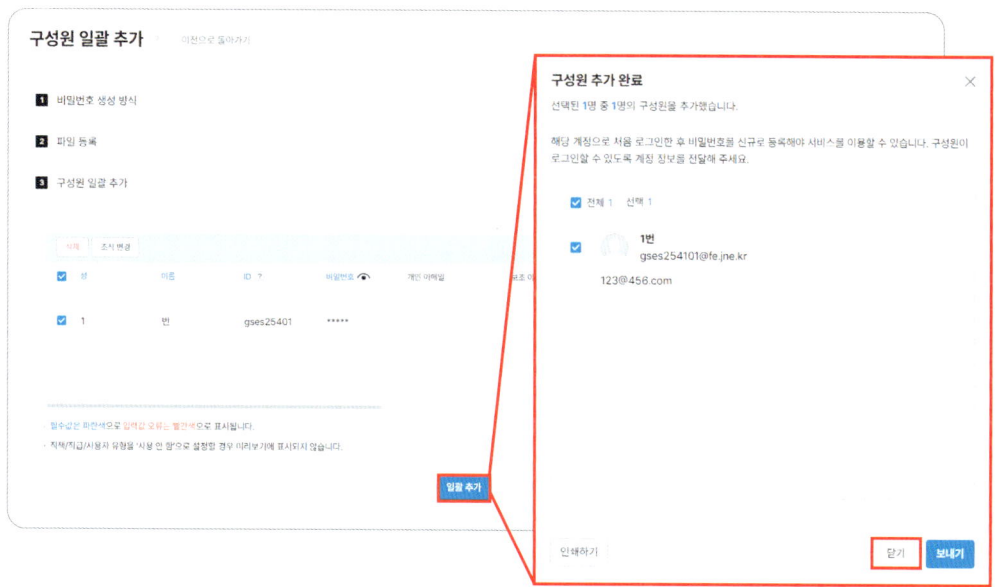

사진/파일 다운로드 유효기간 늘리기

웨일 어드민 화면의 왼쪽 사이드 바에서 [서비스] - [메시지]를 클릭합니다. 화면을 아래로 스크롤하면 '메시지/파일 관리' 기간 설정 메뉴가 나타납니다. 여기에서 원하는 기간을 선택하면 해당 기간 동안 메시지방에 업로드된 사진과 파일의 다운로드 유효기간이 적용됩니다.

이 설정은 학교 전체에 일괄 적용되므로, 관리자가 설정한 기간에 따라 모든 구성원이 동일하게 적용받게 됩니다.

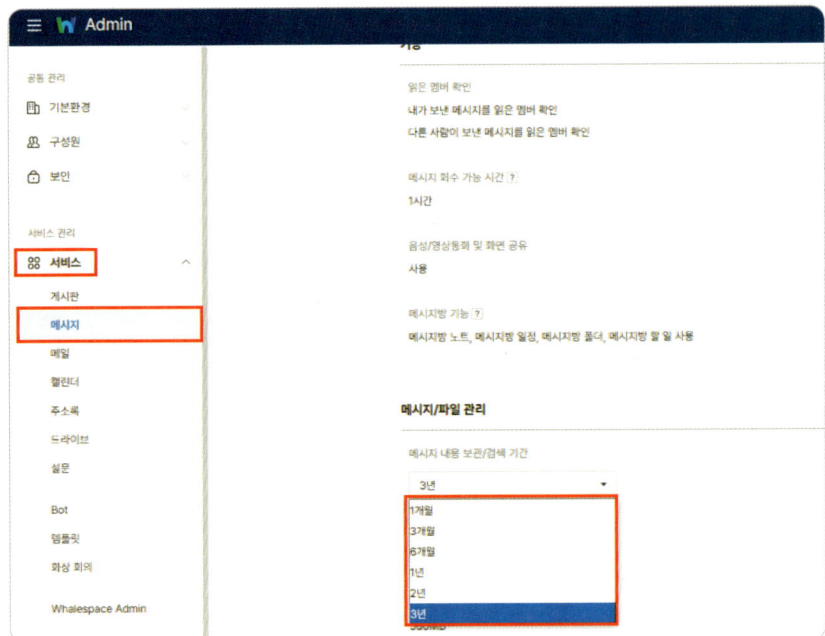

PC에서 활용하기

웨일 브라우저에 로그인을 완료하면 새로운 창이 열립니다. 이때 주소창을 한 번 클릭하면 아래 이미지와 같은 즐겨찾기 바가 표시됩니다. 여기에서 '메신저'를 클릭하면, 네이버 웍스에 바로 접속할 수 있습니다.

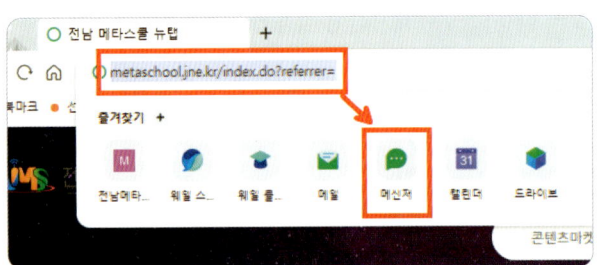

모바일 기기에서 활용하기

태블릿이나 스마트폰과 같은 모바일 기기에서는 전용 애플리케이션을 설치하여 활용하는 것이 좋습니다. 앱 스토어에서 '네이버 웍스'를 검색한 후, 설치 버튼을 눌러 앱을 다운로드 합니다. 설치가 완료되면 앱을 실행하고, 학교/기관 계정으로 로그인하여 다양한 기능을 모바일 환경에서도 간편하게 사용할 수 있습니다.

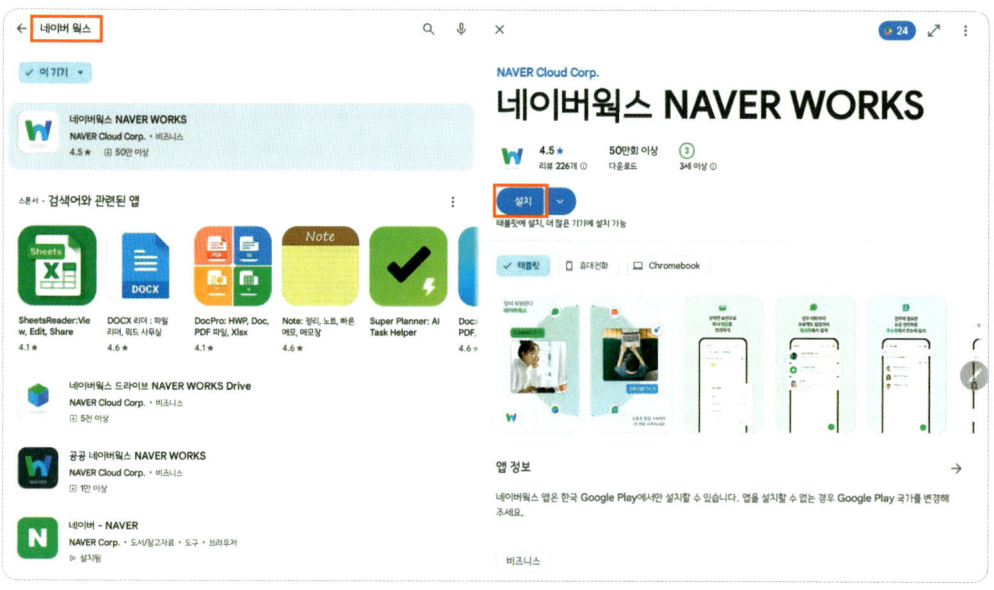

D 이미지 제작을 위한 프롬프트 표

스타일

아트 스타일	한국어	영어	설명
회화	유화	oil painting	두꺼운 질감, 풍부한 색감
	수채화	watercolor	투명하고 부드러운 번짐 효과
	아크릴화	acrylic painting	선명하고 빠른 건조감
드로잉	연필화	pencil drawing	섬세한 명암과 질감
	펜화	pen and ink	선명한 선과 해칭
	파스텔	pastel	부드럽고 분필같은 질감
디지털			
2D	디지털 페인팅	digital painting	깔끔하고 현대적인 터치
	벡터아트	vector art	깔끔한 선과 단색 면
	픽셀아트	pixel art	레트로한 도트 그래픽
3D	포토리얼리스틱	photorealistic	사실적인 3D 렌더링
	로우폴리	low poly	기하학적 단순화
	클레이렌더	clay render	매트한 질감의 3D

구도

앵글	한국어	영어	설명
높이	아이레벨	eye level	일반적인 시선 높이
	로우앵글	low angle	아래에서 위로 보는 앵글
	하이앵글	high angle	위에서 아래로 보는 앵글
	버즈아이뷰	bird's eye view	매우 높은 곳에서 내려다보는 시점

앵글	한국어	영어	설명
방향	정면	front view	피사체를 정면에서 바라본 구도
	측면	side view	피사체를 옆에서 바라본 구도
	3/4뷰	three-quarter view	45도 각도에서 바라본 구도

거리	한국어	영어	설명
클로즈업	익스트림 클로즈업	extreme close-up	매우 가까이서 촬영
	클로즈업	close-up	얼굴이나 작은 물체 중심
	미디엄 클로즈업	medium close-up	가슴까지의 촬영
풀샷	미디엄샷	medium shot	허리까지의 촬영
	풀샷	full shot	전신이 모두 나오는 촬영
	와이드샷	wide shot	배경이 포함된 넓은 촬영

조명

자연광	한국어	영어	설명
시간대	일출	sunrise	따뜻하고 부드러운 새벽빛
	정오	midday	강하고 선명한 대낮
	황금시간	golden hour	따뜻하고 부드러운 석양빛
	블루아워	blue hour	차갑고 신비로운 새벽/저녁

인공광	한국어	영어	설명
스튜디오	리믹스	Rembrandt	45도 측면 조명
	버터플라이	butterfly	정면 위에서 비추는 조명
	루프	loop	약간 측면에서 비추는 조명
	스플릿	split	반면만 비추는 조명
특수	네온	neon	화려한 인공색 조명
	캔들라이트	candlelight	따뜻한 촛불 조명
	블랙라이트	blacklight	UV 조명 효과

색감

톤	한국어	영어	설명
밝기	하이키	high key	밝고 경쾌한 톤
	로우키	low key	어둡고 무거운 톤
	미드톤	mid tone	중간 톤 중심
채도	비비드	vivid	선명하고 강렬한 색감
	파스텔	pastel	부드럽고 은은한 색감
	뉴트럴	neutral	차분하고 자연스러운 색감

색상	한국어	영어	설명
따뜻한 색	레드	red	정열적이고 강렬한 느낌
	오렌지	orange	따뜻하고 활기찬 느낌
	옐로우	yellow	밝고 긍정적인 느낌
차가운 색	블루	blue	차갑고 깊이있는 느낌
	시안	cyan	시원하고 깨끗한 느낌
	바이올렛	violet	신비롭고 우아한 느낌

텍스처(Texture)

인공 요소			
직물	실크	silk	부드럽고 광택있는 질감
	코튼	cotton	자연스럽고 따뜻한 질감
	레더	leather	가죽 질감
금속	크롬	chrome	반짝이는 금속 질감
	브러시드메탈	brushed metal	닦은 금속 질감
	러스티드	rusted	녹슨 금속 질감

자연 요소	한국어	영어	설명
나무	우드그레인	wood grain	나무결 질감
	트리바크	tree bark	나무껍질 질감
	트리링	tree rings	나이테 질감
돌	마블	marble	대리석 질감
	그래닛	granite	화강암 질감
	슬레이트	slate	슬레이트 질감

기술 사양(Technical Specifications)

해상도	한국어	영어	설명
기본	HD	HD	1920x1080
	4K	4K	3840x2160
	8K	8K	7680x4320

렌더링	한국어	영어	설명
품질	레이트레이싱	ray tracing	사실적인 빛 반사 효과
	앤티앨리어싱	anti-aliasing	계단 현상 제거
	앰비언트오클루전	ambient occlusion	자연스러운 음영 효과

후처리	한국어	영어	설명
효과	모션블러	motion blur	움직임 흐림 효과
	블룸	bloom	빛 번짐 효과
	크로매틱어버레이션	chromatic aberration	색수차 효과

찾아보기

숫자
2022 개정 교육과정 • 20, 108

A
AI 모델 • 236
API 서비스 • 65
API 키 • 65, 224
Apps Script • 65
AutoDraw • 242

B
Beautiful • 211

C
CSS • 72
Canva • 85
Canva Dreamlab • 99
Canvas • 122
ChatGPT • 59, 65
ChatGPT 맞춤 설정 • 38
ChatGPT-4o • 99
Claude • 65
Claude AI • 255

Claude API key • 255
Clova Note • 162

G
GPT 4.5 • 254
GPT 4o • 254
GPT 4o mini • 254
GPT 탐색 • 140
GPTs • 43
GRASPS • 25
GROW 모델 • 216
Gamma • 211
Gemini • 65
GetGPT • 142

H
HTML • 72

I
InVideo • 106
Individual • 255

J
JavaScript • 72
JungleAI • 78

L
LLM • 20
LilysAI • 77
Luma Labs • 106

M
Magic Edit • 195
Magic Eraser • 194
Magic Grab • 192
magic media • 93
Microsoft Desiner • 99
Mockup • 97
Mockups • 95

N
NEIS • 150
Napkin AI • 168
NotebookLM • 163

O

o1 • 254
o1 pro • 254
o3-mini • 122, 254
o3-mini-high • 254
OCR • 134, 137
OMR 카드 • 154
Organization • 255

P

PPT • 211
Perplexity • 58

Q

QR 코드 • 95, 97
QRcode • 95

R

Runway • 106

S

STT • 84, 162

Scribe • 206
Sora • 103, 254
Suno • 234

T

Teams • 203
Technical Specifications • 271
Texture • 270

U

UI • 196

V

VBA • 183
Vision • 31

ㄱ

가정통신문 • 122, 178
감마 • 211
거대 언어 모델 • 20
교수·학습 • 21
교육용 계정 • 87
교육자 • 85
구글 AI 스튜디오 • 33
구글 스프레드시트 • 64, 143
구글 클래스룸 • 203
구도 • 268
글쓰기 • 122
기계학습 • 235
기술 사양 • 271

ㄴ

냅킨 AI • 168
네이버웍스 • 196

ㄷ

다글로 • 159
다문화 • 202
다문화 학생 • 81
대량 제작 • 178, 184
데이터 • 96
도식 자료 • 168
드라이브 • 203
디자인 • 178

찾아보기

ㄹ

리무브BG • 190

ㅁ

마인드 맵 • 166
매직 그랩 • 192
메일머지 • 178, 183
목업 • 95
미리캔버스 • 91

ㅂ

배경 • 190
배경 제거 • 191
본영상 • 186
뷰티풀 • 211

ㅅ

색감 • 270
생성형 AI • 65
생활기록부 • 139
수행평가 • 54
스키마 • 225
스타일 • 268

슬라이드 • 187
시각화 • 96

ㅇ

아웃트로 • 186
앤스로픽 • 255
앱 • 92
앱스 스크립트 • 65, 156
어드민 • 261
에듀테크 • 185, 196
엑셀 • 150
영수증 • 135
오목 • 71
요소 • 186
워드프로세서 • 183
웨일 브라우저 • 259
웨일 스페이스 • 259
음성 기능 • 28
음성 인식 • 28
음성 정보 • 81
음성 출력 • 28
이름표 • 178
이모지 • 124
이미지 생성 AI • 98
인트로 • 186

일일 교육 활동 메시지 • 145
입학식 • 185

ㅈ

자막 • 81
자막 설정 • 83
조명 • 269
좌표평면 • 71
지도학습 • 235

ㅊ

차트 • 96, 97

ㅋ

캔바 • 85, 92, 178, 185, 190, 211
캔버스 • 74, 122
코딩 • 122
클로바 노트 • 162

ㅌ

타이머 • 72
탐구 질문 • 112
태블릿 • 267

텍스처 • 270
템플릿 • 91, 178, 186
통역 • 202
투표 프로그램 • 74
티처블 머신 • 236

포에듀케이터 • 137
폰트 • 91
폴더 • 201
품의 • 129
품의서 • 129
프로젝트 • 145
피그마 • 211

ㅎ
학급 운영 • 185
함수 • 150
회의록 • 159

ㅍ
파워포인트 • 81
퍼플렉시티 • 58